TRILHAS DA LIBERTAÇÃO

Divaldo Pereira Franco

TRILHAS DA LIBERTAÇÃO

PELO ESPÍRITO
Manoel P. de Miranda

Copyright © 1996 *by*
FEDERAÇÃO ESPÍRITA BRASILEIRA – FEB

10ª edição – Impressão pequenas tiragens – 6/2025

ISBN 978-85-7328-681-6

Todos os direitos reservados. Nenhuma parte desta publicação pode ser reproduzida, armazenada ou transmitida, total ou parcialmente, por quaisquer métodos ou processos, sem autorização do detentor do *copyright*.

FEDERAÇÃO ESPÍRITA BRASILEIRA – FEB
SGAN 603 – Conjunto F – Avenida L2 Norte
70830-106 – Brasília (DF) – Brasil
www.febeditora.com.br
editorial@febnet.org.br
+55 61 2101 6161

Pedidos de livros à FEB
Comercial
Tel.: (61) 2101 6161 – comercial@febnet.org.br

Adquirindo esta obra, você está colaborando com as ações de assistência e promoção social da FEB e com o Movimento Espírita na divulgação do Evangelho de Jesus à luz do Espiritismo.

Dados Internacionais de Catalogação na Publicação (CIP)
(Federação Espírita Brasileira – Biblioteca de Obras Raras)

M672t	Miranda, Manoel Philomeno de (Espírito)
	Trilhas da libertação / pelo Espírito Manoel Philomeno de Miranda; [psicografado por] Divaldo Pereira Franco. – 10. ed. – Impressão pequenas tiragens – Brasília: FEB, 2025.
	282 p.; 21 cm
	ISBN 978-85-7328-681-6
	1. Espiritismo. 2. Obras psicografadas. I. Franco, Divaldo Pereira, 1927–2025. II. Federação Espírita Brasileira. III. Título
	CDD 133.93 CDU 133.7 CDE 80.02.00

Sumário

Trilhas da Libertação 7

Medicina holística 11

Ampliando os conhecimentos 18

Perspectivas novas 24

Reflexões e expectativas 30

O médium Davi e o Dr. Hermann Grass 35

O desafio 44

Comprometimentos negativos 50

Serviços de desobsessão 57

Terapia desobsessiva 68

Os gênios das trevas 81

Reflexões necessárias 92

Ensinamentos preciosos 98

O *caso* Raulinda 106

Guillaume e Gérard 113

Advertências salvadoras 121

Diálogos esclarecedores 128

Prejuízos e conquistas espirituais 136

Alcoolismo e obsessão 144

Cilada perversa 151

Vidas em perigo 156

Ocorrência grave 165

Socorros de emergência 173

Sexo e responsabilidade 186

Escândalo e paz 197

Últimas advertências 203

Noite de angústias 211

Novos rumos 220

O calvário de Adelaide 228

O enfrentamento 236

A luta prossegue 247

Reflexões e aprendizado 257

Providências finais 265

Considerações últimas 273

Trilhas da Libertação

O mundo corporal é plasmado pelo espiritual, onde a vida é pulsante, permanente, original.

Necessário ao processo de reencarnação, reflete o estágio no qual se encontram aqueles que o habitam, razão esta que torna o planeta terrestre um educandário de *provas e expiações*.

Verdadeiro laboratório onde se operam transformações de comportamento moral do ser, pelo fixar das experiências edificantes, sofre os inevitáveis choques decorrentes das lutas que se travam nos círculos que o compõem, da mesma forma que se beneficia com as contribuições elevadas daqueles que trabalham em favor do seu progresso.

Na generalidade, tudo quanto sucede na esfera física tem origem na realidade espiritual, tornando-a um mundo de efeitos, no qual as ocorrências se desencadeiam sob as mais variadas injunções.

Como é natural, sendo os seus habitantes atuais, na sua quase totalidade, homens e mulheres que antes transitavam pelas suas sendas, ora em busca de reabilitação dos compromissos infelizes e das ações ignóbeis, aqueles que não tiveram ensanchas de retornar continuam vinculados a quem os prejudicou, dando prosseguimento a pugnas odientas e insensatas, até quando lhes luza a misericórdia de Deus, despertando uns e outros para mudança de atitude.

Nesse conflito que se estende, há milênios, em face do primitivismo ainda predominante na maioria dos seres humanos, destaca-se a providencial manifestação do divino Amor, que se expressa mediante a abnegação, o devotamento e o sacrifício dos Espíritos tutelares que investem as suas mais expressivas e melhores conquistas intelecto-morais para dirimir-lhes a infrene perseguição, acalmar-lhes o ânimo e estabelecer acordos de paz.

Ainda por largo período permanecerão esses conflitos, por se negarem os litigantes, vitimados por descabido orgulho e primário egoísmo, a se entregarem ao perdão das ofensas e à fraternidade recomendados por Jesus e facultados pelo bom senso, pelo despertar da consciência obscurecida. Enquanto não ocorre essa alteração de conduta, tramas sórdidas, armadilhas hábeis, traições infames são trabalhadas nas esferas inferiores contra as criaturas que, inadvertidas e descuidadas, tombam nas inumeráveis justas a que são empurradas ou que defrontam pelo caminho de ação cotidiana.

Espíritos perversos que o sofrimento embruteceu, sicários da sociedade que se não modificaram ante a *derrocada* pela morte, dando-se conta do prosseguimento da vida, continuam nas suas nefastas decisões de afligir e infelicitar, comprazendo-se em imiscuir-se nos grupos sociais, fomentando dissensões, ódios e guerras, que lhes facultam embriaguez pelas energias que absorvem vampirescamente em infindáveis fenômenos de obsessão dolorosa.

Dessa forma, o número de obsidiados é muito maior do que se pode imaginar. Não mensurada ou detectada com facilidade, a obsessão campeia desarvorada, arrebanhando multidões de vítimas que se deixam consumir, num como noutro plano de Vida.

Organizam-se, esses Espíritos mais cruéis, em grupos hediondos, nos quais aprimoram métodos e técnicas de que se utilizam para afligir, aprisionar e explorar aqueles que têm o desar de ser-lhes vítimas.

Qual ocorre na Terra, e nesta em escala menor, as sociedades que controlam o crime e o vício no Além são as responsáveis pelas congêneres do planeta, sendo que alguns dos seus chefes e condutores são procedentes das originais, aquelas que permanecem na erraticidade inferior.

Atribuindo-se direitos e poderes que não lhes é lícito usufruir, funcionam como *braços de Justiça*, que alcançam os calcetas, os defraudadores, os hipócritas e criminosos de todo porte que passam triunfantes no corpo que ultrajam e degradam impunemente, como se Deus os necessitasse para tal mister... Porque não podem anular a consciência de culpa neles mesmos inscrita, ao desencarnarem despertam na paisagem que lhes é própria, com a qual sintonizaram, presas daqueles a quem se vincularam.

O Espiritismo prático, por meio das *sessões experimentais*, de educação mediúnica ou de desobsessão, rompeu o véu que ocultava essa triste realidade, e de que se tinha notícia somente de forma fragmentária, pela revelação dos santos e místicos que visitaram essas comunidades expungitivas e recuperadoras que a mitologia denominou como inferno, purgatório, Hades, Averno etc.

Compreensível que a fúria dos seus mantenedores volte-se contra todos aqueles que se dedicam ao bem, que lutam contra o crime e a hediondez, particularmente os espíritas sinceros que têm a tarefa de promover a sociedade, preparando melhores dias para a humanidade do porvir.

Da mesma forma agem contra os médiuns, que são os instrumentos da revelação desses antros de vergonha e horror, tentando explorá-los psiquicamente, desmoralizá-los para, dessarte, anularem o efeito das suas informações libertadoras.

A campanha sórdida contra a mediunidade dignificada e os médiuns responsáveis, promovida pelas Entidades obsessoras, é ostensiva e vem de longa data, incessante e sem quartel, agressiva e sutil.

Não poucas vezes, esses irmãos profundamente infelizes se atreveram a arremeter contra Jesus, que os submeteu com a sua superioridade, advertindo-nos, desde então, a respeito deles e das suas insinuações malévolas.

Quando um médium, ou outra pessoa qualquer, particularmente o sensitivo, cai-lhes nas urdiduras, estuam de júbilo e se creem fortalecidos para continuarem o louco afã, que termina por enredá-los, a eles próprios, obrigando-os ao despertamento, à reencarnação...

Para lidar com esses cultivadores do mal, Espíritos nobres renunciam a Estâncias superiores a que têm direito, a fim de mergulharem nas sombras terrestres e mais ainda nos pauis e crateras onde se homiziam, para esclarecê-los, libertá-los, amá-los e socorrer aqueles que lhes padecem a perseguição.

Enfrentam-nos com misericórdia, mas com austeridade, conhecendo-lhes a hipocrisia e a sandice, utilizando-se, a seu turno, de recursos especiais que desenvolvem, e que os indigentes não conseguiram produzir, o que muito os surpreende e aturde.

A presente obra estuda algumas dessas técnicas e lutas pela libertação dos seres, de si mesmos, de suas mazelas e imperfeições, em experiências valiosas, e também como forma de contribuição para o estabelecimento de uma Medicina holística para o futuro, que considere o ser humano como espírito, perispírito e matéria.

Procuramos traduzir inúmeras ocorrências que tiveram lugar em nossa esfera de ação, a fim de advertir aqueles que estejam interessados em apressar o próprio processo de iluminação e de crescimento interior.

Pelas trilhas da libertação avançamos no rumo da grande Luz, até o momento da plenificação que nos aguarda.

O presente trabalho não apresenta fantasias, nem novidades que o estudioso do Espiritualismo em geral e do Espiritismo em particular não conheça. Confirmando outras experiências já narradas, convida à meditação, à conduta saudável, à vivência dos postulados ético-filosófico-morais da Doutrina Espírita e do Evangelho de Jesus.

Feliz, por nos havermos desincumbido da tarefa a que nos propusemos, exoramos a proteção de Jesus para todos nós, trabalhador incipiente que ainda me reconheço ser.

Manoel P. de Miranda
Salvador (BA), 20 de setembro de 1995.

Medicina holística

O cenário especial era um convite à reflexão, uma superior mensagem de estesia. Em pleno coração da natureza, recordava um anfiteatro grego, sem as paredes circunjacentes, banhado pela tênue claridade de um longo entardecer.

Reuníamo-nos ali, alguns milhares de ouvintes interessados nas conferências hebdomadárias que estudavam e discutiam temas pertinentes ao futuro da humanidade terrestre.

Os oradores eram convidados conforme suas especialidades e abordagens dos assuntos, por isso mesmo eram cativantes, arrebatadores.

Naquela oportunidade, o conferencista era o Dr. José Carneiro de Campos, médico baiano que contribuíra grandemente para o desenvolvimento e a prática do sacerdócio a que se dedicara na condição de verdadeiro apóstolo.

Enquanto perfumada aragem perpassou no ar, Petitinga e nós acomodamo-nos entre os muitos interessados e aguardamos a alocução.

Apresentado por venerando benfeitor, em poucas palavras, sem as referências vazias e desnecessárias, o amigo assomou à tribuna e, depois das saudações cordiais, começou a sua oração:

— A perfeita interação mente-corpo, espírito-matéria, constitui desde já a base do atual modelo holístico para a saúde. A anterior separação cartesiana desses elementos, que constituem um todo, contribuiu para que a terapia médica diante das enfermidades tivesse aplicações isoladas, dissociando a influência de um sobre o outro, com a preponderância dos efeitos de cada um deles na paisagem do equilíbrio orgânico assim como da doença.

"Cada vez mais se evidencia que na raiz de muitos males está agindo a vontade do paciente, que se compraz na preservação do estado que experimenta, negando-se, consciente ou inconscientemente, à recuperação. Multiplicam-se, por consequência, as técnicas da autocura, e mediante estas são colocados à disposição do enfermo os recursos que ele deve movimentar a benefício próprio, liberando-se dos mecanismos de apoio por meio dos quais mascara os conflitos, estresses e desconfortos íntimos que lhe subjazem no cotidiano."

Fazendo uma pausa, para que pudéssemos apreender a tese, logo prosseguiu com voz agradável:

— As tensões mal direcionadas e suportadas por largo período, quando cessam, são substituídas por moléstias de largo porte, na área dos desequilíbrios físicos, dando gênese a cânceres, crises asmáticas, insuficiência respiratória etc. Outras vezes, propiciando estados esquizofrênicos, catatônicos, neuróticos, psicóticos, profundamente perturbadores. Quando afetam a área do comportamento moral, conduzem à ingestão e uso de drogas aditícias, alcoólicos, tabagismo, que representam formas de enfermidades sociais, degenerando o grupo humano que lhe padece a presença perniciosa.

"A influência da mente sobre o corpo é de grande significação para a saúde, pelo estimular ou reter da energia que a sustenta, e, quando bloqueada pelo psiquismo perturbado, cede campo à proliferação dos germes que se lhe instalam, fomentando os distúrbios que se catalogam como doenças. Da mesma forma, a ação da vontade, aplicada com equilíbrio em favor da harmonia pessoal, desbloqueia as áreas interrompidas, e a energia de sustentação das células passa a vitalizá-las, restabelecendo o campo de desenvolvimento propiciador da saúde."

Medicina holística

Novamente fez oportuno silêncio, e logo adiu:

— A causalidade do comportamento psicofísico do indivíduo encontra-se no ser espiritual, artífice da existência corpórea, que conduz os fatores básicos da felicidade como da desdita, que decorrem das suas experiências ditosas ou desventuradas, responsáveis pela energia saudável ou não, que lhe constitui o organismo, bem como pela vontade ajustada ou descontrolada, que lhe assinala o psiquismo. O ser interior reflete-se no *soma*, que somente se recompõe e renova sob a ação da conduta mental e moral dirigida para o equilíbrio das emoções e da existência. A ação da vontade, no restabelecimento da saúde ou na manutenção da doença, é de ponderável resultado, refletindo os estados de harmonia ou os conflitos que decorrem da presença ou ausência da *consciência de culpa* impondo reparação. Os estresses e traumas prolongados desgastam os controles retentivos do bem-estar e desatrelam as emoções que geram a desorganização celular.

"Diante de quaisquer problemas na área da saúde, a conscientização do paciente quanto ao poder de que dispõe para a autocura, desde que o deseje sinceramente, é de primacial importância, facultando-lhe a visão de um quadro otimista, que lhe propicia a restauração pessoal.

"Há, em todos os indivíduos, quase uma tendência para a autocompaixão, a autodestruição, a vingança contra os outros em desforço inconsciente por ocorrências que lhe são desagradáveis. Ante a impossibilidade de assumir essa realidade exteriormente, transformam tal aptidão em doenças, estimulando a degenerescência das células que aceleram a sua multiplicação, formando tumores cancerígenos, *matando* as defesas imunológicas e *abrindo-se* às infecções, às contaminações que perturbam a maquinaria orgânica e fomentam a instalação das enfermidades."

A assembleia silenciosa acompanhava-lhe o raciocínio claro com encantamento.

Dando maior ênfase às palavras, prosseguiu:

— Não raro, pessoas portadoras de neoplasia maligna e outras doenças, quando recuperam a saúde sentem-se surpreendidas e algo *decepcionadas*, tão acostumadas se encontravam com a injunção mortificadora de que eram objeto. Por outro lado, dão-se conta de que a família já lhes não dispensa a mesma atenção e o grupo social logo se desinteressa por suas vidas, despreocupando-se em relação às mesmas. Sentindo-se isoladas desmotivam-se de viver, criam recidivas ou facultam a presença de outras mazelas com que refazem o quadro de protecionismo que passam a receber, satisfazendo-se com a ocorrência aflitiva.

"Uma terapêutica bem orientada deverá sempre fundamentar-se na realidade do Espírito e nos reflexos do seu psiquismo no corpo. Da mesma forma, diante dos fenômenos perturbadores da mente, o conhecimento do estado somático é de importância para aquilatar-se sobre a sua influência no comportamento mental.

"Espírito e corpo, mente e matéria, não são partes independentes do ser, mas complementos um do outro, que se inter-relacionam poderosamente por meio do psicossoma ou corpo intermediário — perispírito — encarregado de plasmar as necessidades evolutivas do ser eterno na forma física e conduzir as emoções e ações às telas sutis da energia pensante, imortal, então reencarnada. Sem essa visão da realidade do homem, a sua análise é sempre deficiente e o conhecimento sobre ele de pequena monta.

"Os traumas, os estresses, os desconcertos psíquicos e as manifestações genéticas estão impressos nesse corpo intermediário, que é o *modelo organizador biológico* sob a ação do Espírito em processo de evolução e irão expressar-se no campo objetivo como necessidade moral de reparação de crimes e erros antes praticados. Se aquelas causas não procedem desta existência, hão de ter sido em outra anterior. Igualmente, as conquistas do equilíbrio, da saúde, da inteligência, do idealismo, resultam das mesmas realizações atuais ou transatas que assinalam o ser.

"A evolução é inexorável, e todos a realizarão a esforço pessoal, embora sob estímulos e diretrizes superiores que a Paternidade divina dispensa igualitariamente a todos.

"A transitoriedade de uma existência corporal, como a sua brevidade no tempo, são insuficientes para o processo de aprimoramento, de beleza, de felicidade a que estamos destinados. As diferenças entre o bruto e o harmônico, o sábio e o ignorante, o feliz e o desventurado, confirmam a boa e a má utilização das experiências anteriores, como também assinalam as maiores ou menores vivências mais ou menos numerosas de uns e de outros. A reencarnação é, portanto, processo intérmino de crescimento ético-espiritual, facultando a aquisição de valores cada vez mais expressivos na conquista da Vida. Seria irrisão limitar a adição de títulos iluminativos ao Espírito projetado na sublime aventura da evolução, tendo pela frente a indimensionalidade do tempo que lhe está destinado. Nesse contexto, a doença é *acidente de trânsito* evolutivo de fácil correção, experiência de sensação desagradável que emula à aquisição do bem-estar e das emoções saudáveis, ocorrendo por opção exclusiva de cada qual, e somente o próprio indivíduo poderá resolver, corrigir e dela libertar-se."

O interesse geral era manifesto. Os rostos denotavam em todos a satisfação. Passado breve tempo, deu curso à exposição:

— Os processos degenerativos que se manifestam como enfermidades dilaceradoras e de longo trânsito procedem sempre do caráter moral do homem, com as exceções daqueles que os solicitam para ensinar aos demais abnegação, dignidade e sublimação. Originam-se nos profundos recessos do temperamento rebelde, violento, egoísta, e explodem como flores em decomposição nos órgãos que se esfacelam, sem possibilidades de recuperação. Pode-se dizer que esses mecanismos ulcerativos sempre se apresentam nos déspotas, nos sanguinários, nos ditadores, quando apeados do poder ou ainda durante a sua dominação, refletindo os terríveis contingentes de energias deletérias que veiculam intimamente. Os seus estágios finais são caracterizados por dores excruciantes e decomposição do corpo, em vida, que ultrajaram com a mente perversa e insana. Quando tal não ocorre, fogem do mundo por meio dos suicídios covardes, que lhes demonstram a fragilidade moral, ou partem da Terra vitimados por acidentes e homicídios dolorosos. O mesmo ocorre com aqueles que se utilizaram da roupagem física para o mercado do sexo, das sensações grosseiras e vivem aspirando sempre os tóxicos de potencial elevado de destruição vibratória. No seu tormento, são destruídos pelo psiquismo que lhes consumiu as forças e a capacidade de viver acima dos baixos padrões morais aos quais se entregaram. E mesmo quando, no cansaço dos anos e no desgaste da vitalidade, resolvem-se por mudanças éticas, por assumir nova compostura, não logram tempo para evadir-se aos efeitos dos atos passados, tombando nas engrenagens emperradas e esfaceladas do organismo escravo das construções mentais viciosas.

"A mente, exteriorizando as aspirações do Espírito, impõe à organização somática as suas próprias aspirações e preferências, que se corporificam, quando mórbidas, nas mais diferentes dependências e patologias, responsáveis pela desarticulação dos seus mecanismos. Assim sendo, qualquer abordagem terapêutica não deve ser parcial, e sim holística, atendendo a todas as partes construtivas do ser. Em boa hora, a consciência médica confere atenção às terapias alternativas que, na sua maioria, consideram o homem um ser total e buscam-no essencial, imortal, trabalhando sobre a sua realidade profunda, que é o Espírito, a fonte de energia a manifestar-se no corpo. Assim, mediante o novo modelo biológico, todo tentame em favor do equilíbrio deve fundamentar-se na transformação moral do paciente, na sua recomposição emocional, originada na mudança dos painéis mentais para a adoção de pensamentos sadios e na vivência concorde com os ideais de engrandecimento, que são catalisadores das forças vivas presentes na natureza — sintonia ecológica — que interagem na sua constituição global. Eis por que as preocupações com o *verde*, a harmonia do meio ambiente e a sua preservação fazem parte do esquema de saúde social, mudando completamente os conceitos modernos da agricultura industrial para superprodução com os consequentes danos que decorrem das aplicações químicas, bem como as atuais alucinações imobiliárias que destroem a flora, tanto quanto a poluição dos rios, lagos, ar e mares com os detritos químicos das fábricas, com o mercúrio, nas áreas de mineração, e todos os fatores que se transformam em chuvas ácidas destruidoras, no aumento das áreas desérticas e no *efeito estufa* avassalador...

"O homem, desnorteado e ambicioso, destruindo a vida do planeta, mata-se também, como quase elimina as suas possibilidades futuras, na menor das hipóteses, retardando-as.

"Qualquer modelo de saúde holística terá que abranger o conjunto das necessidades humanas e nunca deter-se, apenas, às suas partes isoladamente.

"O homem é membro da Vida, tem vida integrada à natureza e deve ser considerado globalmente, alterando o tradicional modelo biomédico para uma visão mais completa, na qual o amor, conforme a proposta de Jesus Cristo, tenha prevalência, assinalando definitivamente as atitudes e condutas de cada um. Enquanto a Medicina não se unir à Psicologia, à Ecologia, à Agricultura e a outras doutrinas afins para um mais amplo conhecimento do ser, dando-lhe uma conduta holística, as terapias prosseguirão deficientes, incapazes de integrá-lo no contexto da realidade a que pertence, minimizando somente as doenças sem as erradicar, atendendo às partes sem maior ação no conjunto, assim permanecendo incompleta, insuficiente portanto para a finalidade da saúde global.

"Jesus Cristo, por conhecer profundamente o homem, curava-o, admoestando-o para evitar-lhe o comprometimento negativo, de modo a associá-lo ao bem geral, graças ao qual se poupava a males outros maiores."

Fazendo uma pausa mais demorada, concluiu:

— O homem do futuro, após superar as suas deficiências presentes, receberá mais amplo auxílio da Medicina, adquirindo uma saúde integral, que será também resultado da sua perfeita consciência de amor e respeito à vida.

O crepúsculo fora substituído suavemente pela colcha escura da noite salpicada de estrelas fulgurantes, e uma claridade de luar tomara todo o recinto que respirava as emoções gerais.

A reunião foi encerrada em clima de paz.

Ampliando os conhecimentos

À medida que a multidão se dispersava, Petitinga propôs-me acercar-nos do orador para cumprimentá-lo, ao que anuí com imenso agrado.

A sua volta formara-se um grupo de estudiosos da Medicina em nosso plano de ação, que o interrogava educadamente, buscando ampliar as informações nas suas áreas específicas.

— Em face do que foi abordado, compreendi — interrogou um jovem médico presente — que as doenças físicas, em geral, são resultado de um comportamento desequilibrado da mente. Assim sendo, como ficam as injunções cármicas negativas em alguém que mantivesse o equilíbrio psíquico?

O orador, gentilmente, esclareceu:

— Uma mente estúrdia, desarmonizada, em desequilíbrio, é resultado do Espírito doente, devedor. Seria incoerência encontrarmos em um calceta ou em uma vítima da *consciência de culpa* um estado mental harmônico. Essa distonia reflete os efeitos da conduta deteriorada, fazendo-a instrumento dos fatores degenerativos que se impõem no quadro da saúde pessoal, na condição de enfermidades reparadoras.

— Qual seria, então, o papel da Medicina holística, nesse caso? — insistiu o interessado.

— Trabalhar o paciente globalmente — elucidou. — De início, demonstrar-lhe que a doença é efeito, e somente atendendo-lhe às causas torna-se possível saná-la. Logo depois, conscientizá-lo da necessidade de modificação no comportamento moral, mudando-lhe o condicionamento cármico, por cuja conduta adquirirá mérito para uma alteração no seu mapa existencial. Desse modo, as imposições reencarnacionistas, que dependem das novas ações do ser, alteram-se para melhor, a mente reajusta-se a uma nova realidade, e, irradiando-se de maneira positiva, providencial, contribui para o estado de bem-estar fisiopsíquico. O médico, nesse programa, torna-se também conselheiro, sacerdote que inspira confiança fraternal e dispensa ajuda moral, ampliando a sua antes restrita área de ação.

Concordávamos plenamente com as colocações apresentadas.

A oficialização da Medicina, sem qualquer crítica de nossa parte, tornou os seus profissionais instrumentos quase automáticos de determinados comportamentos aceitos, que veem no paciente apenas um caso a mais, no variado número daqueles aos quais conferem assistência, preocupando-se, só razoavelmente, em propiciar-lhe suspensão dos efeitos — as dores, a ansiedade, o medo, a insegurança — em vez de penetrar-lhe mais profundamente as gêneses, trabalhando-as com maior soma de atenção.

O órgão doente reflete o desconforto do Espírito, em si mesmo insano, que manifesta naquela área a deficiência, a mazela que o afeta.

Não me pude deter em mais amplas reflexões, porque uma senhora, ao nosso lado, indagou com respeito:

— E o perispírito? Qual o seu papel no modelo da Medicina holística?

Sem demonstrar enfado ou desatenção, o Dr. Carneiro esclareceu:

— Sabemos que o perispírito, com a sua alta sensibilidade, é o veículo modelador da forma, portador de inumeráveis potencialidades, tais como: memória, penetrabilidade, tangibilidade, elasticidade, visibilidade, que manipuladas, conscientemente ou não, pelo Espírito, por meio da energia psíquica, exteriorizam-se no corpo físico, nele plasmando os implementos para ajudá-lo na evolução. Assim, a irradiação mental agindo no campo perispiritual alcança a organização fisiológica. Daí por que a mudança do pensamento para uma faixa superior, a da saúde, por exemplo, propicia que a energia desprendida sintonize com as vibrações desse campo, alterando o teor de irradiação que irá estimular o equilíbrio das células e a restauração da saúde física. Da mesma maneira, a reconquista do comportamento moral, trabalhando o corpo, produzirá modificações na área do psicossoma, que influenciará a conduta mental. A energia que provém do psiquismo, pelo *modelo organizador biológico*, alcança a matéria, assim como a conduta orgânica disciplinada, pelo mesmo processo atinge o psiquismo, imprimindo-se no Espírito. Os hábitos, portanto, os condicionamentos vêm do exterior para o interior e os anseios, as aspirações cultivadas partem de dentro para fora, transformando-se em necessidades que se impõem.

Multiplicavam-se as perguntas, que o eminente benfeitor respondia com tranquilidade. Em determinado momento, porque me olhasse expressivamente, como a estimular-me à participação ativa nos diálogos, solicitei licença e argui:

— No caso das obsessões, como se daria a assistência holística?

Sorrindo, amavelmente, ele expôs:

— Sabemos que em todo processo de obsessão estão presentes dois enfermos em pugna de desequilíbrio. De igual forma, não ignoramos que a obsessão se torna possível graças à ação do agente no campo *perispiritual* do paciente. A *consciência de culpa do hospedeiro* desarticula o campo vibratório que o defende do exterior e, nessa área deficiente, por sintonia fixa-se a indução perturbadora do *hóspede*. A essa *consciência de culpa* chamaremos *matriz*, que facultará o acoplamento do *plugue* mental do adversário. Não raro, a força de atração da *matriz* é tão intensa — por necessidade de reparação moral do endividado — que atrai o seu opositor espiritual, iniciando-se o processo alienador. Em outras ocasiões, quando a culpa é de menor intensidade, o cobrador sitia a usina mental do futuro *hospedeiro*, que termina por aceitar a inspiração perniciosa, tendo início o intercâmbio telepático, que romperá o campo de defesa, facultando, assim, a instalação da *parasitose*. Esta, graças à sua intensidade, por meio do perispírito se alojará na mente, gerando alucinações, pavores, insatisfação, manias, exacerbação do ânimo ou depressão, ou se refletirá no órgão que tenha deficiência funcional, pelo assimilar das energias destrutivas que lhe são direcionadas e absorvidas.

Silenciou, por alguns instantes, como a facultar-me tempo de assimilar o raciocínio, para logo prosseguir:

— Modelo de terapia holística para a saúde encontra-se muito bem delineado na Codificação Espírita, especialmente pela abrangência que esta faculta ao homem, que é um ser integral, importante em todos os aspectos que o constituem, em particular quando o analisa reencarnado.

"As recomendações espiritistas têm em mente os valores do Espírito: morais, intelectuais, comportamentais, trabalhando-os em conjunto com o objetivo de propiciar a saúde, como decorrência da reparação dos erros pretéritos, e a aquisição de recursos positivos atuais para o pleno equilíbrio perante as leis cósmicas. Na análise dos pacientes espirituais, a terapia espírita não dispensa a de natureza psiquiátrica, seja nas depressões profundas — transtornos psicóticos maníaco-depressivos — seja nas exaltações esquizofrênicas e paranoides... Impõe, entretanto, como primordial, a renovação moral do paciente e a sua ação edificante, assumindo o valioso concurso da praxiterapia, especialmente direcionada para o bem, que lhe facultará créditos a serem considerados no balanço moral da sua existência. Especificamente, para atender-se obsidiados, o modelo espírita, que é holístico na sua profundidade, preocupa-se com o enfermo encarnado, mas também com o desencarnado, não menos doente, procurando demovê-lo do mal que pratica, porque esta nova atitude lhe fará bem, tanto quanto preocupando-se com a família da aparente vítima, o seu meio social e ambiental. A transformação moral do grupo familial para melhor é um efeito saudável da terapia desobsessiva, que se expressa de maneira psicológica amorosa, abrindo espaço social para o antagonizante, que então recebe o aceno para a reencarnação. Não se detém, portanto, em eliminar efeitos, ajudando o *hospedeiro* com desprezo pelo opositor, às vezes, mais infeliz, em razão da mente fixa no desar há muito sem ensejo de alívio, alucinado pelo ódio, pelo ciúme, pela sede de vingança, pelo amor atormentado...

"A obsessão é *parasitose* profunda e grave, que deve ser atendida globalmente, arrancando-se-lhe as raízes perigosas, que repontam com mais vigor se não são extirpadas por meio da conquista plena do adversário em perturbação."

— No caso de crianças obsessas — insisti, ampliando o curso do estudo — como proceder, já que as mesmas não dispõem de discernimento ou outro qualquer recurso defensivo?

O Amigo, gentilmente, considerou:

— Não desconhecemos que a obsessão na infância tem um caráter expiatório como efeito de ações danosas de curso mais grave. Não obstante, os recursos terapêuticos ministrados ao adulto serão aplicados ao enfermo infantil com mais intensa contribuição dos passes e da água fluidificada — bioenergia — bem como proteção amorosa e paciente, usando-se a oração e a doutrinação indireta ao agente agressor — psicoterapia —, por fim, por meio do atendimento desobsessivo mediante o concurso psicofônico, quando seja possível atrair o *hóspede* à comunicação mediúnica de conversação direta.

"A visão do Espiritismo em relação à criança obsidiada é holística, pois que não a dissocia, na sua forma atual, do adulto de ontem quando contraiu o débito. Ensina que infantil é somente o corpo, já que o Espírito possui uma diferente idade cronológica, nada correspondente à da matéria. Além disso, propõe que se cuide não só da saúde imediata, mas sobretudo da disposição para toda uma existência saudável, que proporcionará uma reencarnação vitoriosa, o que equivale dizer, rica de experiências iluminativas e libertadoras.

"Adimos a terapia do amor dos pais e demais familiares, igualmente envolvidos no drama que afeta a criança."

— Não desejando ser impertinente — expliquei — desejaria propor ao generoso benfeitor mais uma questão.

Porque ele aquiescesse, voltei a este assunto que muito me fascina, inquirindo:

— Na hipótese do ser prejudicado perdoar o seu malfeitor, desapareceria a possibilidade da obsessão. Como seria a análise da injunção cármica reparadora, numa visão de saúde espiritual holística?

— Sabemos que o perdão de uma dívida não isenta o seu responsável da regularização por meio de uma outra forma. Quem perdoa fica bem, porém o desculpado permanece em débito perante a economia da vida. Cumpre-lhe passar adiante o que recebeu, auxiliando a outrem conforme foi ajudado. Assim no caso em tela, a *consciência de culpa* do devedor faz um mecanismo de remorso que se transforma em desajuste da energia vitalizadora, que passa a sofrer-lhe os petardos e termina por produzir, como não desconhecemos, a auto-obsessão, ou engendra quadros de alienação mental conhecidos na Psicopatologia sob denominações variadas. A consciência culpada do Espírito que se arrepende do mal que praticou, mas não se reabilita, emite vibrações perniciosas que o perispírito encaminha ao cérebro, perturbando-lhe as funções. A terapia, no caso, será autorreparadora, concitando o paciente a refazer o caminho, a dedicar-se à ação do bem possível e trabalhar-se moralmente reajustando-se à tranquilidade da recuperação.

Silenciei, comovido, considerando o quanto a Justiça de Deus está insculpida na consciência do ser.

Outras interrogações foram apresentadas, sendo respondidas com simplicidade e sabedoria, assim encerrando-se a proveitosa oportunidade.

Perspectivas novas

Dispúnhamo-nos a sair, Petitinga e nós, quando o benfeitor chamou, nominalmente, o nobre trabalhador de Jesus e aproximou-se cordial.

Depois que fui apresentado, já que ambos conheciam-se há muito tempo, ele indagou-me generoso:

— O amigo tem interesse no estudo das obsessões? Atrai-lhe o assunto?

— Sim — respondi canhestro. — Interesso-me muito por esta epidêmica alienação que avassala o mundo hodierno.

Petitinga, compreendendo a minha natural timidez, completou:

— O nosso Miranda, desde quando se encontrava reencarnado, dedicou-se à prática da desobsessão e ao estudo dessa afecção espiritual. Desde que aqui chegou, há quase cinquenta anos, prossegue nas suas pesquisas, e vem, de quando em quando, escrevendo para a Terra, qual repórter desencarnado, que busca informar e esclarecer os companheiros da experiência carnal, a fim de adverti-los e orientá-los sobre o tema, desdobrando os ensinamentos e instruções do emérito codificador do Espiritismo a esse respeito.

— Assim sendo — propôs-me com gentileza — teria muito prazer em convidá-lo a participar conosco de algumas atividades dessa natureza, a iniciar-se amanhã à noite. Somos também estudiosos da alienação por obsessão, buscando penetrar a sua profundidade e multiplicidade de aspectos, que nos facultam os mais amplos e variados enfoques. Que me diz a respeito?

— Confesso — respondi interessado — que me será de inestimável e providencial valia, se puder participar de atividades e pesquisas dessa natureza, embora reconheça os meus limites intelectuais e técnicos diante dessa enfermidade soez.

— Muito bem — concluiu com um sorriso afável. — Avisá-lo-ei com alguma antecedência qual a hora da partida, a fim de realizarmos a excursão à Terra com o objetivo específico de examinarmos o problema.

Despedindo-se com amabilidade, deixou-nos a agradável expectativa do próximo encontro para o mister enfocado.

Não podendo sopitar o júbilo espontâneo, comentei com o amigo Petitinga:

— A experiência e o trato com os enfermos espirituais têm-me demonstrado que a interferência psíquica de umas criaturas sobre as outras, desencarnadas ou não, é responsável pela quase totalidade dos males que as afligem, dentro, naturalmente, das injunções cármicas de cada qual. A ação mental de um agente sobre outro indivíduo, se este não possui defesas e resistências específicas, termina por perturbar-lhe o campo perispiritual, abrindo brechas para a instalação de várias doenças ou a absorção de vibrações negativas, gerando lamentáveis dependências. Aí estão as ocorrências dos prazeres sexuais, dos amores descontrolados, em que um dos parceiros mantém a vampirização da vitalidade emocional do outro ou ambos se exploram reciprocamente, tombando, em exaustão, no entanto permanecendo insatisfeitos... A emissão da onda mental invejosa, cobiçosa, inamistosa prende o emitente ao receptor, transformando-se em uma forma não menos cruel de obsessão. O agente não consegue desvincular-se da vítima e esta, aturdida ou enferma, desequilibrada ou desvitalizada, não logra recompor a paisagem íntima nem a orgânica de bem-estar, alegria e saúde. Quantos desencarnados pululam vinculados uns aos outros em deplorável *parasitose psíquica*, a alongar-se por largos períodos de infelicidade! Quantos outros que, sofrendo as exigências mentais dos amores e desafetos terrenos que continuam direcionando seus pensamentos com altas cargas de tensões negativas sobre eles, incapazes de libertar-se, tornam-se-lhes vítimas inermes, padecendo atrozmente, sem conforto íntimo nem esperança, atormentados pelos apelos que recebem e não podem atender, bem como pelos ódios que os envenenam! Escritores e artistas que optaram pela obscenidade, pela violência, pelo açodar das paixões vis, tornam-se escravizados aos que se lhes sintonizam e gostam das suas obras, revivendo os clichês mentais que eles compuseram, na Terra, e ora tornam-se-lhes fonte de tormentos inimagináveis. Ainda consideremos a técnica dos Espíritos obsessores mais impiedosos, que se utilizam de intermediários para as suas cruéis reivindicações, controlando-os mentalmente e induzindo-os à agressão aos viajores carnais, e teremos um elenco expressivo de obsessões que excedem o quadro tradicional da perturbação mais conhecida e trabalhada, que é a de um desencarnado sobre outro reencarnado. Certamente, outros aspectos existem, sutis, aguardando penetração, análise e terapia correspondente.

Calando-me, por instantes, Petitinga concordou com a exposição e acrescentou:

— Comparemos o homem a uma árvore. As suas raízes de sustentação e nutrição fincadas no solo são o seu passado espiritual; o tronco é a existência atual; os galhos e folhagens são as suas atitudes presentes; as flores e os frutos serão o seu futuro. Se as raízes permanecem em solo árido ou pantanoso, infértil ou pedregoso, a falta de vitalidade para manter a seiva termina por exterminar-lhe a vida, que se estiola vagarosamente, mesmo que o ar generoso e a chuva contribuam para a sua preservação. Somente por meio da correção da terra, da sua adubação, é que as energias vitais lhe correrão por toda a estrutura, levando-a ao vigor, à florescência e à frutificação. Em caso contrário, mesmo que consiga o desenvolvimento, este será incompleto, frágil, e a produção mirrada. Assim também somos nós, Espíritos em processo de crescimento. O nosso passado moral torna-se-nos o terreno de sustentação das raízes e tudo dependerá das ações praticadas, que respondem pelas ocorrências em desdobramento. No exemplo da árvore, com a presença da erva parasita sugando-lhe a seiva, ou de insetos daninhos que a exploram, a morte por exaustão é inevitável. Do mesmo modo ocorre conosco: ao carregarmos *parasitas psíquicos* que nos debilitam, interferindo em nosso comportamento, tal qual acontece no reino vegetal, eles passam a ter controle e força sobre a sua vítima, que se exaure e consome. As raízes do *invasor* alcançam as sedes vitais do sustentáculo e, se são extirpadas com *violência*, logo advém a morte do receptor.[1] A terapia dirigida ao paciente assemelha-se à providência junto à árvore explorada: retirar o parasita, sustentar o tronco e cuidar da seiva. Ao ser humano deve-se oferecer recurso, a fim de que os *plugues* de fixação (as raízes) se desloquem das *tomadas* por falta de imantação e, lentamente, o agente estranho e explorador, devidamente esclarecido (qual parasita vegetal da árvore, podado) seja retirado sem maiores prejuízos para o *hospedeiro*.

Fez uma pausa mais expressiva e continuou:

— Quando as criaturas nos conscientizarmos dos resultados excelentes do equilíbrio mental, das ações nobres, da conversação edificante, em últimas palavras, da vivência das diretrizes do Evangelho de Jesus, a obsessão desaparecerá do nosso mapa evolutivo por total desnecessidade. Não obstante, enquanto houver predomínio na natureza humana dos baixos níveis de conduta, das aspirações brutalizadoras, o intercâmbio de energias desse gênero produzirá afecções psíquicas duradouras, com terríveis reflexos na saúde física. A mente que se fixa sobre outra, sendo portadora de carga predominante, sobrepor-se-á, passando ao comando. A energia deletéria de que se constitui bloqueará o campo de equilíbrio da vítima ou o destroçará, forçando a instalação de germes

---

[1] Nota do autor espiritual: *Vide* nosso livro mediúnico *Loucura e obsessão*. Rio de Janeiro: FEB, 1990. Cap. 19 — "Socorro de libertação".

e vírus destruidores ou transmitindo, em outros casos, os sintomas das enfermidades que levaram o *hospedeiro* à desencarnação, atacando o órgão correspondente e contaminando-o com a mesma doença. Essas obsessões físicas, muitas vezes, tomam corpo mais amplo e vigoroso em processos de cegueira, mudez, surdez, paralisias diversas, por interferência de onda mental prevalecente sobre o corpo debilitado. Nos inúmeros atendimentos terapêuticos realizados por Jesus, encontramos este tipo de ação perniciosa, e os narradores evangélicos expressam que Ele *destravou a língua, abriu os olhos fechados* e os *ouvidos, desenovelou as pernas* impedidas, liberou da constrição dominadora das forças que subjugavam os doentes e os infelicitavam.

— De fato — intervim — Allan Kardec, ao estudar a obsessão, no capítulo XXIII, de *O livro dos médiuns*, comenta a experiência de um homem a quem os adversários desencarnados, com o fito de o ridicularizarem, agarravam-no pelos jarretes obrigando-o a ajoelhar-se diante de jovens senhoritas e ele não se podia furtar à situação vexatória.

"Quando na Terra, conheci diversos casos de pessoas com tuberculose pulmonar e laríngea provocada pela interferência de inimigos desencarnados. As úlceras gástricas e duodenais, além das gêneses acadêmicas conhecidas, alguns distúrbios cardíacos e hepáticos, do aparelho digestivo em geral, têm procedência nessa terrível, contínua emissão de fluidos enfermiços que se infiltram nos órgãos, que atacam e lhes descompensam o ritmo celular, funcional, provocando-lhes degenerescência..."

— Concluímos — obtemperou o companheiro — quanto à excelência da terapia preventiva, mediante a preservação da saúde moral, do autoconhecimento, do cultivo e vivência das ideias estimuladoras do progresso, da harmonia e do bem geral, que mantêm a dinâmica do equilíbrio, irrigando a vida com paz e sustentando-a em níveis elevados. O indivíduo, pois, é responsável, próximo ou remoto, por tudo quanto lhe sucede. Conforme aspira, delineia, e de acordo com o que vitaliza, ocorre.

Perspectivas novas

Quando nos despedimos e fiquei a sós, pus-me a reflexionar a respeito das perspectivas novas ora em delineamento.

A visão holística da saúde — considerei mentalmente — possui grande abrangência de temas. Nessa interdependência de questões que predispõem à doença ou fomentam o bem-estar, constata-se a necessidade de uma equilibrada observância de itens de natureza ética em vários ramos do conhecimento, contribuindo para a harmonia. O efeito mais imediato não deve ser o único a receber consideração e interrupção, pelo fato de ser, de alguma forma, possível consequência de outros fatores que permanecem ocultos. O terapeuta alarga, então, os seus horizontes de ação e transita por diferentes métodos que se ampliam desde as experiências psicológicas às psicobiofísicas, aos acontecimentos ambientais, ecológicos, sociais, morais e econômicos, assim tornando-se um verdadeiro sacerdote do bem, e não apenas um saneador de consequências.

Sem o conhecimento do Espiritismo, difícil lhe será distinguir se uma enfermidade física resulta de uma indução obsessiva, ou se uma alienação mental não é portadora de típica psicogênese. O preconceito ancestral que separava a Física da Metafísica esfacelou-se, a Medicina das Terapias Alternativas e das doutrinas psíquicas em geral, e da espírita em particular, cede lugar a um perfeito entrelaçamento para identificação correta do homem e suas necessidades, assim como dos melhores processos para a sua promoção, o seu equilíbrio humano, espiritual e social.

Não havia dúvida a respeito das perspectivas em tela que me eram muito agradáveis e convidativas, prenunciando-me expressivo enriquecimento interior.

Nesse comenos, olhei a Terra próxima, envolta nas sombras da noite, diluídas pela luminosidade das estrelas, e deixei-me dominar por uma onda de gratidão à abençoada escola das almas, acolhedora e incompreendida, que espera por nós.

Reflexões e expectativas

No dia seguinte, à hora convencionada, da qual eu fora informado pela manhã, o Dr. Carneiro de Campos e outro Amigo vieram ter comigo, a fim de seguirmos à cidade X..., que seria sede das nossas atividades.

Antes de iniciarmos a jornada, o benfeitor que se responsabilizava pela tarefa apresentou-nos, o seu acompanhante e nós, facilitando-nos imediato intercâmbio de ideias e um saudável relacionamento.

— O nosso Fernando — esclareceu-me o médico baiano — foi dedicado espiritista, na Terra, havendo exercido o ministério mediúnico com significativa abnegação. Participa da presente jornada, a que está acostumado, para cooperar com a sua faculdade colocada a serviço do bem em próximas necessidades.

Sem aparência de preocupação para impressionar-me, portanto, com naturalidade, porque chamado nominalmente à conversação, ele explicou:

— Durante algumas décadas entreguei-me ao serviço da mediunidade curativa, embora a psicofonia e a clarividência me fossem habituais. Por esse tempo, o preconceito contra o Espiritismo e a mediunidade era muito forte, e não obstante as pessoas procurassem os benefícios que ambos proporcionam, mantinham suas ideias equivocadas e prejudiciais. Apesar disso, pude atender ao compromisso que assumira antes da reencarnação com relativa facilidade. Àquela época, as pessoas que se inclinavam à pesquisa mediúnica e ao estudo da Doutrina Espírita afeiçoavam-se a ambos os misteres com espírito de dedicação. Havia, certamente, menos recreios e diversões, menos necessidade de espairecimento, e os veículos de comunicação eram mais comedidos, não estando no ar ainda os valiosos recursos da televisão. As dificuldades, que eram muitas, qual hoje ainda acontece, tornavam os interessados mais maleáveis à consolação e à fidelidade doutrinária, à vivência dos postulados aceitos e à ação da caridade ao próximo com maior entrega pessoal. Houve, suponho, uma alteração de comportamento psicológico — cujas causas não vêm ao caso examinar — que parece haver tornado os indivíduos mais instáveis, inseguros, áridos e ansiosos por novidades. Com a escassez de tempo para aprofundamento do estudo espírita, tendo-se em vista as grandes exceções, observo que as adesões, apesar de numerosas, são sucedidas por deserções expressivas e variações de buscas espiritualistas e de prazeres que impedem a autodoação, a dedicação. A mediunidade vem-se tornando instrumento de autopromoção, a prejuízo da qualidade ética e espiritual do fenômeno, e diversos companheiros, impressionados com eles mesmos, narcisisticamente arrojam-se às disputas, ao campeonato da projeção pessoal, perseguindo o aplauso da Terra, os primeiros lugares, as competições insensatas, distantes dos sentimentos de renúncia, de vera humildade, de legítimo amor.

Interrompeu-se por alguns instantes e deu prosseguimento aos seus oportunos apontamentos:

— Naturalmente, no passado, ocorriam também esses fenômenos, porém, em menor escala, razão por que não devemos estranhar a sua atual manifestação. Sucede que as frivolidades campeiam, os disfarces e simulações aumentam nesta área, e a *indústria dos presentes*, isto é, a retribuição aos *favores mediúnicos* mediante doações de objetos e vestuário de uso pessoal, vem-se tornando uma motivação sub-reptícia para o envolvimento dos trabalhadores distraídos, com esquecimento do carinho e devotamento àqueles que os não podem recompensar e são, como é óbvio, os mais necessitados. Não é do nosso interesse censurar ou lamentar o fato, cuja responsabilidade é individual e intransferível, senão examinar e advertir os sinceros obreiros que, na mediunidade, encontram o abençoado instrumento para o serviço da autoiluminação, bem como a do seu próximo, tanto quanto para expandir a Verdade entre os homens.

"Somos daqueles que consideram úteis todas as religiões dignas e filosofias espiritualistas, necessárias e portadoras de elevadas contribuições para o bem da sociedade. Entretanto, a viagem de retorno de um espírita a uma outra denominação religiosa surpreende-me, ao tempo em que lhe compreendo a conduta. A surpresa decorre do fato de identificar no Espiritismo o *Consolador* prometido por Jesus, a Ciência que abarca o conhecimento sob diversos matizes, e a Filosofia esclarecedora, lógica, otimista, que propicia uma vivência ideal, seja sob o ponto de vista pessoal ou pelo inter-relacionamento social que proporciona, não havendo razão para quem a conhece desprezá-la. Sucede, porém, que ela impõe, como é natural, uma vida saudável, sem oferecer recursos para o escapismo insano, o que é um compromisso grave. E compreendo a atitude daqueles que desertam, por acreditar que eles preferem uma religião que faculte menores responsabilidades, ou filosofias espiritualistas que se mesclam umas nas outras, apresentando propostas bizarras, variantes, compatíveis com os *modismos* vigentes em toda parte. Todavia, respeito toda forma de crença e de não crença, de comportamento e de vida, buscando aprender com as criaturas e suas experiências, vinculado, cada vez mais, à Doutrina Espírita, que me concedeu paz e liberdade, ocasião de trabalho renovador e mais amor ao meu próximo."

Quando o caro Fernando concluiu o seu pensamento, dei-me conta de que também eu assim reflexionava diante de muitos sucessos que acompanhava no Movimento Espírita em particular, e, por extensão, na sociedade em geral.

O Espiritismo, pela sua simplicidade, possui todas as condições propostas por Jesus a respeito do *Consolador*, ao tempo que se fundamenta em uma filosofia de excelente qualidade, cujos postulados têm suas raízes no idealismo de Sócrates e Platão, sem entrar em choque com o pensamento oriental antigo, do qual se derivaram o Bramanismo, o Budismo, o Taoismo... Considerando o homem um ser integral na sua complexidade, faculta-lhe a conquista da plenitude mediante o esforço pessoal, intransferível, acenando-lhe sempre com a possibilidade de conquista de novos e mais elevados patamares na escala da evolução que o aguarda.

Em nossas conversações frequentes com os mentores, sempre lhes percebíamos a natural preocupação com os companheiros encarnados, portadores de responsabilidades na área espírita, que se deixam distrair pelas querelas inúteis e debates injustificáveis na defesa de *pontos de vista doutrinário*, tomando rumos estranhos pelos desvios de rota, descuidando-se do essencial em favor do secundário.

Por outro lado, observo que esse comportamento apaixonado, na área espiritual e num grupo reduzido de profitentes, torna-se mais expressivo e grave no comportamento social que envolve as massas, e os jogos de interesses assumem proporções imprevisíveis, levando os indivíduos à agressividade, à violência, assim liberando as altas cargas das paixões inferiores, filhas diletas do egoísmo.

A dedicação com fidelidade e firmeza de caráter a qualquer causa é sempre um grande desafio ao homem, especialmente por exigir-lhe vivência do ideal esposado com tolerância para com todos quantos lhe compartem ou não a opinião.

É de considerar-se, entretanto, que na atual conjuntura do planeta, em face da paisagem moral daqueles que o habitam, essa ocorrência se faça normal, até que o próprio mecanismo do progresso impulsione as criaturas pelo roteiro correto.

O amigo Fernando, percebendo-me as reflexões silenciosas, despertou-me, gentilmente, para a hora que se aproximava, em razão de o Dr. Carneiro de Campos já se dispor a dar início à excursão programada, para a qual eu fora convidado.

Do nobre benfeitor ouvimos as referências sobre as atividades a desenvolver e as instruções pertinentes. Iniciávamos, a partir daquele momento, novas experiências e aprendizado, que nos iriam enriquecer de conhecimentos para as realizações futuras.

O médium Davi e o Dr. Hermann Grass

A primeira fase das nossas observações teria lugar em uma Sociedade Espírita, na qual se realizavam cirurgias mediúnicas, objetivando a ação da caridade em favor de enfermos portadores de patologias variadas.

Ao chegarmos, fomos recebidos pelo respeitável mentor da Instituição que, afável, nos conduziu à intimidade da ampla Casa, já àquela hora repleta de pessoas ansiosas, bulhentas e inquietas, assim como de entidades viciosas, perturbadas, zombeteiras, obsessoras, em lamentável promiscuidade psíquica com os seus *hospedeiros*, exsudando miasmas perniciosos que empestavam o recinto com altas cargas de energia negativa.

Percebendo-me a perplexidade, que não pude dissimular, o irmão Vicente, nosso anfitrião, como justificando a ocorrência, elucidou:

— Nossa Casa foi fundada há mais de uma trintena de anos por abnegados corações, que planejavam dedicar-se à vivência dos postulados espíritas. Estabelecido o projeto e tendo-se em vista a excelência dos propósitos acalentados, fomos destacados para cooperar com esses amigos, de forma que o programa se tornasse realidade. Naquela ocasião, as dificuldades para a materialização da ideia eram muitas, seja pelos preconceitos existentes na cidade, em relação ao Espiritismo, seja pela inexperiência dos membros do grupo. Todos, porém, uniram-se com devotamento e deram início ao trabalho. Interessados em aprofundar os conhecimentos da Doutrina, para mais e melhor servirem, estabeleceram um roteiro de estudos e, pouco a pouco, conseguiram uma casa de aluguel, que viriam a adquirir mais tarde, reformando-a, por diversas vezes, para que atendesse às necessidades de crescimento, resultando no bem equipado edifício no qual nos encontramos.

"Alguns dos fundadores já desencarnaram e hoje cooperam conosco, tentando preservar os objetivos iniciais que os emularam ao labor. Sucede, porém, que no último ano, por distração, os atuais administradores, muito preocupados com os fenômenos mediúnicos em detrimento dos objetivos essenciais da Doutrina, cederam às pressões psíquicas dos Espíritos leviano, e, não obstante as nossas incessantes admoestações e advertências, enveredaram pelo sinuoso caminho das *curas e cirurgias mediúnicas*, atraindo multidões de necessitados, portadores, porém, de total desinteresse pela cura real, que transformaram o recinto no tradicional *pátio dos milagres* impossíveis. Diariamente, ou melhor dizendo, especialmente duas vezes por semana, desde a noite de véspera, afluem enfermos de todos os matizes, para a maioria dos quais a doença ainda é a melhor terapêutica de iluminação, desejosos, no entanto, da cura sem responsabilidade e da saúde sem compromisso de elevação moral.

"Temos redobrado esforços para deter a invasão dos Espíritos perniciosos, sem faltar-lhes com a caridade fraternal; todavia, a ambição do sucesso e do estrelismo tomou conta dos companheiros encarnados, que assim nos dificultam o auxílio a eles próprios. Esta a razão de havermos solicitado a ajuda dos amigos que ora nos visitam."

Silenciando, deixou-nos a oportunidade para observações mais cuidadosas. Sem dúvida, as construções magnéticas de proteção à Casa e a algumas criaturas permaneciam; entretanto, em razão do tumulto reinante e das descargas mentais arrojadas quão destrutivas, enxameavam as ideoplastias perturbadoras, e a psicosfera predominante era caracterizada pelo baixo teor dos fluidos tóxicos.

Obsidiados com profundas *parasitoses* espirituais apresentavam enfermidades físicas, cujas causas estavam nos distúrbios provocados pelos seus perseguidores, misturando-se a portadores de cardiopatias graves, paralisias, neoplasias malignas, doenças oculares e respiratórias, numa variada e complexa gama de problemas cármicos, sem possibilidade de solução por motivos óbvios.

A leviandade grassava à solta, ao lado da simonia sob disfarce mal cuidado.

Uma equipe de encarregados da orientação aos pacientes vendia fichas de atendimento, sob a alegação de que o material utilizado nas cirurgias era de alto custo e o seu volume sobrecarregava a Sociedade, sendo, portanto, *justo* que os enfermos assumissem parte das despesas com o seu tratamento. Todos anuíam com o absurdo, sem preocupação ética, interessados, apenas, em resultados que lhes parecessem favoráveis. Atraídos por uma bem urdida propaganda e pela divulgação por meio da televisão — que acompanhara algumas das incursões cirúrgicas — e por depoimentos de pessoas que se afirmavam curadas, de todos os lugares possíveis chegavam aflitos em busca de solução para os seus males físicos, mentais, espirituais e morais... Paralelamente, *amigos* do médium eram saudados com sorrisos e gentilezas, mimoseados com presentes pela clientela habitual, que sempre trazia novos candidatos em uma excêntrica mistura de ação social, caridade e comercialismo vil.

Nesse momento, no amplo salão abarrotado, alguém assomou à mesa sobre um estrado e, após despertar a atenção, pedindo silêncio, arengou:

— Está chegando o momento, fazendo-se necessário preparar o ambiente para as *curas.*

Depois de enunciar algumas palavras desconexas, à guisa de oração, e recitar, sem qualquer emoção, o *Pai-Nosso*, que foi acompanhado em coro, sem nenhuma participação do sentimento, abriu um volume de *O evangelho segundo o espiritismo*, de Allan Kardec. Ao fazê-lo, no entanto, percebemos que o irmão Vicente encaminhou-lhe a mão, em um aparente gesto casual, e ele leu o título da página: *Os falsos profetas da erraticidade.*[2] Notei-lhe a reação psíquica à oportuna lição, que advertia sobre a interferência dos Espíritos irresponsáveis na conduta dos homens invigilantes. Ele havia captado a mensagem que o instrutor da Casa levara-o, inconscientemente, a buscar. Superando o desgosto momentâneo, leu-a de maneira indigesta, como se estivesse a desobrigar-se de algo muito desagradável. Entreteceu comentários que nada tinham a ver com a leitura, procurando *esclarecer* os pacientes em relação ao comportamento durante e depois das cirurgias mediúnicas. Apelava para a dieta alimentar, com propósital olvido daquela de natureza moral, e sobretudo para a *fé* que *dá merecimento*...

Ainda não terminara, quando deu entrada no recinto o médium, cercado de protetores encarnados, que o acolitavam com mesuras e delicadezas perfeitamente dispensáveis. O grupo de companheiros era assessorado por Espíritos semelhantes, trêfegos e zombeteiros, que se compraziam tomando parte no séquito inusitado.

Aproximei-me do caro Vicente que, compreendendo minhas interrogações silenciosas, explicou:

— Sim, aquele é o nosso amigo Davi, que se entregou à mediunidade, derrapando, todavia, lamentavelmente, no personalismo doentio e na presunção exacerbada, agora experimentando complexo problema de obsessão com destaque na área da conduta sexual. É o que sucede com frequência aos portadores de mediunidade, que se obstinam em desconhecer a Doutrina Espírita, que a todos propõe os programas saudáveis da moral e da iluminação íntima. Mediunidade sem Doutrina pode ser comparada a veículo sem freio avançando na direção do abismo. A mediunidade é

---

[2] Cap. XXI, item 10. (**Nota do Autor espiritual.**)

sempre compromisso de redenção que o Espírito assume antes da reencarnação, especialmente aquela que tem expressão ostensiva, rica de possibilidades para a edificação do bem nos indivíduos. O nosso amigo Davi é consciente das responsabilidades que lhe dizem respeito no exercício mediúnico. Todavia, corrompeu-se, deixando-se subornar pelo dinheiro e presentes valiosos, que lhe despertaram velhas chagas morais do passado, então adormecidas, tais a vaidade, a soberba, a ingratidão e outras... Após vincular-se psiquicamente a hábil cirurgião desencarnado, porém antigo cidadão de péssimos costumes, entregou-se aos tratamentos mediúnicos, sem nenhum respaldo evangélico para sustentar-lhe o comportamento ético. Vivendo a psicosfera do companheiro afim e de outros comparsas, vem tombando no abuso das funções genésicas, asseverando que a mediunidade e a sua prática nada têm a ver com os prazeres atormentados do sexo sem amor...

Detendo-se em breve reflexão silenciosa, prosseguiu:

— Há muitos médiuns, enganados e enganadores, neste momento tortuoso do mundo que, em vez de moralmente disciplinarem-se, justificam a conduta irregular, dissociando o medianeiro da pessoa, e alegando que, após a desincumbência do ministério, são criaturas iguais às demais, portanto com os mesmos direitos, especialmente na conturbada expressão sexual. Não discrepamos quanto aos direitos dos médiuns ou de outras pessoas, porém não nos podemos esquecer dos seus deveres de homens e mulheres probos, com responsabilidades no campo espiritual, que não podem ser conduzidas com ligeireza moral ou leviandade. A conduta é muito importante, mental e física, seja de quem for, porquanto é por meio dela que se mantém a sintonia com os Espíritos, conforme também ocorre entre os homens na esfera social. Quem conhece a verdade assina compromisso com ela, e todo aquele que se identifica com os postulados da imortalidade deve viver de forma consentânea com essa crença, ou, do contrário, a sua é uma aceitação falsa, destituída de fundamento e legitimidade.

"O amigo Davi procede de experiências reencarnatórias assinaladas por graves insucessos, havendo investido muitos valores e a interferência de abnegados mentores para lograr esta oportunidade que, infelizmente, malbarata, atraindo consequências muito dolorosas para ele mesmo. Quando se apresentou em nossa Casa, pedia apoio para atendimento da *mediunidade de prova*, que o aturdia muito. Portador de promissoras faculdades de efeitos físicos, psicofonia, clarividência e clariaudiência, que se manifestaram desde a adolescência, produzindo-lhe compreensíveis aflições, estas eram recursos que lhe ensejavam retificação de hábitos e morigeração de conduta, convidando-o a procedimentos saudáveis. Espírito rebelde, porém, embora conduzido a uma Sociedade Espírita, permitiu-se a indisciplina e o abuso nas atitudes mais simples. Benfeitores espirituais programados para colaborarem com ele, junto aos necessitados, foram lentamente rechaçados nos seus propósitos superiores, por se negar com frequência aos exercícios de educação moral e emocional, sobrecarregando-se com o excesso de alimentos portadores de altas doses de toxinas e, sobretudo, cedendo espaço mental, de início, a vícios danosos que o retêm na ação perniciosa. Com o tempo adicionou alcoólicos às atividades normais, impedindo o intercâmbio com aqueles nobres instrutores, que jamais o abandonaram. Como os espaços de toda natureza nunca permanecem vazios por muito tempo, não faltaram companheiros desencarnados ociosos e vulgares para acorrerem na sua direção preenchendo as suas necessidades, destacando-se o Dr. Hermann Grass, que exerceu a Medicina terrestre com atropelos morais e sem a ética conveniente. Hábil cirurgião, preferiu dedicar-se ao aborto criminoso, contraindo pesados débitos perante a própria consciência e a Consciência Cósmica. Ao desencarnar, sofrendo amargamente, tornou-se vítima direta, que já o era indiretamente, de terrível verdugo da Erraticidade mais inferior que o explorava desde antes, fazendo-o mais infeliz. O processo de vampirização alongou-se por vários anos, complicado pela presença vingadora de algumas das suas vítimas. Depois de um largo período de sofrimento, desvinculou-se do antagonista e passou a ligar-se ao médium Davi, em quem encontrou recursos para reabilitar-se dos delitos por meio das ações dignificantes que viesse a realizar. Os mentores do médium viam na circunstância uma fórmula feliz para que ambos se ajudassem, enquanto eles próprios se dignificavam. No começo, o Dr. Hermann encontrou estímulos para essa reabilitação, de que se foi descuidando à medida que aumentava o número de necessitados, e o caráter do médium se amolentava diante dos resultados materiais obtidos."

Detendo-se em reflexão, e com um toque de bom humor, Vicente continuou:

— O melhor amigo de todo médium, no seu processo de evolução, é sempre a dificuldade, que o impele ao bem, à oração, à meditação, conduzindo-o à humildade... Não são poucos aqueles que soçobram nas águas turvas da vaidade e da presunção, enxameando por toda parte e tombando em sutis quão perigosas obsessões que passam a experimentar. No caso em tela, os Amigos espirituais, conhecendo-lhe as necessidades emocionais, programaram a reencarnação de Adelaide, antigo afeto a que se vinculava o médium, providenciando-lhe o consórcio matrimonial, a fim de que não experimentasse carência afetiva e pudesse, desse modo, dedicar-se à mediunidade em regime de plenitude relativa. Da união nasceram-lhe dois filhinhos, que são do mesmo grupo familiar e que estão quase esquecidos pelo pai, logo passada a novidade. Arrependido do casamento, que considera a perda da liberdade pessoal, ante as facilidades para o exercício do sexo em desalinho, procura desincumbir-se do compromisso sem a seriedade e a emoção que os deveres de esposo e pai lhe impõem... Desse modo, em razão da auréola de paranormal, que deslumbra os ociosos e simplórios, passou à conquista de jovens e senhoras imprevidentes, incidindo em outro gênero de delitos. Por consequência, caminha a largos passos para uma tragédia que está sendo urdida pelos seus adversários, os quais o induzem aos deslizes constantes.

Seguindo em direção a pequeno cômodo ao lado da sala das sessões, o médium e sua corte desapareceram dos olhos deslumbrados da clientela que mal sopitava a ansiedade.

O orador, que havia interrompido a lenga-lenga, deu-lhe prosseguimento, conclamando os interessados à concentração e que se não esquecessem da doação da espórtula para ajudar a manutenção das obras de caridade da Casa.

O pedido aberrante caracterizava o baixo nível moral do solicitante, que via nas criaturas presentes somente um meio acessível para a sistemática exploração.

Compreende-se o conceito que assevera: *Onde predomina o interesse pelo dinheiro escasseiam as austeridades morais*, particularmente onde deve viger a gratuidade dos serviços, desde que se derivem da ação mediúnica. A Sociedade Espírita é lugar de iluminação da consciência, de enobrecimento moral e ação caridosa, sem cujas vivências descaracteriza-se, mundaniza-se e torna-se um clube onde predominam a insensatez, o engodo, a exploração.

A convite do amigo Vicente adentramo-nos, os visitantes e ele, no cômodo onde Davi se preparava para as atividades mediúnicas.

O recinto transpirava perturbação. As mentes ansiosas impunham suas aspirações sobre o médium, que se sentia inquieto interiormente, embora demonstrasse jovialidade aos seguidores fascinados. Ideoplastias negativas, clichês mentais e *vibriões psíquicos* enxameavam no ambiente, tornando-o irrespirável. Igualmente misturavam-se os Espíritos em aturdimento constrangedor, alguns tentando interceder pelos familiares enfermos, que aguardavam ajuda, outros em promiscuidade de paixões, gerando um pandemônio de difícil descrição.

Subitamente a algazarra cessou, e vimos entrar o Dr. Hermann Grass acompanhado pelos auxiliares espirituais.

Vicente apresentou-lhe o Dr. Carneiro de Campos, Fernando e nós, informando que nos houvera convidado, a fim de que participássemos das atividades daquela noite. Elucidou que o Dr.

Campos havia sido médico, na Terra, e prosseguia com os estudos nessa área, e que nós outros éramos, ambos, interessados nas alienações mentais por obsessões.

Não ocultando um certo desagrado, agradeceu-nos a presença, dizendo-se às ordens para quaisquer esclarecimentos em torno do seu trabalho cirúrgico.

Compreendemos a gravidade da circunstância e do momento, que o Dr. Campos contornou com delicadeza.

— O nosso — esclareceu — é o interesse de aprendizes que buscam aprimorar técnicas socorristas para melhor atendimento das criaturas humanas, e é nesta condição que aqui nos encontramos.

Surpreendido com a elucidação e atingido pela onda mental de simpatia do benfeitor, ele desarmou-se emocionalmente, pedindo licença para dar curso ao compromisso assinalado.

O desafio

O médium Davi procurou concentrar-se, tentando entrar em sintonia com o Amigo desencarnado.

A mente em desalinho, repleta de clichês sensuais, impossibilitava-o de manter o pensamento numa faixa de equilíbrio que lhe propiciasse a dilatação do *campo perispiritual*, indispensável ao fenômeno da psicofonia e do comando do centro dos movimentos pelo desencarnado. As ideias vulgares cultivadas criavam um envoltório de energia densa, negativa, que impedia a exteriorização parcial do Espírito encarnado e a captação da que provinha do cirurgião espiritual.

Da área genésica do médium em busca de harmonização íntima exteriorizavam-se ondas escuras, saturadas de baixo teor vibratório, traduzindo promiscuidade e cansaço das células geradoras de vitalidade, que se debatiam em luta vigorosa contra agentes psíquicos destruidores que tentavam invadi-las, para desarticular-lhes a mitose durante a prófase, dando início a processos patológicos irreversíveis.

Por outro lado, o Dr. Hermann acercou-se do sensitivo e o envolveu com vigorosas vibrações que o alcançaram, rompendo a camada sombria que lhe impossibilitava o perfeito acoplamento psíquico. O esforço conjugado de ambos resultou em bem-sucedido fenômeno mediúnico. Não obstante, observamos que o receptor, em razão das barreiras a que a sua conduta censurável dera lugar, convulsionou, projetando os olhos um pouco para fora das órbitas e tomou uma postura diferente da sua personalidade, traindo, desse modo, o domínio do comunicante que lhe obnubilou quase totalmente o centro da consciência.

Abordando os presentes com expressões afetuosas, apesar do seu estilo rude, solicitou que lhe fosse trazido o primeiro paciente.

Nesse comenos, os trabalhadores espirituais da Casa, sob o comando de Vicente, estabeleceram as defesas vibratórias até então não conseguidas em razão da perturbação reinante no recinto. Aproveitando-se do momentâneo clima de expectativa geral, e de algumas mentes que sinceramente se concentravam em Deus e nas ideias superiores, esses laboriosos servidores distendiam telas magnéticas que circundavam a sala, enquanto uma lâmpada projetava irradiações semelhantes ao *laser*, com potencial bactericida, responsável pela assepsia, anestesia e hemóstase nos pacientes durante a incursão cirúrgica.

Simultaneamente, outros Espíritos que haviam sido médicos na Terra, acercaram-se do cirurgião-chefe, responsabilizando-se por diferentes especialidades, já que o Dr. Hermann preferia operar as neoplasias, especialmente as de caráter maligno ainda sem metástases, o que lhe facultava dar largas à presunção, apresentando ruidosos espetáculos que divertiam a clientela e perturbavam alguns facultativos convidados ou que, curiosos, acorriam para acompanhar-lhe as demonstrações. O que deveria ser realizado com unção e respeito, a pretexto falso de comprovar a imortalidade da alma, convertia-se em cenário para exibição teatral.

A primeira paciente era portadora de uma pequena tumoração da mama (displasia), que a afligia sobremaneira. Atemorizada pelos resultados da tomografia e do aconselhamento médico para a pequena cirurgia, acreditava-se ludibriada, receando tratar-se de um câncer, havendo recorrido, por isso, ao auxílio espiritual.

A pobre tremia, vitimada por acentuado desequilíbrio nervoso, e notava-se-lhe a face e os olhos congestionados por efeito das últimas noites maldormidas e do choro contínuo.

Mandando-a deitar-se na mesa de curativos, ora transformada em cirúrgica, o Dr. Hermann pediu à auxiliar que desembaraçasse a paciente da blusa e sutiã, tocando a região afetada. De pronto deu-se conta da quase nenhuma gravidade do problema, o que lhe facultaria uma bela atuação cirúrgica.

Tomando de uma lâmina e sem desinfetá-la, começou o trabalho, que se nos afigurava hábil e grotesco, em face da introdução dos dedos com o objetivo de separar os tecidos que envolviam o nódulo displásico. Ante o temor da senhora, exortava-a, rudemente, à fé em Deus e nele, conseguindo, em poucos minutos, extirpar o pequeno tumor. Exibindo-o, informou que se poderia fazer o estudo patológico e se constataria a presença das células cancerosas. Ato contínuo, atirou-o a um recipiente reservado à coleta das peças extraídas. Uniu as bordas da incisão, da qual não brotava sangue, colou esparadrapo, enfaixou com gaze a operada e, todo sorrisos diante da aclamação geral, mandou-a retirar-se, convocando outro paciente.

O novo cliente era portador de uma catarata que lhe ameaçava a vista esquerda, tal a dimensão que assumira. Assistido por jovem médico oftalmologista desencarnado e membro da equipe, fez a remoção da película opacificada e colocou um chumaço de algodão, preso por esparadrapo sobre o olho, recomendando o curativo para três dias depois.

Desfilaram quase oitenta pacientes, diferindo em pouco os problemas que os afligiam. A maioria trazia perturbações psicossomáticas, enquanto alguns outros portavam enfermidades diversas. Não obstante, não fora realizada cirurgia alguma de grande porte ou em órgãos essenciais e de difícil acesso, embora tal incursão fosse possível. Eram somente tentames que provocavam mais pasmo do que renovação moral, ajudando na propaganda dos efeitos.

O amigo Vicente, percebendo-me a perplexidade e as mudas interrogações, com discrição e respeito, veio-me em socorro.

— O nosso Dr. Hermann — disse com certa melancolia — poderia realizar um trabalho precioso em favor do próximo, imprimindo dignidade ao fenômeno mediúnico e à imortalidade da alma. Afim, moralmente, com o instrumento de que se utiliza, quando constata um grave problema de saúde, que não pode resolver, apela para a informação de que se trata de *carma* e o paciente deve recorrer à Medicina terrestre, como se não o fossem todos os fenômenos afligentes que procedem do passado remoto ou próximo...

"Certamente, a função da mediunidade não é de promover curas, como arbitrariamente supõem e pretendem alguns desconhecedores da missão do Espiritismo na Terra. Fossem eles vinculados à Doutrina e seria incompreensível tal comportamento. Entretanto, em uma Sociedade Espírita, a tarefa primacial é a de iluminação da consciência ante a realidade da vida, seus fins, sua melhor maneira de agir, preparando os indivíduos para a libertação do jugo da ignorância, a grande geradora de males incontáveis. Apesar disso, o amor de Deus permite que nós também, os desencarnados, procuremos auxiliar as criaturas humanas, quando enfermas, sem nos entregarmos à injustificável competição com os médicos terrenos, fazendo crer que tudo podemos..."

Silenciou por breves minutos e logo prosseguiu:

— Os curados, qual ocorreu ao tempo de Jesus, prosseguem como antes, com raríssimas exceções, retornando quando adquirem novas mazelas e mandando outros enfermos, que se sucedem, em espetáculos lamentáveis. Não cuidam de remover as causas morais das suas doenças mediante a adoção de uma conduta correta, de um trabalho fraternal de socorro, de educação pessoal, de modo que possam entender os fundamentos da vida e, transformados interiormente, contribuam em favor de uma sociedade mais justa e mais feliz. Somente quando o homem assumir suas culpas, delas reabilitando-se; suas responsabilidades, aplicando-as numa vivência correta; sua consciência, agindo com equilíbrio, é que ocorrerá a sua integração plena na vida com saúde e paz. Utilizando-se dos mecanismos escapistas a que se aferra e escamoteando o dever, apenas logra adiar o enfrentamento com os problemas que gera, com as dores que desencadeia, portanto, consigo próprio. Ninguém se evade indefinidamente da sua realidade.

"Buscamos auxiliar estes labores que foram instalados em nossa Casa, à nossa revelia, porque os necessitados, embora ignoremos os problemas reais que os tipificam, são credores de compaixão e amor, constituindo-nos oportunidade para treinarmos paciência e caridade. Acreditamos, porém, que, em face da conduta do pobre médium, em breve teremos esses serviços interrompidos, quando então retornaremos às bases do compromisso que ficou esquecido."

Permanecemos em reflexões profundas, constatando a excelência e oportunidade dos argumentos do amigo, considerando, sobretudo, a transitoriedade do corpo, que sempre está sujeito a alterações que decorrem da sua estrutura frágil e complexa, invariavelmente vítima da condução irregular que lhe impõe o Espírito reencarnado.

O homem-Espírito é um ser eterno, e as suas experiências no corpo constituem-lhe metodologia para aprendizagem dos valores elevados e fixação deles no imo.

Não me pude deter em mais amplas reflexões, porque, nesse momento, uma agitação e gritaria infrene tomaram conta do pequeno recinto.

Tratava-se de uma senhora de parcos recursos econômicos, visivelmente mediunizada, em largo processo de obsessão, que vinha trazida à força por vários homens, simples e bulhentos. O suor lhes escorria em bátegas, traduzindo o esforço de que se viam objeto. A aturdida, desgrenhada, com os olhos um tanto fora das órbitas, as mãos crispadas, a boca em rictos de crueldade, pálida e anêmica pela demorada vampirização que padecia, quando foi atirada na direção do Dr. Hermann, gargalhou, zombeteira:

— Eu o conheço, charlatão — gritou com voz estentórica.

Percebi que os dois desencarnados viram-se, sem a necessidade do instrumento ocular dos médiuns.

O cirurgião acercou-se e aplicou ruidosa bofetada na face da obsessa, desculpando-se:

— Trata-se de um episódio histérico e este é o melhor recurso disponível no momento.

Notei que as pessoas estavam estarrecidas, receosas.

O obsessor, indiferente ao golpe que a sensitiva sofreu, sem o temer, voltou à carga, explodindo:

— Venho desmascará-lo e demonstrar que você não *tem força* para afastar-me daqui. Eu o conheço. Por isso, impedi que a trouxessem antes, e ao aquiescer agora, resolvi enfrentá-lo... Vamos expulse-me, se pode...

A situação era constrangedora.

Irritado, o médico solicitou a uma das auxiliares que lhe trouxesse determinado medicamento com alta dose sonífera, e, amargando revolta, após recebê-lo, aplicou-o no músculo da enferma espiritual. Contava com os resultados favoráveis, o que não aconteceu, porquanto o adversário blasonou:

— Eu consigo neutralizar a ação da droga, e ela não ficará entorpecida.

Foi então que o aturdido cirurgião impôs aos auxiliares:

— Retirem essa louca daqui e mandem interná-la para sonoterapia. A sua alienação necessita de tratamento prolongado, o que não pode ser feito em tais circunstâncias neste local.

A sofredora era literalmente arrastada por brutamontes e conduzida para fora do recinto, enquanto o seu agressor espiritual gargalhava...

Todos se encontravam desagradavelmente surpresos.

O Dr. Hermann, porém, dando mostras de hábil histrião, passou a desviar a preocupação dos presentes, provocando riso e colocando o lamentável incidente em plano secundário.

Algum tempo depois, o *espetáculo* estava encerrado e as pessoas retornaram aos seus lares.

O Dr. Carneiro propôs-nos, então, acompanhar o médium.

Comprometimentos negativos

Encontrava-me surpreso diante do inesperado desafio de resultados infelizes.

Ao primeiro ensejo interroguei o sábio mentor a respeito do acontecimento:

— Por que o Dr. Hermann não conseguiu silenciar e afastar do recinto o atormentado obsessor que o veio perturbar?

— Caro Miranda — respondeu-me sereno — recordemos que o nosso médico, não obstante os seus respeitáveis títulos como hábil cirurgião e generoso trabalhador, ainda não adquiriu os requisitos honoráveis da humildade e do amor, que credenciam o ser com forças morais para tentames dessa natureza.

"Mencionemos que Jesus, após retirar o *Espírito imundo* que atazanava o jovem, cujo pai lhe solicitara ajuda ao descer do Tabor, quando interrogado pelos discípulos sobre a razão pela qual Ele o lograra, e não eles, obtemperou com bondade: — *Porque para esta classe de Espíritos são necessários jejum e oração*, o que hoje traduzimos como conduta reta e comunhão com Deus em atos de enobrecimento.

"Não desconsideramos os valores que exornam o caráter do nosso amigo, todavia, a escada do progresso moral se caracteriza pela infinidade de degraus e patamares, nos quais se demoram todos aqueles que buscam a ascensão."

— Não estamos em um templo espírita — insisti com interesse de aprender — onde a presença do Bem, as vibrações da prece e as bênçãos da caridade geram uma psicosfera superior? Como se pôde adentrar nele o perturbador consciente?

Sem qualquer enfado, o orientador esclareceu:

— O verdadeiro templo é *o coração, de onde procedem as boas como as más ações*, parafraseando Jesus. Entendamos aqui o coração como símbolo representativo dos sentimentos. Se ele não se encontrar em harmonia o lugar onde se esteja poderá criar condições para a paz, não, porém, para impedir os tormentos de quem os tem.

"Vejamos: um paciente com várias ulcerações, ao adentrar-se em um hospital e demorar-se num recinto assepsiado, frui de bem-estar, sem dúvida, não se liberando, entretanto, das feridas que carrega. Assim, a Casa onde nos encontramos possui defesas e barreiras magnéticas de proteção, mas estas não impedem que os *hospedeiros* de obsessão carreguem os seus *comensais* e lhes atravessem as áreas guardadas... Sabemos que as fixações profundas nos centros mentais não são de fácil liberação. Isto posto, embora os *invasores*, como no caso em tela, logrem ultrapassá-las, sentem-lhes as constrições impeditivas, no entanto são *arrastados* pelo ímã psíquico das suas vítimas. Não seja, portanto, de estranhar esta como outras ocorrências semelhantes. O que podemos interceptar são as invasões dos *assaltantes desencarnados*, quando investem, a sós ou em grupos, sem o contributo da energia mental dos que lhes compartem os interesses no corpo físico.

"Ademais, tenha em mente que o nosso esculápio tem gerado problemas psíquicos e éticos na Casa que Vicente tem tido dificuldade para regularizar, mantendo os antigos níveis de harmonia vibratória que eram comuns antes das suas cirurgias. Por tais razões, desafiado e sabendo dos limites das suas possibilidades morais, sem a humildade necessária para a prece e a súplica a Deus com unção, a fim de que fizesse o mais acertado para o momento, ele fugiu para as atitudes descaridosas, agressivas e infelizes.

"Agora, sigamos Davi e sua corte."

Sentia-se, nas pessoas que acompanhavam o médium invigilante, um certo ar de arrogância decorrente do privilégio de compartir-lhe a convivência. A dor generalizada em derredor não as sensibilizava, pelo contrário, causava-lhes enfado, até mesmo algum asco.

Acostumaram-se àquele espetáculo, no qual funcionavam como intermediárias das negociações, capacitadas para conseguir consultas e cirurgias, os ansiados *milagres* que não existem.

Os enfermos não atendidos tentavam alcançar o médium, à sua saída, suplicando-lhe socorro em total desvario, invertendo os objetivos da vida e esquecidos de Deus, enquanto ele, embora gentil, desembaraçava-se dos que lhe pareciam cansativos e desagradáveis.

Fora das defesas vibratórias da Casa encontrava-se uma turbamulta constituída de desencarnados de vários portes: doentes, perturbados, zombeteiros, escarnecedores e obsessores em um pandemônio ensurdecedor, em que não faltavam blasfêmias, motejos e agressões.

O tráfego na rua era igualmente confuso. As duas esferas da vida misturavam-se, sem que os encarnados se apercebessem da ocorrência, uns atropelando aos outros.

Quando o grupo atravessou as fronteiras de defesa espiritual, as Entidades, à semelhança do que acontecera antes com os encarnados, praticamente assaltaram os descuidados, umas arremetendo acusações insensatas, outras utilizando-se de arengas e zombarias, diversas criticando, porém as mais terríveis ameaçando com indisfarçável rancor, prometendo desforços cruéis... O médium era o alvo preferido, embora os seus aficionados não escapassem à sanha geral.

Ao se adentrarem nos automóveis, fizeram-se acompanhar de alguns Espíritos ociosos e de outros odientos que passaram a compartir-lhes a convivência.

Davi, porque dotado de maior sensibilidade, experimentou a psicosfera pestífera, e, ao absorver os fluidos de um adversário que se lhe acercou, sentiu-se nauseado, ligeiramente aturdido. Os amigos não lhe perceberam o palor da face, nem a sudorese viscosa que subitamente o dominaram. O fenômeno vinha-lhe ocorrendo amiúde e ele sabia que algo estava em desajuste. Todavia, a fascinação de que se via objeto e a prosápia que passou a fazer parte da sua conduta não lhe permitiram reagir positivamente, conforme deveria fazê-lo, seguindo a recomendação do Evangelho a respeito da vigilância e da oração.

No silêncio natural que se fez no veículo, enquanto vencia as distâncias, o médium começava a reflexionar, direcionado por antigo benfeitor espiritual que o emulara à tarefa. Lúcido, ele sabia dos gravames que colocava no ministério, contudo se sentia hipnotizado pelo luxo e prazer. A sua fora uma jornada rápida, desde o lar modesto à mansão faustosa onde agora residia. Seus negócios prosperavam, os investimentos davam lucros, todos, no entanto, ou quase todos eram frutos ácidos da simonia exorbitante a que se entregava. Assim mesmo acreditava, ou esforçava-se para tanto, ser-lhe o sucesso um sinal de apoio do Alto, pois que, do contrário, o êxito material não o acompanharia. Confundia a ostentação e o desperdício com o triunfo, que é sempre o do homem sobre si próprio, manifestando-se como harmonia e equilíbrio emocional.

O Amigo espiritual, utilizando-se do momento, acercou-se mais e insuflou-lhe ideias positivas, afastando, psiquicamente, o adversário. Ele recordou-se da genitora desencarnada, que foi atraída no momento — e antes o conduzira nos primeiros tentames da mediunidade —, e ela, tocando-lhe o *centro da memória*, levou-o a recordar-se das experiências cirúrgicas iniciais, quando ele se havia comprometido à ação da caridade com as mãos limpas no serviço do Bem. Lentamente fora sendo vítima da bajulação e do cerco da propaganda, derrapando, por fim, nos comprometimentos...

Com as lembranças ativadas por sua genitora e por Ernesto, o Amigo referido, volveu ao momento da primeira recompensa em dinheiro...

Havia terminado o socorro a uma jovem de família rica — recordou-se — portadora de neoplasia maligna, que operara com excelente resultado. Ao despedir-se dos seus genitores, o pai, acostumado a tudo comprar, ofereceu-lhe um cheque de alto valor. Tentando recusá-lo, foi vencido pelo argumento cínico do pagante: "Este valor corresponde a algo mais do que você ganha em um ano... Que não receba nada dos pobres, está certo; porém, com este dinheiro, você terá tempo de atender mais, sem necessitar esfalfar-se no trabalho rotineiro que lhe rende uma ninharia... Para mim não é nada, mas para você... Que lhe parece?"

Adelaide, que acompanhava a cena, com ansiedade e cupidez fez-se o voto de Minerva, acatando o parecer do negociante: "É justo! Quem pode, retribui, a fim de que você se dedique de *corpo e alma* aos que não podem recompensar."

Frágil, na estrutura moral, encontrou o argumento — desculpa para a descida espiritual.

O caleidoscópio das recordações acionado pela mãezinha e pelo mentor fê-lo titubear, desejando retornar ao lar, livrar-se dos companheiros exploradores. Quis orar, no entanto o automóvel chegara ao destino: um hotel de luxo onde iriam jantar com algumas jovens acompanhantes e seus amigos.

Como se despertasse de um letargo, sentiu-se estimular. Aguçado nos apetites, atraiu novamente o parceiro espiritual, vampirizador de suas energias, e saltou do carro sacudindo a cabeça para liberar-se das lembranças.

O Dr. Hermann e seus cooperadores, embora não primassem pelo equilíbrio espiritual e se sentissem na atividade mais por dever, não concordavam, certamente, com os disparates do médium e o ameaçaram, mais de uma vez, de criar-lhe uma situação pública constrangedora caso não adotasse uma conduta morigerada.

O grupo, recebido no saguão do hotel pelas moças de encontros que já haviam iniciado o degustar de canapés e drinques vários, foi envolvido pelo entusiasmo reinante e entregou-se às sensações que o ambiente propiciava, regalando-se no prazer.

O Dr. Carneiro de Campos e nós ficamos a regular distância da mesa comprida, na qual o médium e os seus amigos se encontravam.

Ernesto, sentindo-se descoroçoado ante a reação de Davi, que lhe não aceitou a indução mental para seguir à casa, acercou-se de nós e comentou:

— O triunfo mundano, sem dúvida, é um terrível adversário do homem de bem e grande empecilho para o seu progresso espiritual. Constato que o médium, assoberbado por problemas e dificuldades, sempre se dedica ao ministério com mais fidelidade e renúncia. Por isso mesmo, não há como negar que entre as grandes provações do mundo estão incluídos o poder temporal, a fortuna, a beleza, a inteligência, porque do seu uso depende o futuro do Espírito.

Reflexionando um pouco, asseverou:

— O nosso descuidado Davi necessita de uma advertência mais enérgica, embora desagradável, a fim de tentarmos despertá-lo.

Pedindo licença, afastou-se. Quase de imediato, deu entrada na sala de refeições o Dr. Hermann Grass. Ele relanceou o olhar pelo ambiente repleto, em penumbra quebrada pelas velas acesas sobre as mesas, e acercou-se do médium quando este ingeria mais uma dose de alcoólico, abraçado a uma moça atormentada pelo sexo, que já se encontrava estimulada pela bebida, por sua vez, em lastimável estado de *parasitose obsessiva*.

Concentrando-se fortemente, o cirurgião desencarnado chamou o médium pelo nome. Este captou-lhe a onda mental e reagiu, negativamente, objetando que aqueles eram os seus momentos para refazer-se e desfrutar a vida. Afirmava-se *vivo* e não desencarnado, portanto com necessidades humanas...

Simultaneamente a moça arrastou-o para a pista de dança e, envolvendo-o em languidez, colou o seu ao corpo dele.

Os vapores alcoólicos tomaram a casa mental do invigilante, e enquanto rodopiava com a parceira, sentia aumentar a tontura que já o dominava. Nesse momento, o Dr. Hermann condensou a energia psíquica e apareceu-lhe, repreendendo-o com veemência e disparando na sua direção uma onda vibratória que o atingiu, produzindo-lhe uma forte excitação, após o que ele deu um grito e tombou desmaiado.

A ocorrência chamou a atenção geral. Garçons e amigos correram precípites e o carregaram para outro cômodo, enquanto algumas pessoas, que não o conheciam, lamentaram a cena com desdém:

— É o tal médium, famoso e desonesto? Deve estar embriagado com o dinheiro das suas vítimas. Por que não se cura a si mesmo?

O infeliz despertou, logo após haver vomitado, padecendo rude dor de cabeça e sem recordação exata do que lhe havia sucedido.

Acalmado pelos amigos foi, de imediato, levado para casa, enquanto comentaram sobre o lauto jantar que não pôde ser concluído.

No lar aguardava-o uma outra surpresa: o filho Demétrio, febril, estava quase delirante. Assim o encontrara Adelaide ao retornar da reunião sem o marido, e, receosa de alguma convulsão, preparava-se para levar a criança a uma clínica especializada, providência que logo se consumou com a chegada do pai.

O pequeno era portador de uma virose não definida e ficou internado para observação.

O benfeitor e nós aplicamos-lhe recursos terapêuticos após a saída dos genitores, e fiquei a meditar nos danos que a imprevidência moral provoca, gerando consequências duradouras.

O casal saiu da clínica em discussão acalorada, recriminando-se um ao outro.

O infortúnio tomava corpo numa família que fora programada para a paz e o progresso, mas que a insensatez e a perturbação esfacelavam.

Serviços de desobsessão

O irmão Vicente tomou conhecimento da ocorrência infeliz que envolvia Davi, membro atuante da Casa por ele administrada espiritualmente, encontrando aí o motivo de que necessitava, além de outros, para a tomada de saneadora decisão.

Ao primeiro ensejo, durante a reunião mediúnica da qual participavam vários diretores da Sociedade, incorporando o médium que sempre utilizava, após diversas considerações foi explícito:

— Para o bem de todos nós, sugerimos que ainda este mês retornemos aos trabalhos de origem que motivaram a criação da nossa Instituição. Consideramos que a caridade das curas do corpo é de grande relevância, mas o nosso compromisso é com a saúde espiritual das criaturas. O nosso é o programa de iluminação das consciências, a fim de que nos não divorciemos da atividade primeira, que é a transformação moral dos homens para melhor, permanecendo nos socorros aos efeitos da inadvertência, da desordem e do desrespeito às leis soberanas da vida. Quem desejar cooperar conosco sob a égide de Jesus, que também curava, mas não se detinha nesse exclusivo mister, fá-lo-á por meio do programa da caridade plena sem qualquer retribuição, direta ou indiretamente. Amando todos, não teremos exceções, nem exclusivismos. Avançamos para os níveis elevados de libertação, e a nossa é a conquista dos altiplanos íntimos e nobres da vida.

Ao fazer silêncio, um dos beneficiários das cirurgias mediúnicas, pedindo licença, interrogou o Amigo:

— Teremos, então, que suspender os trabalhos realizados por Dr. Hermann? E se ele não concordar?

Sem deixar-se inquietar, o bondoso Vicente respondeu:

— Não pretendemos suspender qualquer atividade, senão volver ao programa inicial que abraçamos. As cirurgias continuarão, porém, de natureza psíquica, no corpo perispiritual, sem alarde, sem a presença dos pacientes, como sempre as houve, pois que o amor de Deus jamais se eximiu de socorrer-nos, mesmo quando a mediunidade ostensiva não realizava essas atividades.

"Quanto ao amigo Hermann não concordar conosco, ou o seu médium também discrepar, certamente eles tomarão providências fora do nosso recinto, que acataremos com prazer. Quando os dois companheiros chegaram aqui, buscando ajudar e ser ajudados, encontraram-nos a postos, de boa vontade, sem objeção. Desse modo, a decisão será deles, porquanto a nossa já está tomada."

Sem perda de tempo, o Diretor espiritual prosseguia esclarecendo a respeito das novas metas a alcançar, enquanto diversos companheiros encarnados, que não concordavam com aquelas atividades cirúrgicas, sentiam-se aliviados, exultantes.

A vitória do Bem, por meio da paciência e do amor para com os equivocados, tornava-se uma realidade, evitando-se ulcerações nas almas, sem, entretanto, anuências ambíguas, que denunciavam conivência injustificável.

O incidente da véspera com o médium Davi ganhou corpo nos comentários maldosos, gerando mal-estar e abrindo mais o fosso da separação conjugal, porta alargada para mais lamentáveis ocorrências futuras.

Demétrio retornou ao lar no dia seguinte, em processo de convalescença.

A resolução do irmão Vicente foi notificada ao médium do Dr. Hermann pelo companheiro encarnado presente à reunião, que foi infeliz na forma de expor a questão. O médium, tomado de melindres, em vez de meditar a respeito da sábia conduta, supondo-se expulso da Instituição que o acolhera com carinho e caridade, sintonizou na faixa da vaidade ferida e aguardou o momento em que seria informado a respeito.

Por sua vez, o cirurgião desencarnado assumiu postura equivalente à do médium e inspirou-o à fundação de uma Entidade neutra, na qual pudessem ambos agir sem controle nem observação de outrem. Seriam os únicos responsáveis por ela em ambos os planos da vida, e, em face do livre-arbítrio de que dispunham, estabeleceram as bases para as realizações futuras.

Davi considerou, junto a alguns amigos a quem convidou para o tentame, que dinheiro e cooperadores não eram problemas... Não se recordou de referir-se à condição essencial, em empreendimento de tal monta, que é o respeito à vida em toda a sua magnitude, e este, sim, faltaria com certeza.

Desse modo, quando os diretores da Casa notificaram ao amigo a decisão do instrutor, foram surpreendidos pela sua arrogância e impetuosidade, quase os desacatando e esclarecendo que ali não mais retornaria.

Ato contínuo, acompanhado por alguns poucos colaboradores, afastou-se ruidosamente, deixando os irmãos de crença aturdidos e apiedados da sua decisão.

Os responsáveis pela Sociedade Espírita afixaram então um cartaz à sua entrada, elucidando que, a partir daquela data, as reuniões para tratamento cirúrgico estavam suspensas, e, sem mais amplos esclarecimentos, a fim de serem evitadas maledicências, informaram o mesmo nas reuniões doutrinárias, encerrando a questão.

A *clientela*, conforme anunciara Davi, mudou de endereço, na sua busca pelo miraculoso sem responsabilidade.

Quando a ocasião nos pareceu própria, inquirimos o Dr. Carneiro:

— Qual será o destino do médium nessa nova Entidade?

O amigo sorriu, paciente, e respondeu:

— Conforme a direção que dê aos próprios passos, será levado à paz de consciência ou ao inferno das culpas. Cada caminho conduz a um tipo de objetivo. A eleição é do viajante. Caso, porém, persevere nas atitudes atuais, terá muitos problemas à frente.

— E o adversário desencarnado que o acompanhava? — voltei a interrogar.

— Prosseguirá aguardando oportunidade para a agressão — esclareceu. — Se as forças mediúnicas fossem canalizadas para a ação da caridade real, o exemplo moral do médium ajudaria o Dr. Hermann a compreender melhor a finalidade do serviço que realiza, adquirindo as virtudes que lhe faltam, qual ocorre conosco, e estas envolvê-lo-iam em títulos de enobrecimento que sensibilizariam o inimigo, contribuindo para a pacificação de ambos. Não ignoramos que somente o bem possui a força indispensável para anular o mal. Por esta e outras razões, a mediunidade é um instrumento que, colocado ao serviço do amor, proporciona iluminação e sabedoria, granjeando amigos para a eternidade. Dignificada, torna-se escada de libertação; mal utilizada, converte-se em poço de sombras e abismo de perturbação.

"Infelizmente, para o nosso Davi, a sua tem sido a escalada para o erro, deixando-se alucinar e algemando-se a compromissos tenebrosos de difícil liberação. O seu último chamamento ao dever não o despertou para a realidade — sua fragilidade e limitações pessoais. O médium, que se permite enovelar em problemas dessa natureza, torna-se vítima de obsessões que culminam, quase sempre, na loucura, no suicídio ou no assassinato... Os seus sicários utilizam-se das suas impulsividades e o arrojam aos despenhadeiros da amargura de difícil retorno."

Cessadas as atividades de cirurgias mediúnicas, o irmão Vicente e seus cooperadores deram início a exaustivo trabalho de limpeza do ambiente, desimpregnando-o das construções mentais do desespero humano, das ideoplastias negativas, das fixações de ansiedade, revolta e dor que já lhe empestavam a psicosfera.

Utilizando-se de *aspiradores* que absorviam os fluidos semicristalizados que pairavam no ar, preparavam o recinto para outros misteres de elevação sem os riscos de desencarnações prematuras e conflitos de outra natureza.

Certamente, na fase anterior, as medidas de preservação da higiene psíquica e da harmonia não eram descuradas. Todavia, pela própria razão do serviço, os atraídos ao *pátio dos milagres* geravam desordens graves, em razão da irregular conduta, como das companhias espirituais de que se tornavam objeto.

Agora se percebiam os evidentes sinais de ordem e paz, que devem viger em todos os lugares dedicados aos labores espirituais.

Convidados especialistas (desencarnados) em socorros à saúde, estes anuíram em cooperar sem ruído ou estardalhaço, pois que onde frondesce a árvore da caridade, as flores e frutos da paz aí se multiplicam em abundância.

Acompanhando a renovação que se processava naquele Núcleo de ação espírita, o Dr. Carneiro explicou-me, espontaneamente:

— O Espiritismo é uma Doutrina que sintetiza o conhecimento humano em uma abrangência admirável. Nem poderia ser diferente, pois que foi revelado pelos Espíritos que se tornaram pioneiros do saber na Terra, e que, com a visão da vida ampliada no Além, ofereceram tudo quanto se faz imprescindível à felicidade dos seres. Tem a ver, portanto, com todos os ramos da cultura em uma expressão holística da realidade, que se faz indispensável para o entendimento integral do homem e da vida. *As doutrinas secretas* ressurgem nele desvestidas dos mitos e rituais, facilitando o intercâmbio entre as inteligências encarnadas e desencarnadas, ampliando o quadro de informações por meio das Ciências, na sua faina de tudo explicar e submeter.

"Com esse arsenal de instrumentos próprios, o Espiritismo liberta as consciências das sombras e as conclama às escaladas desafiadoras do progresso.

"Por tal razão, a Casa Espírita avança para a condição de Educandário, fornecendo os contributos para o estudo e a análise das criaturas, libertando-as das crendices e superstições, ao tempo em que lhes oferece os recursos para a ação com liberdade sem medos, com responsabilidade sem retentivas, perfeitamente lúcidas a respeito do destino que lhes está reservado, ele próprio resultado das suas opções e atitudes.

"Uma sociedade que se conduza fiel a esses conceitos e determinações torna-se justa, equânime e os membros que a constituam serão, sem dúvida, felizes.

"Tudo marcha na direção da Unidade, pois que dela partem todos os rumos. No afã de penetrar a sonda da investigação no organismo universal, os cientistas constatam a interdependência das informações que detectam, umas em relação às outras, tão interpenetradas estão. A análise de qualquer conteúdo exige uma ampla malha de conhecimentos, a fim de bem captá-lo.

"O homem, em razão do seu largo processo de evolução, das suas vinculações ancestrais e experiências, não deve ser examinado apenas por um dos seus ângulos, seja físico, psíquico, emocional, social... Cada faceta da sua realidade traz embutidos outros aspectos e contributos que respondem pela manifestação e aparência daquela focalizada. Assim, na área da saúde, são muitos os fatores que respondem pelo equilíbrio ou desarmonia do indivíduo, e, no que tange à de ordem espiritual, mais complexos se fazem os fatores que lhes dão origem ou os desarticulam. Nesse painel, a consciência exerce um papel preponderante por ser o árbitro da vida, a responsável por todos os acontecimentos, o *Deus em nós* das antigas tradições de nossos antepassados."

Fazendo uma pausa oportuna, o amigo relanceou o olhar pelo recinto da Instituição que nos albergava e, ante a simplicidade de tudo, a ausência de ganchos e bengalas psicológicas para a fé, arrematou:

— O homem realmente livre é consciente das suas responsabilidades, não necessitando de nada externo para os logros elevados a que se propõe. Torna-se-lhe condição essencial o conhecimento real, defluente da meditação e da vivência dos seus estatutos para seguir a marcha com a elevação indispensável à vitória. Certamente foi esta a ideia de Jesus ao preconizar-nos buscar a *Verdade* que nos *torna livres*.

Começavam a chegar os participantes da sessão mediúnica de desobsessão da Casa, que se realizava hebdomadariamente.

Era a primeira atividade deste gênero após os sucessos narrados e havia expectativa, certa intranquilidade em alguns cooperadores dos trabalhos.

A sala reservada para o mister recebera cuidados especiais: técnicos do nosso plano dispuseram aparelhos próprios para o socorro desobsessivo em várias partes do recinto.

O irmão Vicente comandava a programação conforme o fazia sempre. Agora, menos preocupado que antes, em face da alteração realizada, sentia-se feliz pelas possibilidades que se delineavam para o futuro, sem os riscos desnecessários dos dias idos.

Conscientes dos deveres, os membros do grupo mediúnico eram recebidos à entrada da sala pelo presidente da Sociedade, o Sr. Almiro, um cavalheiro tranquilo, de aproximadamente setenta anos, que irradiava bondade espontânea e gentileza sem afetação.

Sorrindo com afabilidade, podíamos perceber-lhe o alívio de que era possuído com a alteração dos programas espirituais que havia sido efetivada.

Às 19h30 já se encontravam presentes todos os participantes, em recolhimento silencioso.

A pontualidade era ali requisito indispensável, já que constitui um dos fatores para o êxito do cometimento.

Tomando lugar à cabeceira da mesa, em torno da qual sentavam-se mais onze companheiros e, nas cadeiras em frente, mais catorze pessoas, o diretor começou a ler uma página de *O livro dos espíritos*, de Allan Kardec.

A leitura não se fazia enfadonha, porque ele enunciava as perguntas, e uma senhora, ao lado, as respostas.

Logo após, quando foram examinadas três ou quatro questões, os membros da mesa apresentaram comentários complementares, fizeram perguntas adicionais em tom de voz agradável, sem entonação de discurso ou debate, procurando-se recolher ensinamentos proveitosos e saudáveis.

Posteriormente se procedeu ao exame de *O livro dos médiuns* e de *O evangelho segundo o espiritismo*, ambos também de Allan Kardec, gerando uma psicosfera de paz e receptividade.

Percebi que as Entidades convidadas para o intercâmbio da noite, ainda em sofrimento ou perturbadoras, permaneciam entre as pessoas, isoladas por barreiras vibratórias que, no entanto, lhes permitiam escutar as leituras e os comentários. As que eram lúcidas e trabalhadoras movimentavam-se com liberdade, e os obsessores, alguns já vinculados aos médiuns pelos quais se deveriam comunicar, a contragosto escutavam os ensinamentos, recalcitrando e reagindo com blasfêmias e grosserias. Espíritos familiares dos presentes também permaneciam no recinto, em atitude digna, reflexionando a respeito da tarefa e das comunicações, e os demais cooperadores, os que transportam os enfermos desencarnados, igualmente estavam a postos.

Tudo se encontrava em ordem, qual sucede em um tratamento cirúrgico, quando a equipe aguarda o sinal do chefe para o início da operação.

Às 20h, o Sr. Almiro formulou sentida oração a Deus, na qual agradecia as bênçãos recebidas e suplicou-lhe a proteção para as atividades que se iriam desenvolver.

Ao terminar a prece, uma suave auréola de tom solferino emoldurou-lhe a cabeça, exteriorizando os sentimentos nobres que o possuíam.

De imediato, o irmão Vicente, por meio da psicofonia sonambúlica de dona Armênia, deu as instruções iniciais e nos preparamos para acompanhar o desdobramento da reunião.

Observei que cada médium, assim como os demais participantes irradiavam claridades que variavam desde os tons mais escuros e fortes aos diáfanos e laranja. Alguns havia, entre o público, que não apresentavam qualquer alteração, permanecendo como um bloco inanimado.

O Dr. Carneiro, que me acompanhava a observação silenciosa, veio em meu socorro, esclarecendo:

— São companheiros que não conseguem arrebentar as algemas dos pensamentos habituais: pessimistas, ansiosos, distraídos que, não obstante interessados, aproveitam-se da penumbra para dar curso aos pensamentos trêfegos e viciosos do cotidiano ou ao sono anestesiante. Enquanto o indivíduo não se esforce por educar a mente, substituindo os temas agradáveis, mas prejudiciais, por aqueles de elevação e disciplina, sempre que se veja sem atividade física, emergem-lhe as ideias perniciosas que vitaliza, produzindo-lhe uma cela sombria, na qual se encarcera. Sempre dirá que se esforça para concentrar-se nas faixas superiores, no entanto, não o consegue. E é natural que tal aconteça, porquanto os rápidos tentames, logo abandonados, não geram os condicionamentos necessários à criação de um estado natural de sintonia superior. Acostumado aos *clichês* mentais mais grosseiros, escapam-lhe as *imagens* mais sutis em elaboração.

— E os médiuns — indaguei interessado — por que tão diferentes colorações? Denotam-lhes os diferentes estágios de evolução?

— De certo modo, sim — respondeu generoso. — No caso destes aqui presentes, podemos observar que a nossa irmã Armênia é um Espírito mais lúcido, mais experimentado neste tipo de serviço, além do que transformou a existência em um verdadeiro ministério do bem. Senhora pobre, casada com um homem viciado em alcoólicos, conduziu a família com sacrifício e estoicismo, ajudada pelos benfeitores desencarnados, que lhe infundiam ânimo e vitalidade. Não abandonou jamais os deveres espirituais, que abraça há quase trinta anos, mesmo nos dias mais rudes e doridos, havendo, por isso mesmo, granjeado respeito e consideração dos seus mentores e amigos espirituais.

"Outros há, entre nós, com expressiva folha de serviço no culto dos seus deveres humanos e sociais, nas suas atividades públicas e particulares, o que os torna homens e mulheres de bem, aureolados, portanto, pelo merecimento a que fazem jus.

"Diversos, todavia, atravessam fases e experiências humanas diferentes, de provas, de testemunhos para os quais ainda não se encontram com os recursos amealhados, todos, porém, dignos do nosso carinho, respeito e acatamento. Cada criatura vale o que logra, não o que lhe falta."

Após uma breve pausa, prosseguiu:

— Os médiuns são criaturas humanas como outras quaisquer, que se diferenciam, apenas, pela *aptidão* especial que possuem *para se comunicar com os Espíritos*. Não são santos, embora devam caminhar pela senda da retidão, nem pecadores, apesar dos seus deslizes naturais. Costuma-se exigir-lhes muito, esperando-se que sejam modelos perfeitos do que ensinam os mentores por seu intermédio. Certamente, esta seria a condição ideal para todos. Desse modo, somos pacientes com as suas dificuldades e delíquios morais, de responsabilidade deles mesmos, buscando, entretanto, auxiliá-los sempre, qual fazemos com todas as demais pessoas.

"É da Lei que os *médiuns deverão aceitar para si as instruções* de que se fazem intermediários, *antes de* as considerar *para os outros...* Como, porém, são frágeis, na sua condição de humanidade, entendemos que todo aprendizado exige esforço e tempo, cabendo-nos auxiliá-los sempre e sem cessar.

"O nosso Davi não foi excluído da Casa, nem deixará de receber assistência espiritual. Advertido indiretamente por mensagens por meio dele mesmo, culminou com a sua espontânea decisão de ir-se, pois que a mediunidade pode ser exercida sob vários aspectos e modalidades, não se cancelando, no seu caso, o socorro a que se dedicava. Condenáveis eram e são-lhe os métodos de que se vem utilizando, a forma bombástica e a falsa propaganda de que pode tudo, em flagrante desrespeito às *leis de causa e efeito*, como se sua fosse a tarefa de impedir a morte, que um dia o visitará também... Mesmo com a sua teimosia e imaturidade, Ernesto e outros amigos do nosso plano continuarão acompanhando e ajudando enquanto ele aprenderá com a vida, qual ocorre com todos nós.

"Agora, observemos e aprendamos."

Terapia desobsessiva

Uma jovem frágil e pálida, sentada à mesa, chamou-nos a atenção.

Percebíamos-lhe o esforço para manter-se concentrada em ideias otimistas, superiores, nos textos que foram lidos ou nos comentários apresentados. A mente parecia fugir-lhe ao controle, e, acompanhando-lhe atentamente a luta, notamos que lhe assomavam do inconsciente atual os conflitos psicológicos que a atormentavam. Deveria estar com trinta anos, e uma grande amargura se lhe desenhava na alma sensível. Repassava os seus sonhos e aspirações de menina-moça, que lhe pareciam sempre malogrados, e guardava no íntimo uma grande mágoa pela solidão que experimentava. Ansiava por amar e ser amada, no entanto sentia-se repelente, porque todos os rapazes que dela se aproximavam, após os primeiros contatos superficiais, afastavam-se rapidamente, deixando-a frustrada, decepcionada.

Buscara o socorro do Espiritismo, aconselhada por uma amiga, por sofrer de terrível enxaqueca que a prostrava, especialmente no período que precedia ao fluxo catamenial.

Sentira-se bem e, estudando a Doutrina, frequentando as reuniões, adquirira alguma consolação e crença.

Depois de participar de um dos grupos de estudos, passou a tomar parte nas tarefas de desobsessão, porquanto o Sr. Almiro, tomando conhecimento dos seus sofrimentos, acreditou tratar-se de uma faculdade mediúnica conflitada, com certa dose de obsessão.

Ela, porém, não tinha certeza disso. Desejava acreditar e libertar-se do problema, no entanto titubeava na fé.

Por duas ou três vezes fora acometida de incorporação psicofônica, todavia, porque ficasse consciente, temia que o fenômeno se apresentasse mais anímico do que mediúnico.

Enquanto lhe acompanhávamos as reflexões íntimas, percebíamos a presença de taciturno Espírito, portador de uma face marcada pelo ódio, que a inspirava negativamente. Ele exercia grande controle emocional e psíquico sobre ela. Observamos, também, que lhe roubava energias do aparelho genésico, que se apresentava escuro, com manchas negras e obstruções vibratórias em vários dos seus órgãos. Ele parecia haver bloqueado com a mente atormentada canais e condutos internos, produzindo-lhe dificuldades orgânicas e, possivelmente, as cefalalgias no período pré-menstrual: talvez isto lhe explicasse a palidez e debilidade de forças...

Acompanhamos o penoso processo de vingança que exercia contra sua vítima, interpenetrando a sua mente na dela. Destilando amargura e escarnecendo-a, ele passou a controlar-lhe o centro coronário, o cerebral e o cardíaco, produzindo-lhe sudorese abundante e colapso periférico, seguidos de alteração respiratória. Subitamente comprimiu-lhe com força os ovários, como se desejasse estrangulá-los, e gargalhou estentórico. A paciente perdeu o controle e gritou, sendo logo dominada pelo sarcasmo que ele injetava na perseguição implacável.

Uma observação superficial catalogaria o episódio como de natureza histérica, tais as reações físicas e emocionais apresentadas.

Ela debatia-se atabalhoadamente e, mesmo emulada pelo doutrinador a manter o controle, toda vez que o *invasor* lhe comprimia a região, sensível e enferma, ela sentia dores e estrugia em gritos, que misturava a gargalhadas e quase convulsões nervosas.

A cena era constrangedora e dolorosa.

Pacientemente, o Sr. Almiro começou a doutrinar o perseguidor invisível e consciente, advertindo-o quanto à responsabilidade que assumia com aquela atitude e as demais de vingador constante.

A palavra calma do orientador mais o excitava à vingança, prosseguindo nas atitudes de desforços e maus-tratos.

Aplicando energias saudáveis na médium e fluidos dispersivos nos centros da fixação mediúnica, por entender que a terapia deveria ser de longo curso, o dirigente conseguia interromper a psicofonia atormentada, enquanto o irmão Vicente induzia psiquicamente o obsessor para o afastamento da vítima.

Semidesmaiada, fria e suarenta, ela retornava à normalidade sob a ajuda bondosa do diretor, enquanto, simultaneamente, recebia forças que lhe eram aplicadas por especialistas de nossa esfera. A região genésica, muito afetada, recebia vibrações dispersivas para interceptar e destruir os bloqueios, ao tempo em que ondas vibratórias calmantes lhe eram ministradas na área cardíaca. O coração retomou o ritmo normal e ela recompôs-se cansada.

De imediato, começou a interrogar-se: "Teria sido uma crise histérica ou anímica? Seria um fenômeno mediúnico? Deus meu, que haja sido!"

Recordava-se de tudo, embora não pudesse controlar-se.

— Esta é a nossa Raulinda — informou-nos Dr. Carneiro. — Iremos estudar, no momento próprio, mais acuradamente, o seu problema. Por enquanto, basta-nos considerar o seu conflito psicológico sobre a autenticidade do fenômeno mediúnico por seu intermédio. Ela o aceita, quando se trata de outros interme-diários. Todavia, o *fantasma* do animismo apavora-a.

"O animismo é hoje assunto muito comentado, quando as pessoas se referem às sessões mediúnicas. De tal forma, com as exceções naturais, veio a ser mais considerado que o fenômeno mediúnico. Diversos aprendizes e estudiosos espíritas enfocam-no com tal frequência, que passaram a ter quase uma sistemática prevenção contra o fenômeno mediúnico, se este não for robusto, isto é, recheado de *provas*, de *autenticidade*, como afirmam, como se nessa área fosse possível colocar-se barreiras, fronteiras delimitadoras entre uma e outra ocorrência.

"Como efeito do exagero, belas florações mediúnicas em começo experimentam injustificáveis conflitos e passam a sofrer restrições, estiolando-as, nos iniciantes, ou bloqueando-lhes as possibilidades em desdobramento.

"Em todas as áreas do comportamento humano, o excesso é sempre prejudicial. Muita exigência produz parcos resultados. Certamente que não estimulamos a liberação dos conteúdos do inconsciente a pretexto de mediunidade. Porém, não estamos de acordo com as atitudes de castração do animismo, por cuja liberação também podemos alcançar o mediunismo."

Calando-se por um pouco, aduziu:

— No episódio da nossa Raulinda, as expressões anímicas da sua comunicação foram estimuladas pelo adversário desencarnado, que a utiliza mediunicamente. Assim tivemos um fenômeno duplo — animismo e mediunismo — com prevalência e direcionamento do último sobre o primeiro. E o que lhe ocorre, praticamente, no dia a dia da atual existência, em que o perseguidor, afligindo-a, deprime-a, desarticulando-lhe os centros do equilíbrio, fazendo-a passar por portadora de histeria, a um passo de transtorno psicótico maníaco-depressivo, a caminho da autodestruição.

"De bom alvitre, portanto, que, no início dos fenômenos de educação da mediunidade, os candidatos se precatem das ocorrências anímicas, não, porém, evitando as do intercâmbio espiritual."

Muito judiciosas as observações do benfeitor, porquanto, a pretexto de não incorrer em erro, abandona-se a ação edificante, receando-se resultados negativos...

O médium, genericamente, é todo aquele que se posiciona no meio e torna-se intermediário de qualquer coisa. Espiritualmente, é aquele que possui *aptidão para comunicar-se com os Espíritos* ou a servir de instrumento para que se comuniquem com as demais criaturas.

Entregar-se de boa vontade durante as reuniões especializadas para educação e o intercâmbio mediúnico é dever de todo aquele que deseja canalizar suas forças parafísicas e faculdades espirituais.

Agora, era Leonardo, dedicado médium espírita, quem se entregava à comunicação.

Contorcendo o sensitivo, o que denotava o deplorável estado espiritual em que se debatia, o comunicante desferiu os golpes verbais que o caracterizavam:

— Até que enfim vocês o expulsaram daqui... Sem a proteção que ele aqui recebia, ser-nos-á fácil acabar-lhe com a presunção e o prestígio... Este era um dos nossos programas. Agora, estabeleceremos novas metas que levaremos de vencida... Estou, pessoalmente, feliz com o resultado do meu esforço, o que não indica encontrar-me ditoso com a teimosa interferência de vocês no *reino dos mortos*. Este *lado de cá* é nosso e não admitimos que homens da Terra nos venham perturbar...

O Sr. Almiro, inspirado por Vicente, acercou-se do médium e respondeu, calmo, ao interlocutor:

— Seria o caso então de dizer-lhe que este é o *nosso lado*, e não nos convém manter submissão ao amigo que está do outro, não lhe parece?

— Claro que não — reagiu — porquanto é sabido que os *mortos sempre conduziram os vivos.*

— Certamente — concordou o doutrinador — conduzir não é o mesmo que perturbar, injuriar, afligir, levar ao desespero. Jesus é o nosso condutor e o faz para o nosso bem, jamais para a nossa aflição. Ele é igualmente o seu condutor, que talvez você não perceba por se haver extraviado, enquanto Ele prossegue insistindo em favor de sua recuperação e equilíbrio.

— Não estou desequilibrado — blasonou. — Sou consciente e livre. Ajo, porque sei o que é mais favorável e benéfico para mim. Tenho créditos que estão em pendência e desejo-os. Como o meu devedor tenta escapar-me à regularização do compromisso, sigo-lhe no encalço. O meu problema é com Davi, de início, e, por extensão, com os senhores... Felizmente, expulsaram-no daqui e fizeram bem.

— Meu amigo, você está equivocado — ripostou-lhe, sereno, o doutrinador. — Ninguém expulsa ninguém da Casa do Senhor. Sucede que ela tem regulamentos de amor, e quem se nega atenção aos deveres exclui-se por sua própria vontade. O nosso irmão Davi está momentaneamente enfermo, qual acontece com você, cada qual sofrendo uma enfermidade própria; no entanto, encontra-se presente no carinho das nossas preces e vibrações de saúde moral, qual ocorrerá com você a partir deste momento. Assim, não o expulsaríamos do hospital onde encontrava apoio e tratamento.

— Isto são sofismas... O importante é que ele está por conta própria e do seu triste dominador cirurgião, o qual, por sua vez, está muito comprometido também com os *Gênios*... Quando estes resolverem alcançá-lo, ele retornará à cela de onde foi libertado. Ambos, o médico e o seu enfermeiro, são foragidos da justiça e nós somos os meirinhos, que os encontramos, podendo, não apenas notificá-los, mas também submetê-los à disciplina, à punição.

— A única Justiça invariável é a que procede de Deus. Essa, à qual o amigo se refere, é a da iniquidade, da vingança, da loucura, que colhe nas suas malhas todo aquele que se desrespeitou e assumiu delitos perante a consciência. Ela funciona porque os homens, lamentavelmente, optamos pela sua hediondez, como efeito do primarismo no qual nos demoramos. Luz, porém, já, o momento para o despertar e a consciente submissão aos Estatutos do Amor, que educam, aprimoram e plenificam. Desse modo, mesmo os *Gênios das Trevas*, que se acreditam senhores do terror, serão alcançados pelas vibrações da misericórdia do Pai e sairão da infinita desdita a que se entregam para a dignificação interior que os levará à paz que lhes falta, à felicidade que atiraram fora, ao bem que esqueceram.

"Isso, porém, não é importante agora. Você, sim, é o investimento da Vida, neste momento. Desperte e lute contra as paixões que o envilecem; torne-se forte, porém, contra as suas debilidades morais; faça-se senhor da própria vontade e não permaneça marionete movido por outras mãos ou perseguidor submetido a outros inditosos verdugos."

— Como se atreve — interrompeu-o, com gesto e voz bruscos — a dizer-me tais mentiras e barbaridades?

— "Não sou eu quem lhas diz. A sua consciência é que situa as minhas palavras nos seus conflitos e necessidades imediatas. Desperte, pois, e viva. Reconsidere as atitudes e ocorrências. Será que perseguindo, você recupera o que perdeu?

— É claro que não! Porém, fruirei o prazer de haver-me vingado.

— Não seria melhor dizer justiçado? Pois que a vingança gera futuros desforços na vítima atual. E quando essa roda de insensatez deixará de girar? Quando passar o prazer, o gozo da cobrança, que sempre é de curto prazo, e você se encontrar vazio, desmotivado, já imaginou o caminho a percorrer, o tempo malbaratado, as complicações a resolver, os males a sanear? Agora é o seu momento de liberdade. O dele virá depois. Ninguém foge indefinidamente à consciência nem às leis da Vida.

— Se eu desistir, outros que aguardam vez tomarão o meu lugar ao lado dele.

— Não se preocupe com isso. Não estamos aqui para isentar de culpas o nosso médium invigilante. O nosso interesse é com você, primeiramente, e, por extensão, com ele, com toda a humanidade. Quando alguém se liberta do mal, o mundo se libera da sombra, e quando se algema, a sociedade também se aprisiona. *Aproveite este momento*, propôs Jesus ao moço rico, que o buscou, *porquanto, amanhã, talvez, seja tarde demais*. O rapaz recusou-se e perdeu a mais excelente oportunidade da sua existência. Sequer lhe pedimos que perdoe o seu devedor. Apenas desejamos que desperte para a própria felicidade, e o perdão virá depois.

Havia tanta ternura e honesto interesse na transformação do calceta, que este foi envolvido pelas ondas de simpatia e bondade dos irmãos Almiro e Vicente, deixando-se anestesiar.

— Agora durma — concluiu o amigo — a fim de despertar em outro estado de emoção. Esqueça, por enquanto, os ressentimentos e abra-se ao amor de Deus, à possibilidade de ser feliz. Durma em paz, meu irmão.

O comunicante diminuiu a tensão emocional e adormeceu no médium.

Desenovelando-o do instrumento delicado, os cooperadores o desligaram e removeram para outro lado da sala, de modo a recambiá-lo, logo depois, ao hospital de refazimento, onde iria despertar e recomeçar as experiências de iluminação.

Percebendo-me a surpresa em face do desfecho do diálogo entre o obsessor e o dirigente, o Dr. Carneiro, que cooperava nas atividades, aproximou-se e disse-me:

— O amor é a força motriz do universo: a única energia a que ninguém opõe resistência; o refrigério para todas as ardências da alma: o apoio à fragilidade e o mais poderoso antídoto ao ódio.

"Mais do que palavras, a vibração amorosa do nosso Almiro confirmou-lhe os conceitos de paz e renovação propostos ao sofredor. A lógica e a razão constituem *pilotis* para o discernimento, mas é o amor que luz soberano, conferindo segurança e harmonia a quem vai dirigido.

"Quando vivenciarmos no cotidiano, em pensamentos, palavras e atos, os postulados do amor, facilmente atingiremos a meta que a evolução nos propõe: a sintonia com o Pai.

"Até esse momento, lapidemos os sentimentos, corrijamos a mente, direcionemos a vontade no rumo do Bem, e lograremos a harmonia que nada perturba, assim como o conhecimento que tudo discerne e explica."

Nesse ínterim, indigitado obsessor tomou o médium Francisco e indagou feroz:

— Quem me chamou? Você me chamou? (Dirigindo-se ao Sr. Almiro.) Eu vim porque quis. Sou livre e poderoso. Governo parte das *Furnas*, onde me acolho. Sou obedecido e temido. Que quer de mim? Que me recorde, não nos conhecemos.

Ante o inusitado, vi Fernando acercar-se do médium em transe e aplicar-lhe energias amortecedoras, de modo que o furor do comunicante não lhe afetasse a sensibilidade.

O amigo Fernando havia-se afastado de nós, dias antes, a serviço, levado por interesses que não me cumpria indagar. Agora chegava e se fazia presente no instante do atendimento ao rebelde espiritual.

Quando o doutrinador se aproximou para o diálogo, foi Fernando quem o inspirou mais diretamente.

De alto significado, em reuniões desta natureza, é a sintonia mental, moral e espiritual entre aquele que a dirige no plano físico e os responsáveis espirituais pela tarefa, porquanto a identificação dos comunicantes e o diálogo com eles muito dependem dessa afinidade. Qualquer tentativa precipitada, sem uma clara percepção de propósitos, põe a perder grandes esforços empenhados até o momento, que é a parte final de dias e até meses, para ser conseguida a remoção da Entidade do seu lugar e trazida ao intercâmbio libertador.

O Sr. Almiro era o protótipo do médium-doutrinador, porque unia ao conhecimento espírita os dotes morais de que era investido, e muito sensível à inspiração dos mentores. Com esses requisitos a sua palavra se impregnava de força esclarecedora, capaz de conquistar os oponentes naturais com os quais trabalhava.

Sob a indução mental de Fernando, ele respondeu ao interrogante:

— Sim, nós o chamamos, porque necessitamos do amigo. Reconhecemos-lhe a força magnética e sabemos que a sua presença aqui é espontânea, tanto quanto, respeitando-lhe a liberdade, sentimo-nos tranquilos para este diálogo que nos é pessoalmente valioso.

— E que deseja de mim? — inquiriu com arrogância. — Por que me perturba a paz?

— O nosso desejo não é o de perturbação, mas de entendimento. Quanto a mim, não sou alguém importante. Como o amigo deve ter percebido, dedico-me à terapia espiritual em favor dos que sofrem perseguições e desequilíbrios.

— E que tenho eu com isso? Administro a minha área com severidade, porque sou justo, e quem deve é obrigado a pagar. Assim sendo, somente vem para a minha região quem está incurso na *lei de sintonia*. O Espírito atrasado é um animal; dessa forma será tratado, submetido pela força. O de que eu disponho em quantidade é a força, que coloco a serviço do meu poder.

— Nisso não concordamos, pois que o Ser mais poderoso que já veio à Terra usou o amor como instrumento de triunfo. Todos que se utilizaram da força tornaram-se vítimas de si mesmos e da própria impulsividade, certamente até hoje padecendo os efeitos das suas arbitrariedades em regiões punitivas, onde não luz a esperança, nem vigora a paz.

— Você está enganado! — estrugiu com violência, agitando o médium em transe e golpeando o ar. — Fui poderoso no mundo, e quando perdi o corpo, graças à minha tenacidade fui convidado a administrar as *Furnas*.

— O amigo foi convidado ou arrastado pela *lei de sintonia*, para usar o seu próprio pensamento?

— Não admito contestações à minha palavra — revidou quase espumejante.

O semblante contraído do médium era um símile perfeito da fácies do *justiceiro* que o incorporava.

Fortemente influenciado por Fernando, o dirigente, sem receio ou desejo de afronta, respondeu:

— A palavra do amigo tem o valor que você próprio lhe atribui. Aqui, na Casa de Jesus, a palavra incontestável é a dele, única a manter-se a mesma ao longo de quase vinte séculos. Ademais, a sua é a força da paixão primitiva, que atemoriza os fracos e perturba os culpados, não a nós...

— Estamos, então, em campos opostos de luta e eu sou um perigoso inimigo...

— Não o creia. Tudo converge para Deus, até mesmo o mal aparente, do qual a Vida extrai o bem que é permanente, enquanto o outro é sempre transitório. Igualmente, não o temos, nem jamais o consideraremos um inimigo. A ignorância gera adversários e o conhecimento da verdade produz irmãos. Convidamo-lo a vir aqui, com o objetivo de intercambiarmos ideias, porque é chegado o momento em que a luz penetrará a treva e a agressividade será substituída pela concórdia, prenunciadora da paz. Entidades que se santificaram no amor descem às *Furnas* para dali retirarem as vítimas de si mesmas, que momentaneamente permanecem sob o cativeiro de outras, também desditosas. Não é o acaso que nos põe frente a frente. É Cristo — amor que nos reúne — convocando-o para retornar ao redil.

— Jamais! Somos inimigos. O seu é o reino da mentira, do qual me divorciei. Estou vinculado ao império da força, onde os Gênios da guerra comandam os destinos.

— Como pode, meu amigo, a sombra impossibilitar a claridade estelar, a necessidade eliminar a fartura, a fraude empanar a verdade, o crime ocultar a honradez, o desvario desmerecer o equilíbrio? O herói da guerra carrega muitas vidas ceifadas sob a sua responsabilidade e, se agiu com desatino e crueldade, torna-se devedor em relação à humanidade, mesmo que as lutas não pudessem ter sido evitadas. Desse modo, os gênios, aos quais o amigo se refere, são os impiedosos comandantes bárbaros de ontem que dizimaram cidades e povoados inteiros na loucura desmedida que os governava. Sabemos que eles permanecem nas regiões de degredo do planeta, aí retidos pela Soberana Vontade, de modo a permitirem o progresso das criaturas, em cujo círculo social não dispõem de meios para renascer... Ainda asselvajados, se reencarnassem nesse ínterim, conturbariam a sociedade e volveriam às paixões desvairadas que ateiam o fogo da desgraça. Sem dúvida, periodicamente, alguns grupos dessa ordem mergulham no corpo para despertarem pela dor os que fogem do amor e, ante o medo que aterroriza, voltarem-se para o bem... Igualmente, os menos virulentos assomam em corpos jovens e formam bandos de aventureiros, de nômades, de apátridas que as drogas consomem, as músicas alucinadas estimulam, tresvariam e o sexo desvairado exaure, quando não tombam nas urdiduras dos crimes traumatizadores...

— Esta é a sua visão da vida — reagiu furibundo. — Nós somos o braço longo da Divindade violenta, disciplinando os que afrontam a ordem e se ocultam na hipocrisia. Aqueles que vêm até nós, fazem-no por vontade própria, erram espontaneamente...

— Ou são induzidos por sua mente, além de outras que os controlam a distância. Realmente, a *lei de sintonia* vige em toda parte. Os semelhantes se atraem, vivendo o mesmo clima e as mesmas aspirações. Aqui temos um exemplo: em sintonia com Jesus atraímos o amigo a esta comunicação, porque, intimamente, está desejoso de libertar-se do labirinto no qual se perdeu... Talvez não esteja consciente dessa necessidade, que logo se lhe transformará em aspiração máxima. O mal cansa, tanto quanto o prazer satura, e, quando este se deriva daquele, sufoca. Fomos criados para o amor e direcionados para a Grande Luz. A treva é a exteriorização do que ainda somos, e o sofrimento é a terapia de restauração. Ninguém, porém, está condenado para sempre. Por isso, os reinos maléficos, seu e de outros, começam a desmoronar. O fototropismo do bem vence toda treva, e tudo conduz na sua direção. É inevitável. Pense nisso!

— Queixar-me-ei aos meus superiores — desafiou esbravejante. — Não me considere submisso. Voltaremos cá, ele e eu, para o enfrentamento. Você não perde por esperar. Cuide-se, porque nossos vigilantes o seguirão.

— O que será muito bom — concordou, pacífico, o amigo — porque iremos juntos na direção de Jesus Cristo. Esta Casa está às suas ordens e de todos aqueles que estejam cansados e necessitados de recomposição. Deus o abençoe, meu irmão!"

Vimos a Entidade contorcer-se no médium, embora sob ação fluídica benéfica do nosso Fernando, desligando-se com certa violência, o que provocou alguns espasmos nervosos no *instrumento* humano, com sensações penosas.

Notei a satisfação íntima que transparecia no rosto do companheiro que viera conosco e trabalhara no sentido de acalmar o verdugo.

Outras comunicações tiveram lugar, não ultrapassando um total de doze, quando soou a hora de encerrar os trabalhos, oitenta minutos depois de iniciados.

Passistas do grupo aplicaram energias nos médiuns e demais participantes, após as palavras e considerações finais do irmão Vicente por intermédio de D. Armênia.

Com sentida oração de graças, havendo antes pedido por todos e realizado vibrações intercessórias, o Sr. Almiro concluiu a sessão, encerrando-a.

Distribuída água magnetizada pelo mentor aos membros da atividade, passaram a outra sala, onde se detiveram por alguns minutos em agradável convivência e comentários edificantes sobre as ocorrências da reunião, seguindo, logo depois, aos seus respectivos lares.

Nós outros permanecemos no recinto, participando das atividades complementares e pertinentes aos desencarnados.

Os gênios das trevas

O Dr. Carneiro, Fernando e nós continuamos ao lado do amigo Vicente, mesmo quando as atividades da Casa estavam encerradas no plano físico.

Sentindo-se tranquilo quanto aos resultados da etapa de renovação que ora se iniciava, falou-nos o responsável:

— Conforme os nossos queridos visitantes perceberam, nossa Sociedade, graças à imprevidência de alguns companheiros encarnados, aos quais não culpamos, derrapava para a sintonia com Entidades perversas, que a si mesmas se intitulam *Gênios das Trevas*.

"Nesta reunião, que ora se encerrou, alguns Espíritos, subordinados à comunidade de infelizes que eles dirigem, aqui estiveram. Dando-se conta das novas diretrizes aplicadas, irão levar-lhes notícias e, certamente, ao primeiro ensejo, seremos visitados por alguns desses obsessores. O bom senso induz-nos a tomar certas providências, especialmente por meio de atendimento cuidadoso aos encarnados que se lhes vinculam mais diretamente. Recordo-me aqui do caro Davi que, por enquanto, elegeu a viagem mais difícil, dos irmãos Raulinda e Francisco, que atuaram mediunicamente, entre outros. Assim convidaria os amigos a visitarmos Raulinda dentro de mais três horas aproximadamente, deixando-lhes este período de tempo para atividades que lhes aprouver."

O Dr. Carneiro concordou plenamente, com o apoio do nosso júbilo, e convidou-nos a um passeio pela orla marítima em cidade próxima.

A noite respirava serenidade sob o lucilar das estrelas. O murmúrio das ondas em crescimento, no encontro com as praias onde se quebravam, era a própria natureza em movimento incessante.

Poucos notívagos, alguns pares em demonstrações afetuosas, encontravam-se ao longo da balaustrada da área.

Sentamo-nos em silêncio diante do oceano, absorvendo o plâncton das águas, as energias vivas. Fernando, com discrição, narrou-nos que lograra atrair a Entidade que se comunicara por Francisco, em razão de vínculos pessoais mantidos entre ambos em existências passadas. Sabia onde encontrar o companheiro e o acompanhou por alguns dias, conforme solicitara o nosso benfeitor, até conseguir trazê-lo à psicofonia. Dizia-se exultante com os resultados. O planejamento se desenvolvia com excelentes frutos.

Na minha inexperiência, não me dera conta de que o súbito desaparecimento do amigo que viera conosco prendia-se a algum plano adrede estabelecido.

Sem desejar tornar-me curioso ou inoportuno, porém desejoso de aprender sempre, indaguei-lhe:

— Além do interesse de esclarecê-lo espiritualmente, há algum outro motivo que me possa informar, sem ruptura do sigilo em que se devem manter labores especiais como este?

Foi o Dr. Carneiro de Campos quem me respondeu:

— Ao convidar o caro Miranda para esta excursão de trabalho, não lhe quisemos detalhar o compromisso em tela porque muitas dificuldades estavam em pauta, aguardando solução. A fim de não deixá-lo ansioso, resolvemos esperar a ajuda divina para inteirá-lo depois, qual ocorre neste momento.

Fazendo uma pausa breve, deu continuidade à narração:

— Oportunamente, ao ser liberado das *Regiões infernais* antigo comandante das *forças do mal* — que reencontrou em Jesus a *porta estreita* da salvação graças aos esforços sacrificiais e renúncias imensas de sua genitora —, aqueles que permaneceram no esquema da impiedade reuniram-se para tomar providências em conjunto contra o que denominam como os *exércitos do Cordeiro*, que detestam.

"Estes seres, que se extraviaram em diversas reencarnações, assumindo altíssimas responsabilidades negativas para eles mesmos, procedem, na sua maioria, de doutrinas religiosas cujos nomes denegriram com as suas condutas relapsas, atividades escusas e cortes extravagantes, nas quais o luxo e os prazeres tinham primazia em detrimento dos rebanhos que diziam guardar, mas que somente exploravam, na razão do quanto os desprezavam. Ateus e cínicos, galgavam os altos postos que desfrutavam mediante o suborno, o homicídio, as perversões sexuais, a politicagem sórdida, morrendo nos tronos das honras e glórias mentirosas, para logo enfrentarem a consciência humilhada e, sob tormentos inenarráveis, sintonizando com os sequazes que os aguardavam no Além, serem reconvocados aos postos de loucura, dispostos a enfrentar Jesus e Deus, que negam e dizem desprezar..."

Após ligeira interrupção e medindo bem as palavras, prosseguiu:

— As figuras mitológicas dos *demônios* e seus reinos, os abismos infernais e os seus torturadores de almas são relatos inicialmente feitos por pessoas que foram até ali conduzidas em desdobramento espiritual — por afinidade moral ou pelos mentores, a fim de advertirem as criaturas da Terra —, antros sórdidos que aqueles governam e onde instalaram o terror, dando a equivocada ideia de que naquelas paragens não há tempo a transcorrer, num conceito absurdo de eternidade a que se aferram diversas religiões, as quais mais atemorizam do que educam.

"Mártires e santos, profetas e escritores, artistas e poetas de quase todos os povos e épocas, os que eram médiuns, visitaram esses Núcleos terrificadores e conheceram os seus habitantes, trazendo, na memória, nítidas, as suas configurações, que as fantasias e lendas enriqueceram com variações de acordo com a cultura, a região e o tempo, presentes, portanto, na historiografia da humanidade. Variando de denominação, cada grupamento, como ocorre na Terra, tem o seu chefe e se destina a uma finalidade coercitiva, reparadora. Periodicamente esses chefes se reúnem e elegem um comandante a quem prestam obediência e submissão, concedendo-lhe regalias reais... As ficções mais audaciosas não logram conceber a realidade do que ocorre em tais domínios.

"Sandeus e absolutos, anularam a consciência no mal e na força, tornando-se adversários voluntários da Luz e do Bem, que pretendem combater e destruir.

"Não se dão conta de que tal ocorre, porque vivem em um planeta ainda inferior em processo de desenvolvimento, onde aqueles que o habitam, também são atrasados, padecendo limites, em trânsito do instinto para a razão. Inobstante porém, luz, nesta época, o *Consolador*, e em toda parte doutrinas de amor e paz inauguram a *Nova Idade* na Terra, convidando o homem ao mergulho interior, ao rompimento dos grilhões da ignorância, à solidariedade, ao bem... A ciência dá as mãos à moral, e a filosofia redescobre a ética, para que a religião reate a criatura ao seu Criador em um holismo profundo de fé, conhecimento e caridade, numa síntese de sabedoria transcendental.

"Tudo marcha na direção de Deus, é inelutável. A *Grande Causa*, a *Inteligência suprema*, é o fulcro para o qual convergem todos, mediante a vigorosa atração da sua própria existência.

"As lutas de oposição desaparecem com relativa rapidez, rompendo-se as barricadas e trincheiras que se tornam inúteis. A trajetória do progresso é irrefreável. Só o Amor tem existência real e perene, lei que é da vida, por ser a própria Vida."

Calou-se, novamente, e relanceou o olhar pelo veludo da noite salpicado de gemas estelares, dando prosseguimento:

— Na reunião que eles convocaram naquela oportunidade, ficou estabelecido que o novo substituto deveria ser impiedoso ao extremo, sem qualquer sensibilidade, cuja existência execranda no planeta houvesse espalhado o terror e cuja memória inspirasse revolta e ódio... Após um mês voltariam a reunir-se.

"Naturalmente, foram buscados os sicários mais abjetos da humanidade, que fossilizavam nos antros mais hediondos das regiões subterrâneas de sofrimentos, de onde foram retirados temporariamente para apresentação de planos, sua avaliação de possibilidades de execução e logo votação.

"Difícil imaginar tais conciliábulos e consequente escrutínio para a eleição de um chefe.

"Recordando as reuniões de antigos religiosos, ontem como hoje, cada representante se vestiu com as roupagens e características do seu poder, e, acolitados pelo subalternos, compareceram em massa, diversos deles conduzindo os seus candidatos para o pleito macabro e ridículo.

"A extravagância e o cinismo ilimitados fizeram-se presentes nas figuras grotescas, asselvajadas umas, animalescas outras, em um cenário de horror, para o que seria o grande momento de decisão, a conquista do mundo humano por tais assaltantes espirituais.

"Mais de uma vintena de algozes da sociedade foram apresentados ao terrível parlamento. Alguns encontravam-se hebetados em padecimentos que se autoimpuseram; outros pareciam desvairados, e um número menor, com fácies patibular e olhos miúdos, fuzilantes, chamaram mais a atenção dos governantes e da turbamulta alucinada que repletava as galerias daquele simulacro infeliz de tribunal de julgamento e seleção.

"Nomes que faziam tremer a Terra, no passado remoto como no mais recente, eram pronunciados, enquanto, pessoalmente, eles se apresentavam ou eram trazidos. Vários em estado de loucura foram apupados, embora os seus defensores prometessem despertá-los e colocá-los lúcidos para o ministério que lhes seria delegado. A balbúrdia ensurdecedora interrompeu várias vezes as decisões. Os árbitros, porém, ameaçaram expulsar a malta, que foi atacada por mastins ferozes, até o momento em que assomou ao pódio um ser implacável, com postura temerária, passos lentos, coxeando, corpo balouçante com *ginga* primitiva, que, erguendo os braços para dominar o cenário, com facilidade o logrou, graças ao terror que expressava nos olhos fulminantes.

"Quem o conduzia deu ligeira notícia do candidato, sem ocultar a felicidade que o dominava:

"— Tenho a honra de apresentar o inexcedível conquistador que submeteu o mundo conhecido do seu tempo, na Ásia, e esteve na Terra, novamente, apenas uma vez mais. As suas façanhas ultrapassaram em muito outros dominadores, graças à sua absoluta indiferença pela vida e aos métodos que utilizava para a destruição da raça humana. Fundou o segundo império mongol, realizando guerras cruentas.

"A sua existência corporal transcorreu durante o século XIV, havendo renascido na Ásia Central, próximo a Samarcanda. Informando descender de Gengis Khan, aos cinquenta anos alargou seus domínios do Eufrates à Índia, impondo-se ao Turquestão, Coraçã, Azerbajá, Curdistão, Afeganistão, Fars. Logo depois, invadiu a Rússia, a Índia, deixando um rastro de dezenas de milhares de cadáveres, somente em Delhi, às portas da cidade e nos seus arredores... Cruel até o excesso, realizou alguns trabalhos de valor na sua pátria, porém as suas memórias são feitas de atrocidade e horror, por cujas razões, ao desencarnar, mergulhou nas regiões abismais onde foi localizado, nas Trevas..."

O narrador fez breve silêncio para logo prosseguir:

— À medida que a arenga apaixonada conquistava os eleitores triunfantes, o horror mais humilhava os presentes, que silenciaram, diante do certamente vencedor hediondo.

"Encerrada a apresentação do candidato, foi ele aceito por quase todos os chefes e aclamado como o *soberano gênio das trevas* que se encarregaria de administrar os corretivos na humanidade, a qual ele propunha submeter e explorar.

"Não ignoramos que o intercâmbio de energias psicofísicas entre os seres inferiores desencarnados e os homens é muito maior do que se imagina. Legiões de dezenas de milhões de criaturas de ambos os planos se encharcam de vitalidade, explorando-se, umas às outras, mediante complexos processos de vampirização, simbiose, dependência, gerando uma psicosfera morbífica, aterradora. Somente o despertar da consciência logra interromper o comércio desastroso, no qual se exaurem os homens, e mais se decompõem moralmente os Espíritos. Para sustentarem tão tirânica interdependência, são criados mecanismos e técnicas contínuas de degradação das pessoas, que espontaneamente se deixam consumir por afinidade com os seres exploradores, viciados inclementes, amolentados secularmente na extravagante parasitose. Pululam, incontáveis, os casos dessa natureza. Enfermidades degenerativas do organismo físico, desequilíbrios mentais desesperadores, disfunções nervosas de alto porte, contendas, lutas, ódios, paixões asselvajadas, guerras e tiranias têm a sua geratriz nesses antros de hediondez, onde as *Forças do Mal*, em forma de novos Lucíferes da mitologia, pretendem opor-se a Deus e tomar-lhe o comando. Vão e inqualificável desvario este do ser humano inferior!

"O homem marcha, na Terra como nos círculos espirituais mais próximos, ignorando ou teimando desconhecer a sua realidade como ser imortal, Espírito eterno que é, em processo de ascensão. Dando preferência à sensação, na qual se demora espontaneamente, em detrimento das emoções enobrecidas, jugula-se à dependência do prazer, cristalizando as suas aspirações no gozo imediato e retendo-se nas faixas punitivas do processo evolutivo. Ante tal comportamento, reencarna e desencarna por automatismo, sob lamentáveis condições de perturbação, perplexidade e interdependência psíquica. As obsessões que atravessam decênios sucedem-se. O algoz de hoje, ao reencarnar-se, torna-se a vítima que por sua vez, mais tarde, dá curso ao processo infeliz até quando as soberanas leis interferem com decisão.

"As religiões, por meio dos seus sacerdotes, ministros, guias e chefes, na maioria aferradas aos dogmas ultramontanos, preferem não descerrar a cortina da ignorância, mantendo os seus rebanhos submissos, pelo menos convencionalmente, em mecanismos de rude hipocrisia, desinteressadas do homem real, integral, espiritual. Sucede que grande número desses condutores religiosos está vinculado aos sicários espirituais, que os mantêm em dependência psíquica, explorados, para que preservem o estado de coisas conforme se encontra. Por tal razão, quando as doutrinas libertadoras se apresentam empunhando as tochas do discernimento, seus apologistas, membros divulgadores e realizadores são perseguidos, cumulados de aflições e tormentos, para que desistam, desanimem ou se submetam aos mentirosos padrões dos triunfos terrenos."

O benfeitor calou-se por ligeiro espaço de tempo e, lúcido, adiu:

— Pode parecer que o Pai misericordioso permanece indiferente ao destino dos filhos sob o domínio das sombras de si mesmos. No entanto, não é assim. Incessantemente sua voz convida ao despertamento, à reflexão, à ação correta, usando os mais diversos instrumentos, desde as forças atuantes do universo aos missionários e apóstolos da Verdade, que não são escutados nem seguidos.

"Os líderes da alucinação tornam-se campeões das massas devoradoras, enquanto as *vozes* do bem *clamam* no *deserto*. Milhares de obreiros desencarnados operam em silêncio, nas noites terrestres, acendendo luzes espirituais, em momentosos intercâmbios que são considerados, no estado de *consciência lúcida*, no corpo, como sonhos impossíveis, fantasias, construções arquetípicas, em conspiração sistemática a favor das teses materialistas. Essas explicações, algumas esdrúxulas, travestidas de *científicas*, são aceitas, inclusive, pelos religiosos, que aí têm seus mecanismos escapistas para fugirem aos deveres e responsabilidades maiores.

"Desnecessário confirmar que as nobres conquistas das *ciências da alma*, inclusive as abençoadas experiências de Freud, de Jung e outros eminentes estudiosos, fundamentam-se em fatos incontestáveis. Algumas das suas conclusões merecem, porém, reestudo, reexame e conotações mais modernas, nunca descartando a possibilidade espiritualista, hoje considerada pelas novas correntes dessas mesmas doutrinas.

"Quando as criaturas despertarem para a compreensão dos fenômenos profundos da vida, sem castração ou fugas, sem *ganchos psicológicos* ou transferências, romper-se-ão as algemas da obsessão na sua variedade imensa, ensejando o encontro do ser com a sua consciência, o descobrimento de si mesmo e das finalidades da existência corporal no mapa geral da sua trajetória eterna."

Mais uma vez, o venerável instrutor fez uma pausa, facultando-nos assimilar o conteúdo das suas palavras, para logo dar continuidade:

— Posteriormente informado das razões que o elevaram ao supremo posto, representativo daqueles grupos hostis, o Chefe pediu um prazo para elaboração de planos, solicitando a presença de hábeis conselheiros de períodos diferentes da História, a ele semelhantes na estrutura psíquica, de modo a inteirar-se das ocorrências no planeta.

"As reuniões sucederam-se tumultuadas, violentas, sempre acalmadas pela agressividade do *Soberano*, que, ciente das novas revelações da *Verdade* na Terra, do advento do *Consolador* e seu programa de reestudo e vivência do Cristianismo, das incursões modernas do Espiritualismo ancestral na sociedade contemporânea, todos formando diques contra as águas volumosas da destruição, resolveu escutar fracassados conhecedores do comportamento das criaturas, tanto na área sexual como na econômica e na social — pois que nesses recintos transitam aqueles que se comprometeram negativamente perante a Vida — após o que estabeleceu o seu programa, que ironicamente denominou como as *quatro legítimas verdades*, em zombeteira paráfrase ao código de Buda em relação ao sofrimento: as *quatro Nobres Verdades*.

"Em reunião privada com os chefes de grupos, explicitou o programa que elaborara para ser aplicado em todas as suas diretrizes e com pormenorizado zelo.

"*Primeiro: o homem* — redefiniu o novo *Soberano das Trevas* — *é um animal sexual* que se compraz no prazer. Deve ser estimulado ao máximo, até a exaustão, aproveitando-se-lhe as tendências, e, quando ocorrer o cansaço, levá-lo aos abusos, às aberrações. Direcionar esse projeto aos que lutam pelo equilíbrio das forças genésicas é o empenho dos perturbadores, propondo encontros, reencontros e facilidades com pessoas dependentes dos seus comandos que se acercarão das futuras vítimas, enleando-as nos seus jogos e envolvimentos enganosos. Atraído o *animal* que existe na criatura, a sua dominação será questão de pouco tempo. Se advier o despertamento tardio, as consequências do compromisso já serão inevitáveis, gerando decepções e problemas, sobretudo causando profundas lesões na alma. O *plasma* do sexo impregna os seus usuários de tal forma que ocasiona rude vinculação, somente interrompida com dolorosos lances passionais de complexa e difícil correção.

"*Segundo*: o narcisismo é filho predileto do egoísmo e *pai* do orgulho, da vaidade, inerentes ao ser humano. Fomentar o campeonato da presunção nas modernas escolas do Espiritualismo, ensejando a fascinação, é item de alta relevância para a queda desastrosa de quem deseja a preservação do ideal de crescimento e de libertação. O orgulho entorpece os sentimentos e intoxica o indivíduo, cegando-o e enlouquecendo-o. Exige uma corte, e suas correntes de ambição impõem tributários de sustentação. Pavoneando-se, exibindo-se, o indivíduo desestrutura-se e morre nos objetivos maiores, para cuidar apenas do exterior, do faustoso — a mentira de que se insufla.

"*Terceiro*: o poder tem prevalência na natureza humana. Remanescente dos *instintos agressivos*, dominadores e arbitrários, ele se expressa de várias formas, sem disfarce ou escamoteado, explorando aqueles que se lhe submetem e desprezando-os ao mesmo tempo, pela subserviência de que se fazem objeto, e aos competidores e indomáveis detestando, por projetar-lhe sombra. O poder é alçapão que não poupa quem quer que lhe caia na trampa. Ademais a morte advém, e a fragilidade diante de *outras forças* aniquila o iludido.

"*Quarto*: o dinheiro, que compra vidas e escraviza almas, será outro excelente recurso decisivo. A ambição da riqueza, mesmo que mascarada, supera a falsa humildade, e o conforto amolenta o caráter, desestimulando os sacrifícios. Sabe-se que o

Cristianismo começou a morrer, quando o martirológio foi substituído pelo destaque social, e o dinheiro comprou coisas, pessoas e até o *Reino dos Céus*, aliciando mercenários para manter a hegemonia da fé...

"Quem poderá resistir a essas *quatro legítimas verdades*? — interrogou. Certamente, aquele que vencer uma ou mais de uma, tombará noutra ou em várias ao mesmo tempo.

"Gargalhadas estrepitosas sacudiram as furnas. E a partir de então, os técnicos em obsessão, além dos métodos habituais, tornaram-se especialistas no novo e complexo programa que em todos os tempos sempre constituiu veículo de desgraça, agora mais bem aplicado, redundando em penosas derrotas. Não será necessário que detalhemos casos a fim de analisarmos resultados."

Aprofundando reflexões, o Amigo concluiu:

— Precatem-se, os servidores do Bem, das ciladas ultrizes do *mal que tem raízes no coração*, e estejam advertidos. Suportem o cerco das tentações com estoicismo e paciência, certos de que o Pai não lhes negará socorro nem proteção, propiciando-lhes o que seja mais importante e oportuno. Ademais, não receiem as calúnias dos injuriadores que os não consigam derrubar. Quando influenciados pelos assessores dos *Gênios*, mantenham-se intimoratos nos ideais abraçados. A vitória tem a grandeza da dimensão da luta travada.

"Este desafio, que nos tem merecido a mais ampla e minudente consideração, qual ocorre com inúmeros benfeitores do Mundo Maior, é uma das razões de nos encontrarmos em atividade com o irmão Vicente e os membros da Casa que ele dirige.

"Agora, sigamos ao trabalho que nos espera."

Havia no ar da noite silenciosa a presença de bênçãos que aspirávamos em longos haustos, enquanto nos dirigíamos para a sede dos nossos labores.

Reflexões necessárias

Não tive tempo de arregimentar perguntas, tal o esfervilhar de pensamentos que me agitavam a casa mental.

A narração breve do instrutor fornecia-me explicações para melhor entender vários acontecimentos infelizes que pairavam agitando a economia moral da sociedade, especial e particularmente dos *cristãos novos*, dos espiritualistas modernos e dos estudiosos da mente que, interessados nos padrões éticos e superiores do comportamento, subitamente naufragavam nos ideais ou os abandonavam, padecendo graves ulcerações espirituais. Compreendia melhor a irrupção do sexo desvairado a partir dos anos sessenta deste século, o alucinar pelas drogas, a mudança dos padrões morais e o crescimento da violência, o abandono a que as gerações jovens foram atiradas, as falsas aberturas para a liberdade sem responsabilidade pelos atos praticados, a música ensurdecedora, a de *metais*, a de horror, a satânica, e tantas outras ocorrências...

Está claro que o processo antropossociológico da evolução, às vezes, deve arrebentar determinados compromissos para abrir novos espaços experimentais, que irão compor o quadro das necessidades evolutivas do homem e da mulher. A moral social, geográfica, aparente, deve ceder lugar à universal, à que está ínsita na natureza, àquela que dignifica e promove, superando e abandonando as aparências irrelevantes e desacreditadas.

Verificava que a transição histórica de um para outro período é semelhante a um demorado parto, doloroso e complexo, do qual nascem novos valores e a vida enfloresce.

Não seriam os períodos de convulsão danosa gerados por mentes destruidoras sediadas no Além? Teriam gênese, em programações semelhantes, as súbitas alterações sociais que sacudiam até o desmoronamento, nações e povos, abalando a humanidade?

Partindo do princípio de que a vida real e causal é a que tem origem e vigência na erraticidade, no mundo espiritual, conforme os acontecimentos, suas matrizes desencadeadoras estão aqui e daqui partem por indução, inspiração e interferência direta, por meio da reencarnação de membros encarregados de perturbar a ordem geral. Embora suponham estar agindo por vontade própria, ei-los sob o Comando divino que os utiliza indiretamente para despertar as consciências adormecidas para as altíssimas finalidades da vida.

Recordava-me de amigos que haviam reencarnado com tarefas específicas e nobres, para agirem com elevação e desdobrarem o programa de iluminação espiritual, e que derraparam lamentavelmente, alguns sendo retirados antes de mais infelizes comprometimentos, e outros abraçando esdrúxulas condutas, fazendo-se crer autossuficientes, superiores, revoltados...

Tinha em mente as tarefas estabelecidas e aceitas com entusiasmo antes da reencarnação ou ditadas mediunicamente, que produziam impactos felizes, mas que logo pareciam perder o significado para os seus responsáveis, que as abandonavam ou as alteravam a bel-prazer para seguirem noutros rumos...

Observava sempre a facilidade com que certos líderes carismáticos eram seguidos por multidões hipnotizadas, e astros do desequilíbrio galvanizavam as massas, aturdindo-as, fazendo-as adorá-los, naturalmente sob controles espirituais poderosos das *Trevas*.

O *caso Davi*, mais especificamente, tornava-se um exemplo concreto da consumação das *quatro legítimas verdades* perturbadoras. Todo o empenho de seus mentores e de alguns amigos encarnados não resultou positivo, intoxicado que estava pela presunção narcisista, atraído pelo sexo irresponsável, fascinado pelo dinheiro e, no íntimo, ambicionando o destaque, o poder...

O labor de Jesus, o Cordeiro sacrificado, é todo de abnegação e renúncia, de amor e humildade, de persuasão afetuosa, jamais de imposição arbitrária. Como efeito, creem os apressados que vitórias são a da ganância, da força e do brilho rápido das luzes da fama...

Compreendia melhor, a partir daquele momento, que as imperfeições da criatura humana são as responsáveis pelo fracasso de bem organizados planos, pelas perturbações que se generalizam, pelas opções extravagantes, pelo desdobrar das paixões asselvajadas, em razão do nível inferior de consciência no patamar em que transita a maioria das pessoas. Não obstante, estimuladas essas expressões primárias em domínio ou ainda remanescentes no ser, é fácil entender a loucura avolumada na Terra, a falência dos padrões éticos e o anseio pelo retorno às manifestações primevas do ser.

Raciocinando sobre os planos do *soberano gênio das trevas*, tornaram-se-me *lógicas* as ocorrências que antes me pareciam absurdas, quase impossíveis de acontecer.

No momento em que a cultura atinge as suas mais altas expressões; quando a Ciência mais se aproxima de Deus auxiliada pela Tecnologia, e o homem *sonha* com a possibilidade de detectar vida fora da Terra, igualmente campeiam a hediondez do comportamento agressivo; a excessiva miséria de centenas de milhões de pessoas, social e economicamente abandonadas à fome, às doenças, à morte prematura; o erotismo extravagante em generalização; a correria às drogas e aos excessos de toda natureza, tornando-se para mim um verdadeiro paradoxo da sociedade.

O homem e a mulher terrestres, ricos de aspirações enobrecidas, ainda não conseguem desligar-se dos grilhões dos instintos perturbadores, muitas vezes amando e matando, salvando vidas e estiolando-as em momentos de alegria ou de revolta. Essa visão aflige-me como sendo um espetáculo inesperado no processo da evolução.

Aprofundando, agora, a reflexão nas paisagens da obsessão dos grupos humanos e da procedência de um programa de paulatina subjugação mental das massas, melhor passei a entender a luta ancestral, quase mitológica, do Bem e do Mal, das forças existentes na natureza humana propelindo para um outro comportamento.

Observava, há algum tempo, a conduta de pessoas dedicadas ao Espiritualismo, que se apresentavam portadores de ideias materialistas-utilitaristas, sempre usando a verruma, a acidez e a zombaria contra os seus confrades, por pensarem de forma diferente e não se lhes submeterem à presunção, aos caprichos, ao comando mental. Pugnando sempre contra, e atacando, descobrem erros em tudo e todos, apresentando-se com desfaçatez como defensores do que chamam a Verdade, somente eles possuindo visão e interpretação *correta* do pensamento que vitalizam e divulgam. É claro que sempre os houve em todas as épocas da humanidade, porém agora são mais audaciosos.

Indaguei-me, naquele momento, se não estariam a soldo psíquico de tais manipuladores de obsessões ou se não seriam alguns membros desses grupos ora reencarnados? Sem qualquer censura a esses indivíduos, alguns certamente sinceros na forma de se conduzirem, inquiri-me: por que não concederiam o direito aos demais de serem conforme lhes aprouvesse, enquanto eles seguiriam na sua maneira especial de entendimento?

Há, sem dúvida, muitas complexidades no processo da evolução, que se vão delineando e explicando lentamente à medida que os Espíritos galgam degraus mais elevados. Por isso mesmo, as revelações se fazem gradativamente, dando, cada uma, tempo para que a anterior seja *digerida* pelas mentes e aplicadas nos grupos sociais.

A Sabedoria divina jamais deixou a criatura sem os promotores do progresso que vêm arrancando o ser da ignorância para o conhecimento.

Essas reflexões levaram-me a uma melhor compreensão do próximo, ensejando-me simpatia e amor pelos companheiros da retaguarda, encarnados ou não, e maior respeito pelos nobres guias da humanidade, sempre pacientes e otimistas, incansáveis na tarefa que abraçam como educadores amoráveis que são.

Tem sido sempre crescente o meu afeto a Allan Kardec, por ele haver facultado à mediunidade esclarecida elucidar o comportamento humano e permitir a penetração do entendimento no mundo espiritual. Graças ao Espiritismo, novos descortinos e constantes informações ajudam o ser humano a compreender a finalidade da sua existência na Terra, as metas que lhe cumpre alcançar por meio de contínuos testes e desafios.

Olhando a multidão ainda em movimento pelas ruas por onde transitávamos na grande cidade, um sentimento de ternura e compaixão amorosa assomou-me, levando-me às lágrimas.

Percebendo-me a emoção silenciosa, o Dr. Carneiro de Campos enlaçou-me o ombro e falou:

— Há muito por fazer em favor do nosso próximo, onde quer que se encontre. Aqueles que já despertamos para a compreensão da Vida, temos a tarefa de acordar os que se demoram adormecidos, sem lhes impor normas de conduta ou oferecer-lhes paisagens espirituais que ainda não podem penetrar. Se alguns pudessem conhecer a realidade que ora enfrentamos, enlouqueceriam de pavor, se suicidariam, tombariam na hebetação... O nosso dever induz-nos a ajudá-los a elevar-se, pouco a pouco, identificando as finalidades existenciais e passando a vivê-las melhor.

Fazendo uma pausa oportuna, continuou:

— Em nossa esfera de ação encontramos, a cada instante, irmãos equivocados, iludidos pelas reminiscências terrestres, defendendo os interesses malsãos dos familiares e afetos, preocupados com as querelas do corpo já diluído no túmulo, negando-se à realidade na qual se encontram. Agimos com eles paciente e amorosamente, confiando no tempo. Ora, em relação aos encarnados, a questão faz-se mais complexa, exigindo-nos maior cota de compreensão e de bondade. O anestésico da matéria, que bloqueia muitas percepções do Espírito, terá que ser vencido vagarosamente, evitando-se choques danosos ao equilíbrio mental e emocional dos indivíduos.

"Assim, prossigamos confiantes, insistindo e perseverando, sem aguardar resultados imediatos, impossíveis de ser atingidos."

Chegamos, por fim, ao núcleo das atividades, onde outros deveres nos aguardavam.

Ensinamentos preciosos

A sede terrestre para nosso repouso após os trabalhos na Sociedade Espírita situava-se em bairro próximo da capital de X... Era o lar de uma afeiçoada trabalhadora da Doutrina Espírita que cultivava o Evangelho e vivia-o intensamente.

Não se havendo consorciado matrimonialmente, superou o clima de solidão tornando-se companheira dos que necessitavam de apoio e de amizade. Portadora de aguçada sensibilidade mediúnica, percebia a presença dos Espíritos com os quais dialogava mentalmente. Dotada de caráter diamantino, trabalhava em uma empresa de grande porte, de onde retirava os recursos para a própria manutenção, auxiliando, inclusive, alguns familiares e os *irmãos do Calvário* com generosidade e júbilo. Contribuía em favor da divulgação do Espiritismo mediante o seu ensino, nos cursos ministrados na Sociedade que frequentava. Discreta, era severa no trajar e no comportar-se, inspirando simpatia e afeto. Retirava, periodicamente, do seu tempo escasso, horas valiosas para visitar e confortar os enfermos, especialmente os internados na Colônia de hansenianos em cidade do interior do estado, acompanhada por dois abnegados amigos, José e Ângelo, também solteiros e dedicados à Causa do Bem.

Aos domingos, à noite, alguns amigos e poucos convidados reuniam-se no seu lar para estudo do Evangelho à luz do Espiritismo e vibrações intercessórias pelos sofredores. Nesses momentos, abnegados instrutores desencarnados, que se lhe afeiçoaram, acorriam ao clima doméstico para auxiliar e conduzir, por inspiração, os temas postos em discussão. A sua mãezinha, em Espírito, recepcionava as Entidades, desde o cair da tarde, quando vinham participar do ágape espiritual. Respirava-se, ali, desse modo, uma psicosfera saturada de amor e de espiritualidade, rica de benefícios gerais.

Por isso, o Dr. Carneiro de Campos elegera o ninho doméstico de Ernestina para nosso repouso durante as atividades programadas.

Quando lá chegamos, de retorno do labor mediúnico, fomos recebidos pela veneranda senhora Apolônia, a abnegada genitora da nossa anfitriã, que nos explicou ser aquela a data aniversária da filha devota. Ia-se comemorar o quinquagésimo ano de vida física, e fora-lhe preparada uma homenagem especial, em razão da sua conduta moral e pelos relevantes serviços de amor praticados na Terra.

Muito jubilosos, aguardamos os acontecimentos que se desenrolariam na sala de refeições, onde se realizavam os labores dominicais dedicados ao Evangelho.

Convidados de ambos os planos permanecemos tranquilos, quando deram entrada Ernestina, parcialmente desligada do corpo, e a genitora feliz.

A aniversariante não ocultava a satisfação, especialmente por ter em conta o alto significado daquele evento.

Havia flores nos vários recantos da sala e guirlandas de mirtos enfeitadas com rosas adornavam as paredes que suportavam o teto. A jovialidade sem estardalhaço era a característica geral.

Todos envolviam a aniversariante em vibrações de ternura, augurando-lhe felicidades durante as provas abençoadas no corpo físico.

A reencarnação é teste severo para aprendizagem superior, assinalada por incontáveis riscos e desafios constantes, que a podem pôr a perder de um para outro instante. O véu carnal, que obscurece o discernimento da realidade maior, impede, muitas vezes, se a pessoa não é afeiçoada à reflexão, que se adote o comportamento correto diante das inúmeras pressões que confundem a razão e o sentimento, gerando muitas dificuldades. Eis por que o hábito da meditação, da análise cuidadosa antes de determinadas decisões, senão de quase todas, tornam-se indispensáveis. *Pensar duas vezes antes de agir*, como assevera o refrão popular, é atitude de equilíbrio.

Estávamos dialogando quando deu entrada no recinto o venerando Dr. Bezerra de Menezes, que viera atendendo ao especial convite que lhe encaminhara a senhora Apolônia.

Saudando-nos com carinho e nobreza, igualmente recebido com inexcedível alegria geral, mais ainda pela homenageada que lhe beijou as mãos acostumadas à ação do Bem, tornou-se o centro de todas as atenções.

Decorridos alguns minutos, foi-lhe solicitado que fizesse uma oração gratulatória.

Sem delongas, ante o silêncio e a unção geral, o benfeitor exorou ao divino Mestre:

> *"Senhor,*
>
> *Tu, que homenageaste os nubentes felizes durante as suas bodas em Caná, participa da nossa festa de ação de graças e enriquece-nos de paz.*
>
> *Agradecemos-te os anos que se passaram, prósperos, para nossa querida Ernestina, ensejando-lhe crescimento espiritual, abnegação e iluminação da consciência.*
>
> *Sabemos como é áspera e difícil a ascensão, e quanto é inçado de escolhos o roteiro carnal. A cada momento, um novo encontro, ou um reencontro de consequências imprevisíveis, pode transformar-se em tormentoso desencontro.*
>
> *Ciladas são propostas por adversários inescrupulosos, e a sordidez das paixões, que ainda predominam na natureza humana, gera dificuldades de difícil superação, tentando imobilizar aqueles que se*

afeiçoam ao bom combate. Vícios, que remanescem no comportamento, ressumam, arbitrariamente, e provocam desassossegos, constituindo-se inimigos severos do progresso. Interferências psíquicas negativas, que procedem da Erraticidade inferior, alteram a visão dos acontecimentos, propelindo a desventuras e insatisfações. No entanto, não faltam a inspiração contínua dos Mensageiros do Bem, os convites da natureza à harmonia, a dádiva dos amigos afetuosos, a tua ajuda serena!

Graças a esses contributos, a tua servidora alcança a metade de um século, no corpo físico, avançando sem ruído nem perturbação pela senda que palmilhaste.

Ampara-a nos futuros cometimentos e defende-a do mal como e onde quer que se lhe apresente.

Agradecemos-te os júbilos desta hora, e, louvando-te, entregamo-nos em tuas mãos para a execução do programa da evolução a que nos convocaste."

Quando silenciou, ouvimos suave melodia que dominou o ambiente, enquanto pétalas coloridas de rosas perfumadas desceram sobre nós, desfazendo-se no contato conosco, aromatizando-nos.

Recordei-me que também nós, na Terra, houvéramos ultrapassado os cinquenta anos de idade corporal em plena atividade espírita, e quanto nos haviam sido valiosos os janeiros que se sucederam, ensinando-nos a entender a vida, utilizando-nos de cada etapa com mais discernimento.

Interrogando-me a respeito das atividades em curso, expliquei ao Dr. Bezerra sobre o novo projeto de amor, direcionado aos *gênios do mal* e particularmente àqueles que cooperam com o *soberano gênio das trevas*.

Gentilmente ele estimulou-nos ao prosseguimento da empresa, e, porque deveres imediatos o aguardassem, despediu-se de todos nós, seguindo para a desincumbência das suas nobres tarefas.

O Dr. Carneiro acercou-se e convidou-nos, a Fernando e a nós, para que retornássemos à Casa espírita, onde as realizações mediúnicas de socorro teriam desdobramentos, estando programadas para as duas horas da manhã, portanto em breves minutos.

Rumamos alegres para o novo compromisso e vencemos a distância facilmente.

Quando lá chegamos, o irmão Vicente comandava os serviços com presteza e ordem.

Além dos Espíritos amigos, que diligenciavam as tarefas, alguns dos médiuns encarnados e assistentes, bem como o adversário espiritual de Raulinda, aguardavam em silêncio.

A jovem, também parcialmente desdobrada, mantinha-se sob tensão, em expectativa, algo lúcida.

No semblante conturbado notavam-se as marcas dos conflitos que a aturdiam.

Quando terminara a reunião e retornara ao lar, em vez de manter o clima de otimismo do trabalho, voltara aos pensamentos pessimistas, derrotistas.

Anteriormente diagnosticada como uma psicótica maníaco-depressiva por um psiquiatra, e por outro identificada como histérica, aceitara as duas hipóteses, sem esforçar-se para dar novo rumo à própria existência.

Reconhecia que a frequência aos labores espíritas faziam-lhe um grande bem, no entanto não conseguia a harmonia íntima que almejava. Apesar de crer nas manifestações espirituais, supunha que o fenômeno, por seu intermédio, era anímico, o que a levava a dúvidas atrozes.

Lamentavelmente, ainda viceja entre as pessoas que acreditam na reencarnação, conhecendo, portanto, a causalidade dos sofrimentos humanos, uma ideia equivocada quanto às próprias problemáticas. Parecem anelar pelas soluções de fora, e, porque não chegam conforme gostariam, entregam-se ao desânimo ou às dúvidas.

Nossa Raulinda não era exceção. Esperava que o Espiritismo lhe resolvesse o problema de saúde emocional e lhe brindasse um companheiro fiel, amoroso, para sempre... Sonho esse, aliás, acalentado por muitas pessoas do sexo feminino como do masculino, no sentido inverso, resolvendo-lhes a questão basilar da afetividade.

Acercando-nos da moça, o Dr. Carneiro de Campos comentou:

— Sem dúvida, como decorrência de atitudes levianas do pretérito, nossa paciente apresenta algumas síndromes do fenômeno histérico, associado ao transtorno psicótico maníaco-depressivo.

"O seu perseguidor foi-lhe vítima da insensatez moral, que se imprimiu nas tessituras sutis do perispírito e que ora se manifesta como insatisfação, crises periódicas de contrações, paralisias e nevralgia uterina... O fenômeno fisiológico está intimamente ligado ao distúrbio psicológico, derivado da *consciência de culpa*. Esta impõe a autoflagelação e perturba as atividades nervosas normais, dando surgimento aos estados de desequilíbrio.

"Do ponto de vista médico, a opinião mais antiga a respeito da histeria pertence a Freud, como recordamos, que a considerava como de *referência às emoções sexuais que estão recalcadas no subconsciente desde a infância, procurando ressurgir, assim dando lugar a satisfações substitutas das anormais impelidas pelo eu*. Charcot, por sua vez, estudou-a detidamente, chegando a conclusões hoje não aceitas por algumas escolas, após as observações de Babinski e outros, que demonstraram ser a histeria o resultado de sugestões provocadas ou autossugestões, denominando tais fenômenos como *pitiatismo*. Outros estudiosos ainda, como Dupré, afirmam que a histeria está muito vinculada à mitomania, enquanto os professores Janet e Claude asseveram que a mesma não passa de uma *crise de nervos banal*. Outros mais, como o Dr. Dezwarte, conferem-lhe uma base fisiológica..."[3]

---

[3] Nota do autor espiritual: *Vide* o capítulo XII do livro *Grilhões partidos*, de nossa autoria. LEAL.

"O importante é verificarmos que todas as teorias abrem espaço para os conflitos que remontam à reencarnação, que os nobres cientistas não estudaram. Se o conflito histérico dorme no *subconsciente desde a infância*, no conceito de Freud, seria de pensar-se na possibilidade da sua preexistência ao berço, como herança do Espírito para si mesmo. Na hipótese de ser *uma sugestão transmitida* ou *autossugestão*, no conceito de Babinski, verificamos que essa sugestão procede do mundo espiritual, da vítima do gravame sofrido... Na visão de Dupré, sendo a decorrência de uma *organização mitômana*, encontramos as reminiscências morais deficientes do caráter do enfermo, que procedem das experiências transatas. Por fim, ante os conceitos de Janet e Claude, tais *crises nervosas* são resultado dos conflitos da *consciência culpada*, e, mesmo nos casos de Dezwarte e outros que lhe conferem gênese fisiológica, o psiquismo é fator preponderante para a sua manifestação."

O bondoso amigo silenciou por alguns segundos, enquanto olhou a paciente, com um misto de ternura e de piedade, logo concluindo:

— Seja qual for a causa detectada pelos cientistas da Medicina, não podemos dissociar o paciente da sua enfermidade. Concluímos que os fenômenos perturbadores da nossa irmã têm suas matrizes no perispírito, decorrentes da conduta irregular de ontem e de severa obsessão atual, conforme estudaremos.

"Somente uma visão holística na área médica, examinando o enfermo como um ser global — Espírito, perispírito e matéria — poderá ensejar-lhe uma terapia de profundidade, erradicando as causas preponderantes das enfermidades e dos transtornos de comportamento. O ser humano terá que ser estudado como um conjunto de vibrações que se apresentam sutis, semimateriais e físicas. A análise de uma parte da sua constituição, como matéria ou como Espírito apenas, será sempre incompleta.

"Graças à Física Quântica, à Biologia Molecular, à Psicobiofísica e outras modernas ciências que estudam o ser integral, vão tombando as muralhas do materialismo, que cede lugar ao espiritualismo. Diante do universo desaparecem o observador e o observado, conforme a equívoca visão da Física newtoniana, já que aquele que observa é observado por sua vez. Um não está lá e outro cá. Todos fazem parte do mesmo conjunto, porquanto um somente passa a existir para o outro quando é percebido, por sua vez também percebendo.

"Pouco a pouco, luz, entendimento novo da realidade, e as concepções antigas de venerandas doutrinas espiritualistas de épocas recuadas são trazidas à atualidade, sendo aceitas sob modernas denominações."

Porque fosse chegado o momento da assistência espiritual programada, não pude apresentar algumas interrogações ao sábio instrutor, silenciando-as até oportunidade própria.

O *caso* Raulinda

As alegrias saudáveis fazem parte do processo da evolução. Os Espíritos participamos dos momentos felizes dos homens e entre nós celebramos inúmeros acontecimentos, qual ocorre na Terra, onde os seus membros os materializam, recordando-se deles antes do mergulho no corpo.

Pode causar estranheza, a alguns observadores superficiais da vida física, a comemoração de acontecimentos humanos pelos desencarnados. Da mesma forma que os Espíritos perversos se reúnem para a execução de planos macabros e vivências de prazeres sórdidos, de que não se liberaram em relação aos homens, as Entidades elevadas cultivam as emoções superiores, estimulando as reuniões edificantes evocativas de ocorrências felizes. Não somos, os Espíritos, seres indefinidos, insensíveis, como algumas pessoas nos consideram, mas vibrações inteligentes, idealistas, desdobrando todas as potencialidades latentes de que somos constituídos e buscando sempre novas conquistas dignificadoras.

Desse modo, como as dores dos seres amados nos pungem, as suas vitórias nos alegram.

Ao bom trabalhador é sempre concedido um salário excelente.

Agora, a sala onde se realizara a atividade mediúnica de horas antes, encontrava-se organizada para o prosseguimento do trabalho espiritual.

À cabeceira da mesa, em torno da qual estavam sentados vários participantes, encontrava-se, lúcido, o amigo Almiro.

Após a prece proferida pelo orientador Vicente, iniciou-se a reunião mediúnica.

Diversos desencarnados faziam-se presentes, assim como alguns trabalhadores que estiveram na sessão anterior.

O ambiente, saturado de vibrações harmônicas, convidava à reflexão, à prece.

Raulinda apresentava-se inquieta, como se percebesse a gravidade e o significado daquele momento para o seu reequilíbrio psicofísico. Buscava identificar com lucidez o que se passava, no entanto sentia o raciocínio tardo e a memória algo apagada.

Como Vicente solicitara a ajuda do Dr. Carneiro de Campos, pedindo-lhe que dirigisse o trabalho especial, o bondoso guia convocou-nos à aplicação de passes, com finalidade dispersiva dos fluidos entorpecentes que anestesiavam a médium, o que fizemos de imediato.

Pouco a pouco, a jovem recuperou o discernimento e compreendeu que se encontrava em parcial desprendimento do corpo por meio do sono físico. Olhou em derredor e acalmou-se, sentindo-se amparada. O semblante asserenou-se e ela buscou sintonizar o pensamento com as vibrações agradáveis.

Fernando foi destacado para conduzir à psicofonia o atormentado perseguidor, que igualmente recobrou a consciência plena e, hostil, com graves ameaças, foi *imantado* ao perispírito da intermediária.

A jovem experimentou um choque nervoso como efeito da assimilação dos fluidos do comunicante, congestionou a face e tornou-se-lhe um verdadeiro símile, em perfeita identificação psíquica. Agitando-se, perturbado, indagou, sem ocultar a rebeldia:

— Por que a violência? Terão desaparecido dos *mansos e humildes de coração* a paciência e a bondade? — interrogou com ironia mal disfarçada. —Até quando, ou desde quando, os *bons* se utilizarão da força para atender aos seus objetivos? Não há mais respeito pela liberdade individual?...

O Dr. Carneiro interrompeu-o, sem qualquer aborrecimento, elucidando:

— As leis da Vida funcionam por automatismos naturais para todos os seres. A princípio, a liberdade do indivíduo leva-o a agir como lhe apraz, inclusive mediante violência contra si próprio e o seu próximo, qual vem ocorrendo com o amigo. E a utilização errada do livre-arbítrio. Porque o mau uso dessa opção complica o destino do imprevidente, este tomba no determinismo inevitável, que o elege para a evolução, conclamando-o, com amor ou por meio do sofrimento, ao despertar da consciência. Desse modo, não nos estamos utilizando de qualquer *recurso de violência*, mas de uma terapia enérgica, objetivando a sua felicidade...

Uma gargalhada de mofa estrugiu, desconcertante, dos lábios da médium.

O doutrinador continuou, porém, imperturbável:

— Compreendemos a alucinação que o domina, e tendo-a em vista é que nos acercamos de você com carinho. Considere--nos, portanto, como amigos, que o somos, e que se compadecem do seu problema, da sua aflição.

— Não sou eu, no entanto, quem merece compaixão, mas ela que é uma criminosa... Eu estou recorrendo à justiça do desforço a que têm direito todas as vítimas.

— Infelizmente, a palavra justiça é usada por muitos indivíduos de forma incorreta. Os criminosos assumem postura de inocência e clamam pelo seu nome; os perseguidores impiedosos e os vingadores desalmados recorrem-lhe ao apoio, desfigurando-a. A única justiça real, porém, é a que promana de Deus, que a inseriu nos códigos do amor, em igualdade de condições para todos...

— Eu sou-lhe a vítima. Não tenho direito a reivindicar justiça?

— Certamente que sim, e a justiça lhe será feita, não por você, que se encontra cego da razão e, talvez, com responsabilidade também nos infelizes acontecimentos em que foi envolvido, mas pela Vida.

— Engana-se! Amei a desgraçada com devoção, e entreguei-lhe a minha vida. Que me ofereceu em troca, além do adultério, da traição e do homicídio?

"Desconhecendo-lhe a pusilanimidade, confiei e fui traído miseravelmente pela desleal que me substituía por outros no leito, inclusive pelos servos, que me censuravam às ocultas. Quando me dei conta e ela percebeu-me a desconfiança, antes que a desmascarasse, tramou e executou a minha morte, envenenando-me. Será que alguém pode avaliar o rio escaldante de lágrimas de dor e revolta que tenho vertido?"

— Não lhe desconhecemos o sofrimento, e por isso aqui nos encontramos, realizando uma tentativa de reverter o seu caudaloso curso... Até este momento, desde que você a reencontrou, tem-se-lhe transformado em algoz, lentamente dominando-lhe a área do discernimento e agindo diretamente no seu centro genésico, molestando-a, enfermando-a. Sabemos que ninguém escapa da correção, quando erra. Não é necessário, porém, que outrem se lhe faça cobrador, tornando-se candidato, por sua vez, a futuras reparações. Cada qual imprime na consciência os próprios atos, e as leis se encarregam de trabalhar a retificação dos incursos nos seus Estatutos.

— Jamais a perdoarei!...

— Essa palavra tem significado muito diferente nos Códigos da Vida. Amanhã, talvez, ela represente-lhe *perdão agora*. Por que postergar a ocasião de ser feliz, se para tanto basta modificar o rumo do pensamento, canalizando as suas ideias para o próprio bem? Não pode haver nada mais frustrante do que a sensação de perda que sucede ao ato da vingança. O falso prazer da vitória é de breve duração, seguido de tempo infinito, que se apresenta sem objetivo. Já examinou a hipótese de haver sido corresponsável pelos funestos acontecimentos de que se diz vítima?

— Como? Se eu a amava e cumpria com todos os meus deveres, inclusive os conjugais?

— Refiro-me a sucessos anteriores a essa existência. Ninguém sofre imerecidamente. Não tinha ela o direito de ser instrumento de cobrança, de dor, para o amigo, como igualmente essa permissão hoje lhe é concedida.

— Não acredito que lhe devesse nada, porquanto a amava.

— O amigo usa o verbo amar como instrumento de autodefesa e de acusação. O verdadeiro amor encontra-se acima e além das conjunturas de tempo e lugar, sem nada exigir, nem condicionar. É provável que você a amasse, ou melhor dizendo, cobiçasse-lhe o corpo, a companhia, as sensações, que não são mais do que o desejo animalizado, herança do primitivismo...

— E quer, em razão disso, que a perdoe? Eu, que a amava então? Certamente que não... A infame utilizava-se da minha posição e fortuna para desfrutá-las, sem sequer retribuir-me com o mínimo de dignidade.

— Não é essa a questão em análise. O que nos importa são os seus sofrimentos, que devem cessar. Os anos sucedem-se. Já decorreram mais de seis décadas desde aquelas ocorrências infelizes, e chega o momento de alterar-lhes o rumo, libertando-o. Não é a nossa irmã que está presa ao amigo, e sim o seu pensamento, os seus interesses que se encontram fixados nela.

— Como sabe o tempo que transcorreu?

— Conhecemos-lhes o drama há algum tempo.

— Desejo maltratá-la, pouco a pouco, conflitá-la, até mesmo levá-la à morte. E se me conhece o drama, sabe que tenho razão.

— Morte, no entanto, é vida. Imaginemos que você o conseguisse... Com o sacrifício imposto, ela se depuraria e você a perderia, ficando a sós, desestruturado, até quando? Por que não seguir a diretriz da Vida, libertando-se do ódio que o consome e desarvora, deixando-a por conta de si mesma? Quando ela despertar, e isso ocorrerá em breve, em relação a todos os erros praticados, empenhar-se-á por recuperar-se, e é provável que lhe distenda braços maternos acolhedores, a fim de que os sentimentos se refaçam e se sublimem no amor. Conceda-se tal oportunidade, pois dela você necessita."

As palavras do mentor estavam ungidas de ternura, e a sua vibração, brindando esperança ao indigitado, nele repercutiu poderosamente.

Colhido de surpresa pelas perspectivas desenhadas nas frases finais, inquiriu:

— Renascer nos braços da assassina?

— Não, da mulher que você diz que amou e que se converterá em mãe abnegada, mesmo padecendo os efeitos das dissipações que o organismo brevemente exteriorizará. Crucificada nas dores excruciantes que estabeleceu por meio da insensatez, buscará no filhinho querido o refúgio e o lenitivo para redimir-se.

"Observe-a! Mais tarde ela despertará no corpo físico com leves reminiscências do que lhe parecerá um sonho, e, lentamente, ir-se-á conscientizando dos acontecimentos, de forma a preparar-se para o futuro. Com o seu afastamento, a fim de ser equipado para a reencarnação, não lhe cessarão, por efeito de mágica, as sensações desagradáveis que experimenta e estão impressas nas tessituras sutis da alma. Se o seu propósito é vê-la sofrer, mesmo afastando-se, as consequências dos desequilíbrios que ela se permitiu permanecerão, porquanto assim é a Lei: toda causa desencadeada produz um efeito equivalente."

— Não sei, não sei! Estou aturdido, muito confuso. Nunca pensei num desfecho desta ordem. Não sei...

O benfeitor dirigiu-nos uma onda mental específica, e acorri com Fernando a aplicar energias calmantes no Espírito que foi acometido de forte emoção, pondo-se a chorar num misto de angústia e frustração.

Prosseguindo com o concurso de aplicação de energias, ele se foi asserenando até que adormeceu, sendo retirado, para receber assistência especializada em lugar próprio, preparando-se para o futuro.

Raulinda retornou à consciência lúcida e percebeu o que houvera acontecido. Fixando a atenção com desejos de recordar-se, vieram-lhe à mente alguns *clichês* das infelizes experiências passadas, identificando as causas dos seus atuais conflitos e sofrimentos.

O Dr. Carneiro acercou-se e induziu-a às recordações, elucidando-a a respeito dos delitos perpetrados, assim como das futuras possibilidades de reabilitação.

Embora as evocações fossem pessoais, sintonizados com a sua onda mental podíamos acompanhar o desenrolar dos fatos mais graves, que culminaram no assassinato do esposo. Incontinente, ante a expressão estarrecedora do sucedido, ela começou a apresentar sinais de desequilíbrio, que foram interceptados pelo Amigo experiente, que a exortou à mudança de atitude explicando:

— A recordação dos erros tem como finalidade despertar a consciência para o conveniente resgate. No passado de todos nós demoram-se muitas sombras perturbadoras, que o amor de nosso Pai nos faculta diluir. Desse modo, despertados para a realidade dos objetivos da reencarnação, que têm caráter educativo, reparador, devemo-nos propor o dever de nos iluminarmos, auxiliando aqueles que deixamos tombados na retaguarda.

"Assim, à queixa contumaz, à rebeldia sistemática, sobreponhamos a paciência e a resignação com irrestrita confiança em Deus, reabilitando-nos diante de quem prejudicamos, a fim de sermos felizes."

Envolveu-a em vibrações de equilíbrio, e convidou Fernando a trazer o pupilo à psicofonia de Francisco, prosseguindo o labor interrompido com o encerramento da sessão poucas horas atrás.

A verdade é que o amigo do *Soberano das Trevas*, após a comunicação e a ameaça de que iria pedir providências aos *Gênios*, não conseguiu evadir-se do recinto em razão das barreiras vibratórias. Discretamente vigiado pelos assessores do irmão Vicente, permaneceu ali tentando sair sem o conseguir. Passando da revolta à agressividade, e gerando tumulto no *campo vibratório* em que permanecia ilhado, aguardou o momento para novo diálogo, agora com maior profundidade.

Guillaume e Gérard

Leonardo era médium sonambúlico, dotado de belas faculdades propiciatórias ao intercâmbio. De caráter nobre e sentimentos elevados, tornara-se espírita em plena adolescência, quando os fenômenos espirituais irromperam, levando-o a um período de contínuas perturbações, que foram confundidas, no princípio, como de natureza psicológica. Após ser medicado mais de uma vez, alguém, amigo da família, alvitrou a hipótese de tratar-se de distonia espiritual. Conduzido pela genitora ao Núcleo Espírita e recebendo conveniente assistência por meio dos passes e da vinculação às atividades juvenis do Grupo, amainaram-se-lhe os distúrbios. Compreendendo o conteúdo da Doutrina, à medida que se desenvolvia, passou a frequentar as reuniões práticas, nas quais deu atendimento à mediunidade, educando-se e educando-a. Nos anos seguintes, concluiu o curso de Odontologia e consorciou-se com Helena, jovem militante da Casa, começando a edificação do lar, da família. Valorizando com serenidade o ministério abraçado, dele se desincumbia com elevada consideração. Nessa oportunidade, contava vinte e oito anos, possuindo já uma expressiva folha de serviços em favor dos sofredores.

Maleável à influência espiritual, logo que Fernando mentalizou o seu pupilo, atraindo-o à comunicação, a sua sensibilidade começou a registrar os efeitos da sintonia psíquica, apresentando ligeiras contrações faciais e tremor por todo o *corpo*.

Nesse comenos, deu entrada no recinto o Dr. Hermann Grass, trazendo adormecido o médium Davi que foi colocado entre os assistentes.

O seu era um estado espiritual deplorável. O *cérebro* encontrava-se envolto por densa escuridão, que decorria dos pensamentos vitalizados nos últimos tempos, emanando vibrações de baixo teor. Da região genésica, como do estômago, do fígado e do baço, irradiavam-se, em ondas excêntricas, energias viscosas e enfermiças. O hábito dos alcoólicos, nas reuniões sociais e noutros momentos, já o vitimava pela dependência dos mesmos em instalação, apresentando os primeiros sintomas para uma futura cirrose hepática com atuais perturbações digestivas, altas taxas de colesterol, hipertensão arterial, apesar da juventude orgânica...

Da área sexual também se exteriorizavam fluidos densos, carregados do magnetismo pernicioso deixado pelos parceiros encarnados, viciosos, e pelos Espíritos de igual psiquismo, que se mesclavam nas orgias elegantes a que o sensitivo se entregava.

Apurando a observação, podia-se constatar que as vesículas seminais se encontravam comprometidas, como resultado das vibrações que as estimulavam, e que das gônadas jorravam energias sutis de qualidade inferior, alimentadas pela mente de Davi e dos desencarnados que a ele se associavam durante o desdobrar das paixões sexuais. A próstata, em processo de aumento, denotava desarmonia celular, avançando para futura neoplasia maligna...

Adormecido, produzia ruídos e espasmos, característicos dos distúrbios de comportamento psicológico que eram liberados, naquele período, demonstrando uma situação aflitiva.

Vendo-o assim e considerando-lhe as admiráveis possibilidades de realização, não me pude furtar a um sentimento natural de compaixão acompanhado do desejo de auxiliá-lo, de despertá-lo para a realidade profunda da vida, assim como do valioso significado da atual reencarnação.

O médium Davi, porém, era responsável pelo que lhe sucedia. Conhecendo a Doutrina Espírita e recusando-se a viver-lhe a moral, sabia da gravidade do compromisso mediúnico; no entanto, preferira seguir pelos atalhos perigosos da fascinação, da cegueira... Não lhe faltaram advertências, insistentes convites ao retorno ao dever, que recusava sistematicamente, caminhando agora, quase a sós, por eleição pessoal, no rumo das companhias inferiores, que desejavam arrastá-lo para a alucinação total, o malogro da reencarnação.

Aquele instante era-lhe de magno valor, razão pela qual ali fora trazido.

Liberado do sono anestesiante pelo Dr. Grass, relanceou o olhar em volta e atemorizou-se. *A consciência de culpa* estava vigilante e ele temeu que estivesse desencarnado...

A criatura humana, via de regra, valoriza sempre o que deixou de ter, o que ainda não possuiu, o que desperdiçou. Na vida moral, o fenômeno é equivalente. À aproximação da morte, ou em suspeita disso, formulam-se planos de enobrecimento, de realizações superiores, para logo abandoná-los, assim que passa o *perigo*, voltando-se à insensatez com redobrada volúpia.

Foi o que observamos em Davi. O despertar em nosso plano levou-o às lágrimas, e notamos que retorcia as mãos em sinal de desespero, mas, para nossa surpresa, não o vimos orar ou buscar elevar-se em pensamento a Deus, como seria desejável. A falta de unção e seriedade moral no trato com os desencarnados desalojara-lhe a mente das atitudes corretas.

O Dr. Hermann, ao seu lado, tranquilizou-o com palavras gentis.

O médico apresentava-se severo, como de hábito, no entanto deixava transparecer alguma humildade e submissão aos desígnios superiores, compreendendo a magnitude do momento e o alto valor das Entidades que ali se encontravam dirigindo a atividade.

À meia-voz, o diligente médico explicou ao seu intermediário onde se encontravam e para que ali estavam, facultando acalmá-lo.

Permanecia a psicosfera de harmonia, especialmente à volta da mesa dos trabalhos.

Incontinente, Leonardo, incorporado, abriu desmesuradamente os olhos e acusou:

— Não reconheço aqui ninguém com autoridade para constranger-me à submissão. Sou independente. Embora tenha amigos entre os *Gênios*, não faço parte do grupo. A minha é uma ação solitária e com meta bem definida.

— Realmente — esclareceu o Dr. Carneiro de Campos — não possuímos qualquer autoridade sobre o amigo, reconhecendo que a única que existe e nos direciona na vida, é Jesus Cristo, a quem procuramos servir. Quanto ao seu relacionamento com os *Gênios do Mal* não nos preocupamos, porquanto cada um é livre para eleger as companhias com as quais melhor se afina por identidade de propósitos. Nesse sentido, o amigo é livre para agir e colher os resultados da sua ação.

"O que nos interessa é a sua felicidade, momentaneamente deslocada das finalidades nobres para as paixões dissolventes, cujos efeitos, de imediato, o amigo experimenta, gerando aflições para o futuro."

— Tenho que interromper a farsa do meu infame inimigo que ali está...

E voltando-se, apontou o dedo em direção ao médium Davi que estremeceu, tornando-se lívido.

Prosseguindo na agressão, explodiu:

— É muito bom esse reencontro lúcido, porque desejo refrescar a memória do bandido, que se traveste de benfeitor dos ignorantes que o rodeiam em busca de migalhas, a troco da bajulação, da sórdida propaganda do seu nome. O infeliz está vendendo a própria alma a Satanás, enriquecendo, a fim de tudo abandonar, quando eu e outros consumarmos o plano que temos em mira...

— Há somente um detalhe que não ocorreu ao amigo — advertiu o orientador — que é a Providência divina.

— Ela não interferirá, porque o próprio dissipador não o permitirá. Odiento, é um poço de vaidade; frio emocionalmente, é a personificação do egoísmo refinado. Qualquer socorro que lhe seja dirigido, ele, comprometido como se encontra, recusará, porque não está disposto a fazer nenhuma concessão de referência a mudança de conduta. Se duvida, pergunte-lhe, e ouça a resposta do presunçoso. Somente pensa em acumular haveres que os abandonará com o corpo, logo mais quando tudo estiver consumado.

— É da Lei, que ninguém foge de si mesmo, nem se impede o progresso, que é inexorável. A vítima de hoje é o apoio do perseguidor amanhã, quando permite que brilhe no íntimo o amor. Quando permanece a animosidade, a vítima transferida para a posição de algoz mais se infelicita, porque jamais alcançará o seu final — que seria a destruição do adversário. As vidas encontram-se tão mescladas, umas nas outras, que sempre voltam aos mesmos sítios e pessoas até que se superem por meio do amor, que arrebenta as algemas e une os corações. Por isso, quem perdoa se eleva e se fortalece, enquanto aquele que permanece no ódio, rebaixa-se e desidentifica-se, por largo período, da realidade superior.

— Pouco me importa o que me venha suceder após vencer o covarde. Com certeza, não será pior do que o ódio que me combure, há quase um século ou pouco mais, já não o sei...

— Pois nós o sabemos. Dê-nos a chance de recordar juntos, fazendo uma necessária avaliação.

Davi foi convidado a acercar-se do médium Leonardo incorporado, obedecendo de imediato.

Uma tela de substância alvinitente aparecia na parede fronteira aos litigantes, enquanto o orientador propunha:

— Recordem-se, recordem-se da batalha de Sedan (França). Era o dia 31 de agosto de 1870 e a guerra franco-prussiana chegava ao momento culminante. O marechal Mac-Mahon está diante da volumosa cavalaria do exército alemão do outro lado do rio Mossa... O medo assalta os corações e aguarda-se com alta tensão a ordem para atacar. A artilharia alemã, bem situada, dispara com frequência contra os adversários. Ao amanhecer de 1º de setembro, sob proteção da neblina, os alemães programam e executam o ataque, sendo rechaçados. No entanto, com a chegada do Sol, tornando-se alvo exposto, o exército francês sofre pesadas baixas, inclusive o seu comandante, e trava-se encarniçada luta...

À medida que o mentor foi delineando os fatos, os opositores neles se concentraram, do que resultou receber a tela vibrações delicadas, em movimento contínuo, qual se atuassem sobre leve névoa e dessem-lhe contornos. Começaram então a surgir as cenas das lutas, ensejando-nos acompanhá-las, como ocorre no cinema. Fixando mais o pensamento nas evocações, as personagens produziam imagens em terceira dimensão, que nos apresentavam o horror e a loucura da guerra...

Milhares de homens em retirada sob o fogo pesado da artilharia, que provocava crateras no chão e consumia vidas preciosas a cada explosão, formavam um triste espetáculo. Simultaneamente a cavalaria, avançando e subjugando os atrasados, estripava os caídos sob a gritaria infrene da soldadesca asselvajada, das vítimas exangues e do relinchar dos animais atingidos ou estimulados ao prosseguimento pela espora. No véu plúmbeo da fumaça sobre as cabeças desorientadas, cenas de horror sucediam-se, aberrantes.

No fragor da luta surgem dois soldados franceses que também fugiam, quando um deles, alcançado por um petardo de obus, tomba, quase fulminado. O outro, com visível risco de vida, arrasta-o e logra salvá-lo...

As cenas se misturaram, e reapareceram apresentando uma área suburbana de Paris. O enfermo convalescia na casa do seu salvador, atendido por jovem mulher, que o cercava de carinho. Era a esposa de Guillaume, o herói...

Terminaram, fazia pouco tempo, as lutas na capital, com a derrota total da França, que pagaria alta soma em dinheiro a Bismark, e perdia a Alsácia e uma parte da Lorena para os germanos.

Notava-se que uma afinidade muito grande se estabelecera entre o enfermo e a sua benfeitora, passando, logo mais, dos limites, quando o esposo não se encontrava no lar.

Posteriormente, via-se a descoberta do adultério, a agressão de Guillaume enfurecido e sua morte, em reação de desespero do amigo a quem salvara...

Desapareceram as cenas, e o desencarnado exclamou:

— Salvei o biltre, para que ele me humilhasse, indignificando-me o lar e roubando-me a vida. Perdoá-lo? Nunca!

— Não negamos a hediondez da ingratidão, que é superlativa. No entanto, se recuarmos no tempo, iremos detectar desalinhos do amigo, que produziram esse golpe rude e macerador... Chega o momento de pormos um ponto final na pugna. A Divindade uniu-os como amigos para que superassem antigas rixas, porém Gérard não resistiu aos ímpetos da sua inferioridade, descambando na alucinação. Cabe a você refazer o caminho e abrir novas estradas para o futuro de ambos.

— Nunca! A desgraçada, que com ele se homiziou, traindo-me, é hoje a *esposa recatada* — rilhou com ironia — que me pagará, no momento próprio. Primeiro ele, depois o outro ajuste de contas.

Pedindo licença para dialogar, Davi/Gérard tentou justificar-se:

— Foi em defesa própria que cometi o crime. A Justiça reconheceu-o. Você estava enfurecido...

— E não era para tanto? Albergar a serpente no próprio lar, para ser picado e por ela envenenado? A Justiça o absolveu, porque aqueles, como estes, eram e são dias de iniquidade, a mim cumprindo-me o direito de corrigir as leis ignóbeis.

"Você diz que foi em defesa própria. A traição, premeditada e executada, também o foi?"

— Eu era fraco...

— E prossegue o mesmo venal indivíduo, hoje pior, após tanto tempo.

O benfeitor acercou-se e interferiu, silenciando Davi e aduzindo:

— Agora que as lembranças são mais nítidas, repense os seus planos. Conceda-se novas reflexões. Há tempo; no entanto, ele urge. Adormeça, a fim de descansar um pouco...

Aplicando-lhe energias balsâmicas e repousantes, vimos Guillaume asserenar-se, adormecendo profundamente.

Bailavam na minha mente inúmeras interrogações, que o momento não me facultava apresentar ao mentor.

"Por que a doutrinação fora interrompida? Teria havido, nesse período, outras reencarnações dos implicados na trama infeliz? Quais as providências a tomar, objetivando o atendimento a Guillaume? Vê-lo-íamos novamente, ou ele seguiria o próprio destino?"

As atividades, no entanto, estavam em plena realização e não havia tempo para os nossos diálogos. Aguardei, assim, ocasião própria, prosseguindo, atento, nos serviços em execução.

Advertências salvadoras

O sexo em desalinho, sob o comando do egoísmo, responde por grande número de aflições que atormentam a criatura humana. Remanescente dos impulsos primitivos da reprodução animal, escravizado às paixões do orgulho pessoal, constitui uma herança pesada no processo da evolução do ser humano. Enquanto prevaleça, dará curso aos espetáculos hediondos, que denigrem a História, graças às suas fixações nos caprichos sórdidos que geram a infelicidade, o desar.

A força sexual, à semelhança de uma torrente impetuosa de água, deixada à solta, espalha pânico e morte; canalizada, preserva a vida... Desse modo, conduzi-la de forma segura para ser útil deve ser o pensamento e desejo do ser inteligente, que assim vai superando seus limites, mediante as sábias conquistas do sentimento e da razão.

O cenário dos serviços mediúnicos prosseguia com as vibrações harmoniosas, dispensadas pelos mentores espirituais e sustentadas pelo Grupo de cooperadores adestrados.

Não obstante as tensões durante as comunicações referidas, era possível preservar-se o equilíbrio da concentração mental, em sintonia com as Forças Superiores.

Raulinda e Leonardo se haviam recomposto, e sob a assistência dos mentores mantinham-se calmos.

Agora era a vez de Francisco oferecer a instrumentação mediúnica à psicofonia atormentada, qual ocorrera durante a atividade de há poucas horas.

A mesma Entidade espiritual, que fora trazida pelo amigo Fernando, incorporou-o, transpirando azedume.

Davi, que se encontrava sob a assistência do Dr. Grass, foi chamado nominalmente pelo sofredor espiritual, e logo deu início à sua manifestação. Informava que tinha orientação do *Soberano das Trevas* para influir-lhe na conduta, contribuindo para a sua desestruturação, assim como a do seu trabalho.

Disse mais, que o enfrentamento da Entidade zombeteira com o Dr. Hermann já era parte do esquema, tanto quanto o plano da expulsão do médium da Casa Espírita, em razão do seu comportamento rebelde e insensato, objetivando deixá-lo sem o concurso de amigos conhecedores do exercício da mediunidade e os seus riscos, ficando exposto a maior número de perigos na companhia dos seus admiradores irresponsáveis.

O médium, surpreso, demonstrava perturbação no raciocínio, acostumado à presunção e à autofascinação a que se entregava.

Tomado de receios injustificáveis, começou a chorar.

O Dr. Carneiro acercou-se mais e falou-lhe com ternura paternal, enquanto o irmão Almiro dialogou com o semeador de pânico.

— Davi — a inflexão de voz infundia ânimo, mas chamava à realidade —, é necessário despertar para os compromissos espirituais. A mediunidade é faculdade cujo exercício deve ser realizado *santamente*, com altas cargas de responsabilidade e respeito. Ninguém aplica uma função destinada à elevação do ser, de maneira irregular, que não venha a sofrer as funestas consequências da atitude leviana. Ademais, você não desconhece que exercitá-la para o Bem é um dever, e que a amplitude dos fenômenos que lhe proporciona tem por meta facultar-lhe a reabilitação moral. De leviandade em leviandade, você mais tem agravado os compromissos que lhe cumpre ressarcir. A oportunidade de edificação passa rapidamente e é necessário aproveitá-la.

Advertências salvadoras

Calou-se, por um pouco, dando ensejo ao companheiro para assimilar-lhe o conteúdo, logo prosseguindo:

— A simonia é crime catalogado nos códigos divinos. A vida é muito valiosa em todas as expressões da natureza, particularmente a humana, que você tem cuidado de forma irresponsável. Você é saudável, conseguiu uma profissão invejável, tem um lar rico de bênçãos. Por que negocia com a faculdade mediúnica, cujos recursos lhe são concedidos gratuitamente? Que tem feito da consciência, além de anestesiá-la nas ilusões mundanas? Você assumiu graves obrigações com a Vida, no que tange à caridade, que deve esparzir com as mãos cheias de amor. Não pense que o apoio cirúrgico do Dr. Hermann, nos atos negociados, significa anuência ao erro. Ele assim procede em respeito aos enfermos, ludibriados pelos métodos ignóbeis que você estabeleceu para chegarem até ele. Dando vazão ao seu mau procedimento, quanto ganha o autor das atividades socorristas, sem cujo concurso você nada pode? Como se permite um comportamento execrando de tal porte, que leva a outros extremos morais, desrespeitando o lar, as concessões da saúde e a conduta mediúnica? Não pense que aqui estamos somente para exprobrar-lhe o comportamento. Nosso objetivo é ajudá-lo.

Novamente calou-se, ensejando ao aturdido ouvinte a bênção da reflexão.

Enquanto isso, o emissário do infortúnio discutia, furibundo, com o irmão Almiro, que o atendia com amor, sob a vigilância diligente do nosso Fernando, interessado no diálogo e no destino do seu protegido.

— Esta reunião — deu curso aos esclarecimentos —, entre outras, tem como finalidade despertá-lo para a verdade e o bem, desintoxicá-lo dos vapores morbíficos a que se permitiu, quando transitando pelos antros morais, de luxo, mas nem por isso menos perturbadores. Trouxemos Guillaume, a fim de proporcionar-lhe a paz e a compreensão dos perigos que o rondam. Esta sua atual reencarnação é de resgate, de formosas provações e não de licenças morais. Não está previsto para você o mediumato, por enquanto, mas sim a estrada redentora que o levará a esse labor elevado, caso se submeta aos imperativos do dever. Hoje são muitos os adversários que você tem granjeado pelo caminho, em ambos os planos da Vida. Mentes encarnadas e desencarnadas maldizem-no, vibram violentas na sua direção, atingindo os sutis equipamentos da sua mediunidade, que dá os primeiros sinais de falhas, de erros lamentáveis. Não há médiuns irrepreocháveis. A Terra é planeta ainda inferior, porque nós que lhe estamos vinculados somos Espíritos inferiores, salvo as exceções compreensíveis. Recomece o trabalho do Bem, nas bases ensinadas por Jesus e reconfirmadas por Allan Kardec. Volte à simplicidade. Reparta o excesso, que lhe chegou de forma equivocada, com os que padecem carência. Ninguém consegue enganar-se a si mesmo por muito tempo.

Havia, na emoção do benfeitor, a vibração de ternura, mas também de severidade, não dando margem a interpretação errônea. Tratava-se de um apelo último, como a significar que, a partir daquele momento, *a sorte estava lançada*, facultando a Davi o apoio da Espiritualidade ou o seu prosseguimento com outros amigos desencarnados, que ele preferisse.

— Não esqueça — concluiu o sábio orientador — que depois das alucinações na França, você desencarnou, vitimado pela negligência moral, reencarnando-se quase de imediato na Romênia... Lá conheceu, mais tarde, o Dr. Grass, ajudando-o em experiências nefastas com *cobaias humanas*, na condição de seu enfermeiro, aferrados ambos ao mais cruel materialismo. Passada a Primeira Grande Guerra e desencarnando em grande indigência espiritual, um e outro comprometeram-se a reparar os crimes auxiliando vidas, diminuindo-lhes a aflição e amparando os sofredores, o que hoje deveria ocorrer com amplitude, conforme a proposta inicial, quando do despertar da faculdade. O futuro você o escreverá, conforme lhe aprouver.

Abraçou-o com afeto, adindo, emocionado:

— Que o divino Médico nos cure interiormente!

O Dr. Hermann Grass, visivelmente comovido, abraçou o mentor e pediu licença para expressar-se.

Neste comenos, a palavra sábia do irmão Almiro acalmou o comunicante infeliz, que Fernando desligou do médium Francisco, levando-o ao sono profundo para futuras terapias.

— Davi — a sua voz era grave, embora meiga —, não há outra alternativa para nós, a partir deste momento, senão a da edificação moral. Aliás, nunca houve outra antes. Nós a tomamos com mãos incapazes e lhe alteramos o rumo no passado, e os efeitos danosos ainda remanescem em nosso mundo íntimo. Estamos vinculados pelas ações negativas, e o pranto, a dor, o desespero de muitas vidas que amarguramos, limitamos e ceifamos, permanecem clamando pela reparação. Jesus Cristo nos convidou à retificação dos nossos delitos: a mim, pela condição de verdugo do próximo; e a você, pela de comparsa igualmente cruel. Eu prossigo médico, utilizando-me dos seus órgãos físicos e manipulando-os, tendo-o como auxiliar, que me deve ser maleável, acessível...

"Começamos bem, com entusiasmo, atendendo aos infelizes mais desventurados, porque, além das dores que os dilaceravam, padeciam da injunção rude da miséria econômica. Recebíamos os seus sorrisos ingênuos e agradecidos, suas vibrações de amor e suas preces intercessórias por nós, ensejando-nos o equilíbrio e a saúde da alma. Como éramos felizes então!"

A emoção embargou-lhe a voz.

Conhecido pela forma rude com que tratava a clientela, pelos gestos bruscos e reações inesperadas, o Dr. Hermann agora se desnudava... Certamente, sua habitual maneira de apresentar-se era um mecanismo de autodefesa, um cuidado para não revelar-se. Mesmo em nossos círculos espirituais, onde era respeitado, alguns de nós o tínhamos como um companheiro áspero, desidentificado dos sentimentos fraternos e do Evangelho. Era visto, agora, na grandeza das suas expressões, lutando para conduzir com amor o amigo invigilante, enquanto argumentava com a lógica da razão e a vibração do afeto.

Mantendo o controle, prosseguiu:

— Perdemos o rumo... Você e eu nos desviamos da senda. Vi-o tombar e prossegui ao seu lado. Acompanhei as suas alucinações e insisti, agindo por seu intermédio como se nada houvesse acontecido, tal o meu desejo de servir, necessitando da sua instrumentalidade. Adverti-o e continuei. Silenciei observações por sabê-lo um adulto lúcido, que deve ser consciente do que faz... Há pouco tentei retirá-lo, quase à força, do ambiente sórdido para onde correu após o nosso labor, buscando afogar-se no lodo das paixões vis... Apiado-me de nós ambos, porém muito mais de você. A continuar com a conduta nos moldes atuais, já não terei campo no seu psiquismo mediúnico para o nosso intercâmbio, sendo constrangido a prosseguir onde, quando e conforme o Senhor me facultar.

"Vejo-o, não poucas vezes, assessorado por seres malfazejos que já se utilizam de você fingindo tratar-se de mim... Porque a sua sensibilidade está ficando embotada, não se dá conta da diferença das energias deles e das minhas. A mistificação toma-lhe espaços largos e os sinais de alarme são detectados: os pacientes pioram; para alguns são receitados produtos inadequados ao pós-operatório, às ocultas; outros adquirem infecções depois da cirurgia; mais outros sofrem riscos de vida... Quando você vai parar? Agora é a sua existência física tornando-se exposta. Você quase nada conhece do mundo dos Espíritos onde estamos. Todo cuidado é pouco. Aproveite este momento, Gérard..."

Houve um silêncio geral, no qual se ouviam as vibrações do Bem que pairavam no ar.

O irmão Almiro encerrou a reunião com significativa oração, agradecendo as messes recebidas e exorando proteção para todos nós.

O Dr. Hermann conduziu Davi ao corpo em sono profundo. Os demais companheiros encarnados foram encaminhados aos respectivos lares.

Fernando e outros auxiliares-enfermeiros da Casa estabeleceram providências a respeito dos Espíritos que se haviam comunicado, para posterior atendimento.

Podia notar a satisfação refletida na face do benfeitor, quando nos convidou para seguir à sede que nos albergava.

O relógio da sala mediúnica assinalava às quatro horas da manhã.

As ruas da grande cidade estavam quase totalmente desertas, visitadas por um ou outro veículo apressado e algum noctívago atrasado ou sem rumo.

O céu límpido, naquela ocasião, adornava-se de pirilampos estelares.

Diálogos esclarecedores

Além dos benefícios propiciados aos comunicantes desencarnados, a reunião ensejou-nos material excelente para estudos e reflexões. A primeira diz respeito ao amor do nosso Pai por todos nós, facultando-nos o serviço de iluminação incessante, graças ao qual o processo de ascensão faz-se mais suave e enriquecedor, sem a aspereza das provas que elegemos em consequência da rebeldia sistemática. Como não há repouso significando ausência de realização, o trabalho e a ação edificante permanecem constantes, proporcionando a conquista de recursos preciosos.

Reflexionava desse modo, a respeito das atividades parcialmente encerradas, quando a maioria dos obreiros dormia, sendo alguns convocados ao prosseguimento dos compromissos com a vida. Para grande parte de homens e mulheres, que avançam descuidados pela senda das lutas terrestres, existe uma ignorância total desses misteres relevantes para o Espírito. Considerando a vida como sendo apenas o automatismo biológico e a fatalidade das ocorrências humanas, pensam exclusivamente em desfrutar das oportunidades, assinalados por terrível hedonismo. Mesmo entre muitos espiritualistas, persiste o desconhecimento das realizações fora do corpo, acreditando que as horas do sono são apenas de refazimento para o organismo e a alma. Não cessam, no entanto, os movimentos da vida, assim como não param os labores espirituais. O vácuo absoluto, o silêncio total e o repouso pleno resultam de percepções nossas, inadequadas, limites do conhecimento. Em toda parte o trabalho e o movimento são incessantes, impulsionando o progresso ilimitado.

Possivelmente me acompanhando o desdobrar do pensamento, o afável benfeitor veio em meu auxílio, adindo:

— Tudo serve na natureza, obedecendo a imperativos inalteráveis das leis cósmicas. Nas expressões primeiras da vida, os automatismos da evolução propõem crescimento e transformações incessantes. À medida que a consciência adquire lucidez, mais se ampliam as perspectivas de ação. O ser agiganta-se na direção de outros e do ambiente, entregando-se às propostas de trabalho com que promove aqueles que o cercam. Caso houvesse o repouso, tudo volveria ao caos do princípio. Assim, na atividade contínua, o Espírito transfere suas metas para patamares mais altos e mais nobres, atraído pela perfeição que anela.

Aproveitando-me do silêncio, que se fez natural, indaguei:

— Poderia depreender, em razão das informações recém-colhidas, que a nossa irmã Raulinda é uma obsidiada, não obstante as disfunções ovarianas e os distúrbios assinalados pelos neurotransmissores que a levam ao estado depressivo?

Como educador gentil que é, o Amigo respondeu:

— As consequências das leviandades cometidas estão impressas pelo Espírito nos seus equipamentos físicos, caracterizando-a hoje como uma enferma do aparelho genésico e vítima de transtornos psicológicos. Em face do exposto, ela necessita de assistência ginecológica e psiquiátrica. Todavia, porque se encontra assinalada pela *consciência de culpa*, que gera a auto-obsessão, e pela perseguição da sua vítima, em processo de perturbação obsessiva, diagnosticamos uma *parasitose espiritual*. Os dois distúrbios se mesclam, tornando-se difícil estabelecer as fronteiras onde um começa e o outro termina. Eis por que, em casos dessa natureza, em que se misturam os fenômenos perturbadores, como na maioria deles, os pacientes necessitam de uma terapia holística, que engloba a participação das diferentes áreas da ciência médica, a que nos referimos, e espíritas: leitura educativa, passes, água fluidificada, desobsessão e renovação íntima aplicada ao bem. Recorreríamos, também, à contribuição da Sociologia, amparando o grupo familiar, indiretamente envolvido na problemática. Alongando a análise, buscaríamos a ajuda da Ecologia, em considerando o envenenamento do ar que se respira; da Agricultura, respeitando as técnicas naturais da adubação e consequente diminuição dos agrotóxicos... Vemos a aplicação desordenada de hormônios em aves e animais, a fim de que se desenvolvam, alterando-lhes o ciclo biológico de postura, de reprodução e de crescimento, sem refletir nos danos que esses métodos e produtos causarão ao organismo humano. Em uma sociedade justa, realmente cristã, antes se pensará no ser propriamente dito, do que nos lucros que se pretenda obter dissociados do dever ético para com a vida.

"Parecem ainda estar distantes os dias em que esses comportamentos vicejarão. Oxalá logo cheguem. Conquanto demorados, devemos empenhar-nos para despertar as consciências e aclarar mais o discernimento humano, que se devem voltar para essas cogitações protetoras da vida.

"Não podemos negar os valiosos contributos modernos da ciência e da tecnologia em favor da saúde, do bem-estar. Entretanto, não ignoramos a outra face da moeda, voltada para os interesses subalternos, criminosamente egoístas...

"O homem marcha para Deus. É inevitável essa fatalidade. O Espiritismo, ensejando uma visão holística da realidade e dos procedimentos saudáveis, é o bandeirante ímpar dos novos tempos."

— Rogando escusas ao bondoso mentor, indagaria se o afastamento do Espírito perturbador propiciará a Raulinda a desejada recuperação da saúde?

— Devemos ter em mente que a nossa irmã encontra-se incursa em vários itens das leis que desrespeitou, estando gravados em seu íntimo os imperativos da necessidade de reparação. Ocorrendo a mudança de comportamento do seu atual perseguidor, a atitude será, para ele, salutar, por libertar-se da injunção do ódio, mas para ela será apenas amenizadora dos sofrimentos, não liberadora. Terá a carga de aflições diminuída, porém os sintomas perturbadores permanecerão, desaparecendo à medida que se submeta às terapias referidas. Os órgãos citados encontram-se lesados no perispírito e no corpo físico, requerendo assistência especializada, como é natural.

"Pensa-se, com leveza, que o simples afastamento do *obsessor* faculta a recuperação plena do obsidiado. Em todo aquele que sofre perseguição espiritual, encontramos os resíduos maléficos dos seus atos desvairados, aguardando superação. Não se resgatam dívidas somente com boas intenções. Elas são o primeiro passo para as ações dignificadoras que liberam, não porém suficientes para a sua quitação.

"O caminho de quem deslustra o dever é estreito e difícil. Por isso, é melhor atender as obrigações do que as defraudar. Educar é fácil, mesmo com os empecilhos que se apresentam; reeducar é mais complicado, corrigindo os hábitos malsãos e instalando os dignificantes."

Parecia-me justo. Afinal, sem presunção de julgamento da minha parte, o delito da amiga era grave, o que nos inspirava compaixão para com o consorte, enganado e assassinado, quanto para com ela, que os perpetrara...

Quando as criaturas assimilarem a ideia de que o mal é pior para quem o pratique, evitá-lo-ão com energia. Identificando que no universo não há privilégios para ninguém, nem regimes especiais que distingam umas das outras pessoas, exceto na sua hierarquia moral, ter-se-á chegado a um período em que o bem predominará, desaparecendo pouco a pouco as chagas morais que decompõem o ser e afligem o organismo social.

O combate, portanto, ao egoísmo, deve ser constante e de emergência, sem margem a escapismos.

Porque me parecesse ainda oportuno, voltei a interrogar:

— "Qual a razão de não se haver insistido na doutrinação do adversário espiritual do médium Davi, liberando-o antes de tê-lo conscientizado do erro que pratica?

Sem qualquer enfado ou cansaço, o Dr. Carneiro de Campos esclareceu:

— O nosso objetivo, naquele momento, era do despertamento moral do médium leviano, não do seu antagonista. Esclarecido o último, e permanecendo os desequilíbrios do primeiro, viriam outros celerados afins e o problema mudaria apenas de mãos, continuando inalterado. Ademais, Fernando e nós temos interesse especial em relação ao nosso amigo, que se diz pertencer ao grupo do *Soberano das Trevas*, assim como aquele que desafiou o Dr. Hermann, de que nos recordamos...

"Quanto a Guillaume, a experiência foi muito proveitosa, por ensejar-lhe realizar uma catarse das mágoas retidas na alma. A terapia surtir-lhe-á efeito lentamente, preparando-o para a autocura. A sua abnegação e aflição por Gérard credenciam-no à libertação do ódio, desvinculando-se, assim, do amigo ingrato e perdoando os dois que o atraiçoaram. Irá meditar, renovando os conceitos e alterando as disposições íntimas do desforço para o esquecimento do mal. Os sentimentos nobres, quando feridos, cicatrizam com facilidade, em razão da qualidade de que são constituídos. Quando escasseiam, torna-se mais demorada a remoção das mágoas e rancores preservados. Em tudo e todos, o amor é o grande gerador de soluções."

— E Davi, ao despertar, recordará dos benefícios auferidos? Na sua condição de médium adestrado, não será mais fácil a recordação das ocorrências?

— Inegavelmente, aqueles que têm uma vida psíquica e mediúnica mais ativa podem recordar-se das experiências extracorpóreas com mais facilidade que os outros. Não obstante, em face da conduta a que se tem entregue o amigo invigilante, os seus *sensores psíquicos* estão muito impregnados dos interesses que vem cultivando e fixando no inconsciente, a prejuízo das ideias e pensamentos elevados. Assim sendo, apesar do susto experimentado e das graves admoestações ouvidas, assomarão à consciência apenas alguns vestígios das ocorrências. Ele identificará o fenômeno como de natureza mediúnica, por sentir-se extenuado durante todo o dia, porém, com os estímulos do corpo viciado e das ambições em crescimento, buscará esquecê-lo. Dar-se-á conta de estar em perigo, logo atribuindo-o a perseguições de *pessoas invejosas* da sua faculdade e fugas psicológicas outras... A afeição aos prazeres perturbadores intoxica o psiquismo e o corpo da pessoa que se torna dependente, fazendo lamentáveis quadros de depressão e amargura quando não mais pode neles exaurir-se. Da mesma forma, o nosso Davi vem-se acostumando, por livre escolha, aos vapores anestesiantes da luxúria, da concupiscência, do poder... Embora o lamentemos, acreditamos que ele necessita de uma terapia de choque mais forte, a que recorrerá por opção pessoal, oportunamente...

Depois de alguma breve reflexão, o instrutor prosseguiu:

— Estamos muito interessados, todos que nos movimentamos nas atividades das terapias holísticas sob as luzes do Espiritismo, e outros trabalhadores do Bem, no estudo das *Quatro legítimas verdades* com que o *Soberano das Trevas* denominou ironicamente suas estratégias de perseguição às criaturas, por considerarmos de alta gravidade a programação em pauta.

É claro que não o responsabilizamos pelo desbordar das paixões asselvajadas que varrem a Terra em nossos dias, o que seria atribuir-lhe demasiado valor e poder, que não correspondem à verdade. Todavia, chama-nos a atenção o volume dos despautérios que ora dominam as pessoas vinculadas ao Espiritualismo. É como se essas criaturas distraídas houvessem-no transformado em esporte para as horas de saturação. Os conteúdos filosóficos e morais são deixados de lado, sem qualquer pudor, entregando-se à vida profana que justificam, às arbitrariedades, aos engodos, às vulgaridades, aos desperdícios, com tranquilidade, explicando que a vida física é oportunidade de gozo e este está muito vinculado ao corpo, ao ego, aos condicionamentos da época. Jamais se considerariam obsidiadas por seres perversos e viciosos que com elas convivem em regime de promiscuidade moral e mental. Pelo contrário, ao serem informadas, zombarão, escreverão diatribes contra, falarão de autoritarismos e saudades de castrações, de pieguismos religiosos, erguerão bandeira de liberdade e modernismo...

"De nossa parte, nenhum interesse em impor-lhes normas de conduta e ação. As nossas são experiências pessoais, que narramos para os que estejam insatisfeitos com os acontecimentos que os envolvem, e desejem outras alternativas; não, porém, para aqueles que se refestelam nas orgias e divulgam-nas; nem para outros que se consideram inatingíveis pelos Espíritos perturbadores. Conscientes como somos, de que todos desencarnarão, o que não constatarem na Terra, logo mais encontrarão.

"Reconhecemos, como já foi ventilado anteriormente, que a inferioridade moral e o primitivismo, que levam as criaturas aos extremos das paixões, são fase natural do seu processo evolutivo. A nossa preocupação é com aqueloutros que já deveriam ter ultrapassado essa faixa e que nela se fixam, ou a ela retomam com ardor indisfarçado.

"Por isso mesmo, não cessaremos de abordar o tema, de divulgar as informações que, por uns subestimadas e ridicularizadas, noutros indivíduos encontrarão ressonância e abrigo, ajudando-os na luta contra as sutis interferências obsessivas, assim como na epidêmica situação a que quase todos se encontram expostos.

"Assim sendo, além da preocupação especial com Davi, há também a de natureza geral com os demais envolvidos no *surto* que se alarga entre as pessoas."

Anuí completamente a tudo quanto o benfeitor expôs, porquanto a evidência do acerto das suas palavras está na alucinada *descoberta do sexo* pela atual sociedade. Os descalabros morais são crescentes, associados à volumosa onda de violência que estarrece, ameaçando todas as construções éticas e civilizadas das gerações passadas. Os transtornos mentais decorrentes do estresse e dos vários fatores psicossociais, socioeconômicos, demonstram que se vive, na Terra, um *período intermediário*, prenunciador de grande renovação pela dor.

O esquecimento propositado das estruturas éticas tem facilitado a *morte* de nobres conquistas humanas através dos séculos:

a monogamia, a família, o amor aos filhos e a recíproca dos filhos para com os pais, o respeito ao próximo, o equilíbrio sexual. Os ventos do desespero e da anarquia sopram em todas as direções, ameaçando de destruição tudo quanto encontram.

Concomitantemente, por efeito do *desastre*, aumenta o egoísmo, e a solidão assinala as vidas; a tristeza e a frustração se unem em clima de amargura; a fuga pelos tóxicos se torna lugar comum; o suicídio multiplica-se nas estatísticas; o desespero estiola preciosas florações da vida humana; o aborto aumenta os seus índices...

Não esquecemos do heroísmo de milhões de seres que se erguem para impedir o *desastre*, deter a onda da alucinação, diminuir a miséria, encontrar terapias para as enfermidades dilaceradoras, fomentar a paz entre os indivíduos e as nações. Suas vozes, às vezes, parecem soar nos desertos dos sentimentos. Eles, porém, prosseguem.

Juntamo-nos a esses construtores do progresso, interessados em contribuir com as nossas experiências do além-túmulo, chamando-lhes a atenção para o fenômeno psicopatológico das *parasitoses por obsessão*, tão graves e cruéis quanto as outras que eles já identificaram e combatem.

Sob o vento frio do amanhecer, chegamos à sede do nosso labor para breve repouso.

Sentíamo-nos reconfortados, confiantes, sob o velário da noite com estrelas, quais se elas fossem olhos de luz que nos acompanhassem a distância.

Prejuízos e conquistas espirituais

Ao amanhecer, fomos com Fernando acompanhar o despertar de alguns dos amigos que participaram das atividades espirituais em parcial desprendimento, com objetivos de observação e estudos.

O Sr. Almiro apresentava-se bem-disposto e otimista, recordando-se fragmentariamente dos acontecimentos, o que lhe proporcionava imensa alegria. Mais tarde, foi chamado ao telefone por Leonardo, que narrou parte das lembranças que lhe perduravam na memória, entretecendo considerações oportunas e dizendo-se muito gratificado.

Raulinda, não obstante a ajuda que lhe foi dispensada, pelo hábito de fixar os fatos desagradáveis em detrimento dos bons, acreditava ter sido vítima de um cruel pesadelo, no qual era perseguida por odiento adversário ameaçador, que a exaurira durante a noite. Ressumava mal-estar e pessimismo, embora luzisse na mente a ideia de que poderia ter sido uma experiência socorrista na área da mediunidade. Vacilante quanto aos próprios recursos, não considerava os de origem superior colocados em seu auxílio, e, algo queixosa dos sintomas habituais, iniciou o seu dia sem esforço pela renovação íntima.

Prejuízos e conquistas espirituais

Francisco guardou algumas reminiscências das atividades, que passaram a estimulá-lo para mais cuidadoso treinamento e educação da mediunidade.

O médium Davi despertou com vivas impressões dos sucessos. Tentou concatenar as ideias, dando ordem racional ao *desdobramento*, porém não se interessou em aprofundar o conteúdo da mensagem recebida. Acreditando ser um *missionário* salvador de vidas, perdeu-se na presunção e supôs que fora alguma trama para impressioná-lo. Sentindo-se algo debilitado, em vez de admitir como sendo consequência das suas leviandades, considerou o caso como de origem espiritual, decorrente do sonho desagradável. Recorreu a breves exercícios físicos, olvidando-se da oração, e, prelibando o dia repleto de compromissos promissores, procurou banir da memória as lembranças positivas.

Os demais membros não haviam registrado nada de especial, nem mesmo D. Armênia, que oferecia a instrumentalidade mediúnica ao irmão Vicente nos labores normais da Casa. Como não trabalhara diretamente, as impressões diluíram-se na memória física.

O hábito salutar da oração, da reflexão ao despertar matinal, propicia o conscientizar das ocorrências espirituais durante a noite, de modo a se incorporarem ao patrimônio mental, favorecendo o enriquecimento da emoção.

Inquirido, por mim, a respeito dos registros mentais, Dr. Carneiro de Campos, elucidou:

— A questão que diz respeito à memória, à fixação dos acontecimentos, é bastante complexa. Normalmente, a memória é formada por experiências vivenciadas sob diferentes aspectos: a) por meio dos sentidos, embora não se memorize tudo, havendo uma seleção de aspectos ou conteúdos que mais chamaram a atenção e que permanecem; b) não se gravam as memórias de maneira global, terminante, tornando-se acessíveis ou não, após captadas as informações, sendo mais facilmente evocadas aquelas mais recentes do que as anteriores, dando-se um fenômeno de fixação logo após o seu evento, pela transferência de uma faixa superficial para outra de caráter permanente; c) as memórias podem ampliar-se, acumulando novas informações após os momentos iniciais em que adquiriram as impressões, às vezes por circunstâncias endógenas que têm lugar no organismo, sob a ação da experiência, quais sejam a B-endorfina, a adrenalina e outras; d) as memórias, em si mesmas, são globais e não parciais; os fatores que as trazem à evocação variam e respondem pela sua fragmentação ou inteireza.

"Desse modo, o hábito de registrar convenientemente as informações, por meio da atenção, muito contribui para os resultados positivos. Os demais elementos são de natureza orgânica, encontrando-se no hipocampo e na amígdala.

"A memória tem sido muito estudada, todavia os conhecimentos a respeito dos seus mecanismos permanecem reduzidos, como nos casos do armazenamento das informações, da classificação de tipos, não sendo factíveis de momento as investigações diretas. No entanto, as suas consequências têm sido bem detectadas e catalogadas. O cérebro, onde se arquivam, é o equipamento orgânico de maior complexidade que se conhece, cujas funções múltiplas deslumbram ainda os maiores conhecedores dos seus mecanismos. Não apenas responde pela exteriorização da vida mental, mas é responsável também por quase todas, senão todas as manifestações e ocorrências físicas. Resistente e delicado ao mesmo tempo, é o conjunto eletrônico mais sensível e completo que o homem jamais conheceu."

Após uma pequena pausa para reflexão, continuou:

— Não seja de estranhar que a superstição popular, a princípio, e, mais tarde, larga fatia da sociedade humana passaram a ver nos sonhos em geral prenúncios de acontecimentos futuros, abrindo espaços para os aventureiros que lhes exploram ainda a credulidade. Amplamente estudados por Freud, Jung e pelos psicanalistas em especial, refletem estados íntimos profundos, distúrbios orgânicos, sexuais e outros, sendo também um amplo capítulo para pesquisas pelas Ciências Psicobiofísicas, como o Espiritismo, por englobarem os estados parciais de desdobramento do ser durante o sono natural. Muitos estudiosos, assim como alguns charlatães, organizaram todo um esquema de símbolos para interpretá-los, apresentando significados hipotéticos, sem qualquer sentido de realidade, porém muito do agrado da ingenuidade.

"Não se nega, à luz da Psicanálise, o conteúdo de muitos desses símbolos e sinais, que respondem pela realidade do ser. A conscientização das *memórias espirituais*, dos acontecimentos, na dimensão extrafísica, decorre de disciplinas mentais, morais e do desprendimento paulatino das paixões mais grosseiras, aquelas que entorpecem as percepções do Espírito nos equipamentos orgânicos."

Quando o benfeitor silenciou, pus-me a reflexionar, concluindo, mais uma vez, que o cultivo da vida psíquica exige disciplina e educação mental, de modo a possibilitar a vida em faixas vibratórias compatíveis. Assim sendo, o ser *fisiológico* cede lugar ao *psicológico*, cujas atividades têm preponderância espiritual.

A mediunidade, por isso mesmo, em sua expressão orgânica, é faculdade do Espírito, que se *veste* de células para permitir a exteriorização dos fenômenos de origem espiritual. A sua educação exige, entre outros fatores, a interiorização do indivíduo, silenciando tormentos, para melhor perceber, na interação mente-corpo, o que acontece a sua volta. Sem o equilíbrio psicofísico muito dificilmente se captam corretamente as paisagens e a vida fora da matéria.

A sensibilidade mediúnica encontra-se presente em todas as criaturas que, vez por outra, apresentam pródromos da faculdade, sem maiores consequências. No entanto, a manifestação ostensiva é propriedade somente de alguns organismos, que expressam necessidades do ser reencarnado no processo de evolução. Em razão disso, descortinamos variadíssima gama, assim como graus, da percepção mediúnica.

Acreditamos que, à medida que o homem e a mulher deem atenção às suas faculdades psíquicas, desenvolvendo-as com cuidado e penetrando-as com atenção, desdobrá-las-ão, favorecendo-se para o futuro, quando a mediunidade se tornará normal, deixando a classificação de paranormalidade para se fixar como um *sexto sentido*, qual a denominou o professor Charles Richet.

A criatura humana do futuro será portadora consciente de mais essa percepção, que hoje se lhe apresenta ainda envolta em *mistérios* e superstições, mas que o Espiritismo aclara e conduz com segurança.

Assim pensando, já encontramos generalizadas na sociedade a *telepatia inconsciente*, a *premonição*, a *intuição*, a *clarividência*, entre os fenômenos anímicos, e a obsessão, direta quanto indireta, ensaiando a psicofonia, embora ainda tumultuada.

O processo de evolução é irreversível e a conquista de valores enobrecedores é inevitável. À medida que o ser evolui torna-se menos grotesco, menos material, sutilizando as suas manifestações, que decorrem das aspirações cultivadas.

Retornamos, Fernando e nós, ao lar de Ernestina, onde nos hospedávamos.

Aquele era o dia reservado ao estudo espírita do Evangelho no lar, de alto significado para nossa anfitriã, para os participantes habituais, quanto para nós outros também.

A partir das dezessete horas começaram a chegar os desencarnados amigos, que se associavam ao formoso labor. Procedentes de comunidades diferentes, o ensejo facultava reencontros felizes, conversações agradáveis, intercâmbio de experiências educativas, informações, notícias de familiares e afetos. A ocasião era propiciatória a muitos júbilos, inclusive, em razão das vibrações refazentes que ali se experimentavam. Verdadeiro santuário, o lar era o protótipo dos futuros ninhos domésticos de onde se irradiarão harmonias para a humanidade.

A dimensão física da sala de reuniões desaparecera, cedendo lugar a um espaço amplo e acolhedor, onde quase uma centena de Espíritos podíamos acomodar-nos sem atropelos, embora os encarnados não devessem ultrapassar a vinte.

Às dezenove horas, deram entrada os primeiros sofredores desencarnados, sob carinhoso amparo de familiares zelosos, a fim de que se beneficiassem com a psicosfera reinante, ouvissem os estudos, recebessem as vibrações de paz e ânimo para o despertar, o prosseguir em confiança.

No passado da humanidade, no tempo em que não havia a conscientização lúcida sobre a vida espiritual, onde se encontrassem pessoas para ajudar, os benfeitores se utilizavam dos cultos religiosos, quando se reuniam com unção para orar, ou de lares nos quais a presença de Jesus se fazia constante. Sem dúvida, nem todos os religiosos, assim como seus pastores, eram desonestos, irresponsáveis, tratando-se, muitas vezes, de indivíduos afetuosos, nobres, verdadeiros exemplos de dignidade e exemplificação. Em face da defecção de alguns, não se pode generalizar o conceito negativo contra religiosos e as religiões. É necessário separar uma de outra expressão de vida e de criaturas, de forma que se evitem as confusões e o pessimismo a respeito das doutrinas religiosas, que não dispunham de recursos filosóficos e científicos para promoverem os seus fiéis. Essa tarefa coube à Doutrina Espírita que, não obstante, ao ser praticada, encontra muitas dificuldades e impedimentos. Ocorre que é comum, entre os indivíduos, a tentativa de submeterem as mensagens, que dizem seguir, à própria interpretação, impondo seus caprichos e gerando dissídios, incompatibilizando-se uns contra os outros em tristes espetáculos de exibição do egoísmo.

Vinte horas menos quinze minutos, chegaram educadamente os membros da reunião. Joviais, Ângelo e José apresentavam-se estuantes de alegria. Os amigos aguardavam aquele encontro hebdomadário com certa ansiedade, tais os benefícios que hauriam, assim como os planos que formulavam para as atividades da semana.

À hora convencional, os convidados estavam sentados em torno da mesa, e os Espíritos, igualmente acomodados, aguardavam a abertura do evento.

Dona Apolônia, num gesto de cortesia e distinção, convidou o Dr. Carneiro de Campos a dirigir os serviços espirituais da noite. Acercando-se de Ernestina e inspirando-a com vigor, o amoroso guia induziu-a à oração com palavras simples, porém com elevado teor de sentimentos nobres que a todos nos sensibilizou em ambas as esferas da vida. Logo após, Ângelo foi convidado a abrir casualmente *O evangelho segundo o espiritismo*, de Allan Kardec, no Capítulo VII, item 12, na *Instrução dos espíritos* sobre o *Orgulho e a humildade*, ditada por *Adolfo*, bispo de Argel, em Marmande, 1862.

A página, repassada de sabedoria, convida à reflexão, em serena análise sobre a pobreza moral de espírito nas criaturas, que recebem com efusão o *rico debochado, perdido de corpo e de alma*, dando-se o inverso, quando se trata de pessoa necessitada de carinho e ajuda. Invectiva contra a cupidez, o orgulho, a avareza, e conclama ao equilíbrio, ao despertamento moral. Muito oportuna, faz um estudo sobre as ocorrências do mundo material e do espiritual.

Terminada a leitura, José comentou-a sob visível inspiração, analisando a transitoriedade do corpo e a perenidade do Espírito, demonstrando quanto são vãos os recursos humanos, as glórias terrestres, as ambições materiais. Trouxe à evocação alguns guerreiros temerários e famosos, indivíduos que se celebrizaram pelo poder e fortuna, que o túmulo *consumiu* no olvido, e outros que se engrandeceram pelo amor, pela renúncia, pela abnegação e pelos serviços à humanidade, permanecendo modelos, exemplos dignos de ser seguidos... Conclamou à vivência da Mensagem cristã e espírita, abordando o significado da morte, cujo sentido alcançou a plateia de recém-desencarnados ainda em aturdimento, acenando com as esperanças e certezas da imortalidade.

Logo depois, a palavra foi franqueada, e diversos participantes contribuíram com opiniões e comentários bem urdidos, assim ampliando os conceitos da página.

Ao terminar, foram lidos os nomes dos pacientes recomendados às orações e vibrações de saúde, de paz, de equilíbrio. Os Espíritos visitadores, que se utilizavam do momento para aplicarem energias nos nomeados, dali retirando as forças para transfundi-las nos necessitados, deram início ao seu mister, em atividade ordeira, silenciosa, responsável.

Logo depois, na agradável penumbra que foi propiciada, foram aplicados passes nos presentes e procedeu-se à oração terminal, na qual o mentor, quase incorporando Ernestina, expressou a sua gratidão e a de todos nós ao supremo Doador.

Preservando o silêncio, os convidados transferiram-se de sala para breves conversações, e, pouco a pouco, demandaram os próprios lares, conservando as energias e o conforto assimilados.

Nada de lanches ou festividades que se podem tornar a motivação para o encontro, em detrimento dele mesmo. É necessário entender que a alegria não se deve caracterizar pelas explosões ruidosas de contentamento, nem os júbilos de receber amigos com mesas fartas a qualquer hora... Cada atividade tem o seu momento e o seu próprio significado.

Lentamente os visitantes espirituais voltaram aos seus núcleos, levando os familiares e amigos que trouxeram, despedindo-se de D. Apolônia.

A sala permaneceu sem presenças espirituais de sofredores, no entanto iluminada suavemente e enriquecida pelas vibrações sazonadas.

Alcoolismo e obsessão

Permanecíamos na sede das nossas atividades, após a excelente reunião de estudo evangélico, e comentávamos sobre os valiosos recursos do amor direcionado ao Bem, quando o Dr. Carneiro de Campos explicou:
— As criaturas terrestres aguardam que os governos resolvam os magnos problemas das aflições. Esperam soluções legais, sem dar-se conta daquelas de natureza emocional. Para que a dor desapareça, o único recurso é a transformação moral do ser para melhor, assim ensejando a reforma dos estatutos que mantêm as injustiças sociais e os conflitos que ressumam das reencarnações passadas. Assim sendo, as soluções virão do coração dedicado, alterando as paisagens humanas, graças a uma consciência responsável.

"Observamos esse valor, quando os apóstolos do Bem de todos os matizes se entregam à ação da solidariedade, seja por meio da Ciência ou da Fé, da Arte ou da Caridade, suportando reveses e perseguições, no entanto permanecendo inquebrantáveis nos seus ideais. Enfrentam obstáculos e incompreensões com ânimo, sem ressentimentos, por se colocarem acima das paixões geradas pelo egoísmo. Mesmo quando enfermos ou enfraquecidos no organismo depauperado, prosseguem resolutos e atuantes até o fim. Não descoroçoam na ação, nem se envenenam na emoção desequilibrada."

Relanceando o olhar pela pequena plateia que o escutava, concluiu:

— Necessitamos sempre ter em mente que a posição, a função que se exerça não torna digno aquele que nela se encontra. O fenômeno é contrário, porquanto são o homem e a mulher que a farão correta ou pervertida. As denominadas autoridades, os governantes, são pessoas com as suas conquistas íntimas e os seus prejuízos, assinalando as atitudes com os mesmos. Quando forem justos, os seus atos serão probos e a sua contribuição à sociedade, valiosa.

"As tentativas de trabalhar apenas nos efeitos redundarão improfícuas, senão prejudiciais. Todo o esforço pelo progresso e pela felicidade deve concentrar-se nas causas, portanto na criatura em processo de evolução, promovendo-a, equilibrando-a."

Silenciou, facultando que o assunto fosse ampliado mediante os comentários gerais.

Respirava-se um ambiente de paz, quando se adentrou o irmão Vicente.

Discreto e humilde pediu licença para falar ao mentor que, informado, convidou-nos, a Fernando e a nós, para que os acompanhássemos.

Logo saímos, e ele elucidou-nos que se tratava do esposo de D. Armênia, a abnegada médium por quem se comunicava o dedicado Vicente. Aquele cavalheiro, em razão de vários desajustes emocionais, e mais tarde, acuado por mentes perversas da Erraticidade inferior, sucumbira aderindo aos alcoólicos, tornando-se contínua aflição para a esposa e os filhos. Com facilidade exorbitava dos direitos que se atribuía no lar, transformando-se em severo verdugo da família. Com frequência, quando aturdido pela bebida, era tomado pelos inimigos desencarnados, que se utilizavam do seu desequilíbrio psíquico e emocional para atormentarem a trabalhadora do Bem e, por extensão, os demais membros do clã.

Tudo começara poucas horas atrás, quando ele chegara embriagado, o que já se fizera habitual. Descontrolado, passou a agredir a esposa verbalmente, em razão de encontrá-la desperta, aguardando-o. As acusações multiplicaram-se, descendo a níveis quase insuportáveis, e, porque ela permanecesse silenciosa, ameaçou-a de morte, intentando agredi-la fisicamente.

Convidado diretamente pela médium sofrida, Vicente acorreu em seu socorro, também tentando amparar o tresloucado, que se armara de uma faca e insistia em eliminar-lhe a existência física.

Nesse comenos chegara o filho Alberto, jovem de 22 anos, que se deu conta da gravidade do momento acorrendo em defesa da genitora, que sabia vítima sistemática do marido insano. Os demais irmãos, menores, que despertaram, choravam ao lado da mãe! Mais exaltado, o ébrio avançou contra o filho, blasfemando e ameaçando-o, travando-se então uma luta corporal, na qual o rapaz foi ferido repetidas vezes, tombando exânime no solo. A pobre senhora não teve outra alternativa senão gritar, pedindo socorro e despertando alguns vizinhos, que vieram em seu auxílio. As crianças, em desespero, agarravam-se à mãe aturdida...

Passada a fúria, o quase homicida tombou em uma poltrona, adormecendo profundamente, quando os comparsas desencarnados o deixaram, exausto...

A caminho, o Dr. Carneiro de Campos informou-nos:

— O alcoolismo é um dos maiores inimigos da criatura humana. É de lamentar-se que o seu uso seja tão generalizado e, infelizmente, haja adquirido *status* na sociedade. As reuniões, as celebrações e festividades outras sempre se fazem acompanhar de bebidas alcoólicas, responsáveis por incontáveis danos ao organismo humano, à sociedade. Acidentes terríveis, agressões absurdas, atitudes ignóbeis decorrem do seu uso, além dos vários prejuízos orgânicos, emocionais e mentais que acarretam.

"Verdadeiras legiões de vítimas se movimentam pelas avenidas do mundo, como enxameiam nos campos, permanecem nos tugúrios da miséria ou nas celas sombrias dos cárceres e dos hospitais, apresentando o triste espetáculo da decadência humana. Milhões de lares sofrem os infelizes lances da sua crueldade.

"No inquietante momento em que o uso das drogas é responsabilizado pela vigência de inumeráveis crimes hediondos, e se levantam muitas vozes em protesto, buscando encontrar as causas sociológicas, psicológicas e outras, para explicar a avalanche sempre crescente e assustadora de viciados, urge que se estudem também os problemas do alcoolismo e suas consequências, não menos alarmantes."

Fez um oportuno silêncio, como a sintetizar ideias, e logo expôs:

— O alcoolismo, ou dependência do uso exagerado de bebidas alcoólicas, constitui-se um grave problema médico, em face dos danos que causa ao organismo do indivíduo e ao grupo social no qual este se movimenta. A sua gravidade pode ser considerada pelo número dos internados em hospitais psiquiátricos com desequilíbrios expressivos. As recidivas, após o cuidadoso tratamento, são numerosas, não se considerando que as suas vítimas ultrapassam em grande número as outras toxicomanias.

"Na antiguidade, o uso de bebidas alcoólicas tornou-se comum e quase elegante, caracterizando uma forma de projeção social ou de fuga ante os desafios. Acreditava-se, no passado, que o álcool e seus derivados diminuíam as angústias e tensões, posteriormente se afirmando ou se justificando possuírem *propriedades fisiológicas*, produzindo estímulo e vigor orgânicos.

"O alcoolismo decorre de muitos fatores, entre os quais a personalidade e a tolerância do organismo do paciente, variando com a idade, o sexo, hereditariedade, hábitos e costumes, constituição e disposição orgânica.

"Pode ser resultado de *causas ocasionais, secundárias, psicopáticas e conflituosidade neurótica.*

"Experiências ocasionais, uso após problemas de natureza orgânica e mental — como na epilepsia, na arteriosclerose cerebral —, compulsão pela hereditariedade e o condicionamento após o hábito, resultando na *conflituosidade neurótica.*

"No começo, o indivíduo pode experimentar euforia, dinamismo motor, porém vai perdendo o controle, o senso crítico, tornando-se inconveniente. Com o tempo, surgem outros distúrbios orgânicos, tais as náuseas, os vômitos, a incontinência urinária e, por fim, o sono comatoso, no estado mais avançado.

"À medida que a dependência aumenta e o uso se faz mais frequente, a bebida alcoólica afeta o sistema nervoso, o trato digestivo, o aparelho cardiovascular. As complicações que degeneram em gastrite e cirrose hepática são inevitáveis, levando à morte, qual sucede no câncer do esôfago e do estômago. Do ponto de vista psíquico, o alcoólatra muda completamente o comportamento, e suas reações mentais são alteradas, a começar pelos prejuízos da memória, até culminar no *delirium tremens*, sem retorno ao equilíbrio..."

Novamente silenciando, concluiu:

— O alcoolismo (alcoolofilia) é, portanto, uma enfermidade que exige cuidadoso tratamento psiquiátrico. No entanto, porque ao desencarnar o alcoólatra não morre, permanecendo vitimado pelos vícios, quase sempre busca sintonia com personalidades frágeis ou temperamentos rudes, violentos, na Terra, deles se utilizando em processo obsessivo para dar prosseguimento ao infame consumo do álcool, agora aspirando-lhe os vapores e *beneficiando-se* da ingestão realizada pelo seu parceiro-vítima, que mais rapidamente se exaure. Torna-se uma obsessão muito difícil de ser atendida convenientemente, considerando-se a perfeita identificação de interesses e prazeres entre o *hóspede* e o seu *anfitrião*.

"Desse modo, o infeliz esposo de dona Armênia é um alcoólatra, por enfermidade e obsessão."

Naquele momento adentramos o lar, que se encontrava em desalinho.

Tombado no solo e atendido por um vizinho diligente, estava o rapaz ensanguentado. Aguardava-se uma ambulância, chamada para conduzi-lo ao hospital.

A sala de refeições, onde se travara a luta, apresentava-se desarranjada, com alguns móveis danificados e vidros partidos pelo chão.

O alcoólatra, em sono comatoso, estava arriado em uma poltrona, com a respiração alterada e tremores que lhe sacudiam o corpo com frequência.

Atendida por uma senhora conhecida, a médium chorava, orando mentalmente. Ela dava-se conta da extensão do drama: o filho quase morto e o marido quase louco, ali extenuado.

Nesse ínterim chegou a ambulância e, logo depois, um carro da polícia.

O jovem foi conduzido, incontinente, ao hospital e, após ouvir alguns depoimentos, os dois policiais indagaram de dona Armênia se não seria conveniente internar o marido embriagado, tendo-se em vista a gravidade da ocorrência.

A amiga que a confortava antecipou-se, esclarecendo que as cenas domésticas repetiam-se com muita frequência, perturbando o lar e a vizinhança, acreditando que mais tarde, ao tomar conhecimento do sucedido, ele voltaria à bebida.

O Dr. Carneiro acercou-se da esposa quase hebetada e aplicou-lhe energias dispersivas no *centro cerebral*, liberando-a da constrição psíquica que quase a bloqueava. Depois vitalizou-a nos *centros coronário e cardíaco*, reequilibrando-lhe a circulação e o ritmo respiratório, arrancando-a do amolecimento que a acometera e inspirando-a com vigor na decisão a ser tomada no momento. Ela concordou com o internamento do marido enfermo em hospital psiquiátrico.

A senhora amiga providenciou-lhe um calmante, os vizinhos deixaram a casa, as crianças foram deitar-se e, lentamente, a paz foi tomando o seu curso após os danosos acontecimentos.

Quando amanheceu, nossa amiga deu prosseguimento às atividades normais, pensando em visitar o filho, de imediato, após o que se informaria do esposo.

Desincumbindo-se dos afazeres domésticos em relação aos dois filhos menores, sob a influência do irmão Vicente, que a inspirava, infundindo-lhe ânimo, dona Armênia demandou o hospital do pronto-socorro.

Horas antes, enquanto o sono físico a prostrava, o Dr. Carneiro de Campos *desdobrava-a* parcialmente, acalmando-a durante o testemunho que lhe cumpria experimentar.

A certo momento, enquanto lhe falava, considerava:

— Todos admiramos o estoicismo dos cristãos primitivos, a sua abnegação e a coragem com que entravam na arena, marchando para o martírio. Muitos de nós gostaríamos de viver o holocausto que eles sofreram por amor a Jesus. Preferiam a perda de tudo: dos bens materiais, da liberdade, sendo enviados para exílio ou cárcere, sofrendo o desprezo dos familiares, as perseguições mais sórdidas e os martírios mais cruéis, a morte dolorosa, mas não abjuravam a fé...

"Passaram-se os séculos, alteraram-se os conceitos de vida e os *direitos humanos*, porém os verdadeiros cristãos prosseguem desconsiderados, perseguidos... Mudaram as formas de perseguição, as arenas aumentaram as dimensões físicas, e as feras multiplicaram-se em forma de paixões e vícios devastadores...

"Conjugam-se, hoje como ontem, as *forças do mal*, de um como do outro plano da Vida, em vãs tentativas de apagarem a luz do Bem, agredindo os seus vexilários e mantenedores. Nessa batalha rude, utilizam-se de todos os meios, mesmo os mais venais, descuidados de si mesmos. Não percebem que se tornam, inadvertidamente, infelizes instrumentos das leis, a fim de que resgatemos nossos delitos e mais rápida e facilmente ascendamos."

Após ligeira pausa, adiu:

— Nos lúgubres acontecimentos de há pouco, identificamos a presença de alguns sequazes do *Soberano das Trevas*, que já se encontra receoso das nossas incursões no que acredita serem os seus domínios.

"Confie, filha, e avance tranquila!"

Da prostração que a acometera, carinhosamente assistida, a dedicada médium passou ao repouso refazente, o que lhe propiciou renovação e paz.

Os servidores do Bem devem acostumar-se aos embates normais da vilegiatura carnal, demonstrando a sua irrestrita confiança em Deus e prosseguindo sem desânimo.

Cilada perversa

A amarga experiência sofrida por dona Armênia levou-me a largas conjecturas, que não pude evitar.

Um observador apressado e superficial, diante da ocorrência, informaria que parece haver uma tendência masoquista entre as pessoas portadoras de fé religiosa em se atarem ao sofrimento, transformando a Terra em um *Vale de lágrimas*. A verdade, no entanto, é diversa. O sofrimento decorre do processo de desgaste natural do corpo, das agressões sofridas pelo organismo, da degenerescência celular, dos conflitos emocionais e transtornos mentais... Todos eles — porque os seres que os padecem, em si mesmos ainda somos Espíritos imperfeitos que nos equivocamos — produzem efeitos danosos, de que nos não liberamos senão por meio da dor. Igualmente poder-se-ia lograr o mesmo resultado por meio dos recursos do amor — pela abnegação, devotamento, fraternidade, perdão — o que constituiria um comportamento ideal. Como só raramente elegemos a conduta edificante, somos surpreendidos pela colheita aflitiva que resulta da nossa sementeira anterior, arbitrária e danosa. Quando nos resolvemos pela alteração das atitudes morais, tornando-as saudáveis, eis que o sofrimento baterá em retirada e fruiremos plenitude.

Apesar de ainda se apresentar como *planeta de provas e expiações*, a Terra é uma escola de bênçãos onde aprendemos a desenvolver as aptidões e a aprimorar os valores excelentes dos sentimentos; é também oficina de reparos e correções, com recursos hospitalares à disposição dos pacientes que lhes chegam à economia social. Sem dúvida, é também cárcere para os rebeldes e os violentos, que expungem o desequilíbrio em processo de imobilidade, de alucinação, de limites, resgatando as graves ocorrências que fomentaram e praticaram perturbando-lhe a ordem e a paz.

Some-se a esses fatores a incessante interferência dos desencarnados, predominando a dos enfermos morais e agitados, e será fácil compreender-se a vigência e avalanche das dores entre as criaturas.

Na raiz dos males que desabam sobre os seres humanos, estão presentes o egoísmo — esse câncer cruel do organismo social — a presunção e a ignorância das leis que regem a vida. Prepotentes e rebeldes, porque estagiam nos níveis primários do pensamento e nos patamares sombrios da consciência, os indivíduos dão preferência por direitos que lhes não são devidos, em razão dos deveres que não atendem, ou sequer lhes reconhecem valor. Permitem-se todas as extravagâncias e concessões, revoltando-se quando contrariados ou surpreendidos pela morte, que não os aniquila, porém os reúne em grupos de perturbação, prosseguindo com as vãs tentativas de dominação e poder...

Sendo o mundo físico um pálido reflexo do espiritual, as ocorrências de um refletem-se no outro com a mesma intensidade, em inevitável intercâmbio de ações e reações.

Somente com o estudo cuidadoso do comportamento humano, sob a inspiração do pensamento espírita, particularmente por meio da ótica da reencarnação e da comunicação mediúnica dos Espíritos, o ser pode entender com clareza a vilegiatura carnal, suas implicações, possibilidades e metas.

Desequipado desses preciosos recursos, o observador realiza conclusões inexatas, por deter-se apenas nos efeitos dos acontecimentos, sem haver penetrado as causas mais sutis que, no entanto, exercem predomínio em inúmeras existências.

Naturalmente, enquanto o Dr. Carneiro e Vicente atendiam a médium abnegada, Fernando e nós acompanhávamos o jovem ao tratamento cirúrgico, buscando impedir a interferência dos reais agentes da lamentável agressão. Logo depois vieram os benfeitores, que permaneceram no pronto-socorro, ajudando, inclusive, outros pacientes, já que o amor de Deus luz e ampara todos quantos se lhe fazem receptivos.

Ao despertar, o esposo, agressivo e alcoólatra, vendo-se internado em hospital psiquiátrico, foi informado da ação infeliz que patrocinara, e de que se recordava nebulosa, vagamente, deixando-se resvalar pela revolta, a princípio, depois pelo abatimento físico e moral.

Atendido de emergência e sendo cirurgiado imediatamente, Alberto teve a vida poupada, passando à convalescença algo agitada.

À tarde do dia imediato, dona Armênia teve permissão para visitar o filho, havendo deixado as crianças com a mesma dedicada vizinha que a acudira, logo que ficaram terminados os seus afazeres domésticos.

O encontro entre mãe e filho foi assinalado pelas lágrimas e dores silenciosas.

Após alguns instantes, a genitora interrogou:

— Você já perdoou seu pai, Alberto?

O jovem sorriu canhestramente e respondeu:

— Papai é um doente, mais digno de compaixão e tratamento, que mesmo de perdão...

— Muito bem, meu filho! — redarguiu-lhe a genitora. — Ele já se encontra internado para recuperação da saúde, e confiamos em Deus que, logo mais, o teremos no lar com novas disposições de saúde mental e moral.

Certamente, a cura de um vício, como das graves enfermidades, demanda tempo, cuidados e muito esforço pessoal.

Somando-se a esse problema a interferência obsessiva, a questão se faz mais grave e, portanto, mais demorada, naturalmente, exigindo contínuos contributos especializados, bem como sacrifícios daquele que a padece.

No curso das obsessões, o seu período de fixação é penoso, enraizando-se, as energias deletérias do vingador, nos *centros de força*, perispírito a perispírito, qual planta parasita que se assenhoreia da seiva do seu hospedeiro e lhe rouba a vitalidade, dominando-o.

Habituado ao clima, ora psíquico, ora físico, ou a ambos simultaneamente, o obsidiado raramente resolve-se por uma mudança de comportamento, qual ocorria com o paciente em tela. Após cada carraspana arrependia-se, desculpava-se, fazia promessas, o que constituía uma programação verbal fácil, logo retornando às libações alcoólicas, nas quais sentia prazer.

Dessa última vez, porém, a sua embriaguez extrapolou os limites do tolerável, por pouco não roubando a existência corporal da esposa ou do filho, vitimado por si mesmo e pela Entidade perversa a quem facultava intercâmbio.

Assim sendo, as expectativas de D. Armênia, quanto à saúde do marido, provavelmente não se tornariam realidade imediata após a terapia convencional do hospital psiquiátrico. Ademais, como a polícia fora acionada e houvesse acontecido a cena de sangue, ele necessitaria explicar-se junto às autoridades, logo recuperasse a lucidez e estivesse em condições para depor.

Para a senhora sensível esses fatos constituíam áspera provação. Percebendo que o filho experimentava desconforto motivado pelas dores da agressão, a abnegada genitora recorreu ao auxílio da enfermagem, enquanto orou em silêncio, dominada por grande unção.

Vicente, que a acompanhara até ali, utilizou-se do momento e, unindo-nos em um pensamento de amor, aplicou no paciente energias calmantes e revitalizadoras, levando-o ao sono reparador.

A mãezinha, nada mais podendo fazer, retornou ao lar, evitando visitar o marido, a conselho médico, a fim de dar-lhe tempo para as necessárias reflexões.

Enquanto sucediam esses pormenores, o indigitado obsessor dialogava com amigos da mesma espécie:

— Na próxima oportunidade — blasonava, rilhando os dentes com ferocidade — lograrei êxito, que somente adiei de modo a deliciar-me com as demoradas aflições da família.

Sentindo-se projetado na malta onde se exibia, prosseguiu:

— Temos instruções especiais para a programação dos nossos ataques aos estúrdios *cordeiros* do Evangelho.

E estrugiu ruidosa gargalhada com sarcasmo, ao enunciar a palavra cordeiro, logo dando curso à arenga ridícula:

— Utilizar-nos-emos do relho e da brida, isto é, da violência que irrompe inesperadamente e alcança o alvo, desarvorando a todos e fazendo lavrar o incêndio do ódio, levando tudo a arder. Ou então, sutilmente trabalharemos os seus sentimentos, despertando-os, e estimulando-lhes as áreas da emoção com as quais somos afins, de modo a envolvê-los em bem urdidos planos que fomentam o prazer e logo a desgraça... Conduziremos até eles pessoas licenciosas e sem escrúpulos, que se *fascinarão* com as suas ideias objetivando outros interesses, que trabalharão sob nossa indução até a eclosão de problemas perturbadores, de escândalos ruidosos, de deserções contínuas, minando as bases da sua decantada fraternidade. E não ficaremos aí, porquanto dispomos de tempo e oportunidade para levar adiante esta luta sem quartel, dela saindo vitoriosos.

"O *Soberano das Trevas* superintende pessoalmente este programa para o qual muitos de nós fomos convocados e convenientemente adestrados.

"Não faltará quem acredite, diante da execução do nosso plano, que defronta uma alucinação, fantasias mediúnicas, perturbações e transtornos mentais, o que mais ainda nos ajudará no cumprimento do nosso dever. Quanto mais discussão acalorada, mais dúvidas e suspeitas, mais acusações recíprocas entre eles, os *cordatos*, melhor para nós, pois que contamos com esses resultados.

"A união fortalece, a separação desagrega, como é sabido..."

Ele prosseguiu com doestos e ameaças, enquanto permanecemos em paz, aguardando os futuros acontecimentos. Afinal, o grande desafio da evolução é a forma de enfrentar as dificuldades e superá-las.

Vidas em perigo

O médium Francisco reencarnara-se com atividades estabelecidas, programado para uma existência de renúncia e abnegação, colocado no serviço do intercâmbio espiritual, em razão das inúmeras possibilidades de crescimento interior mediante o bem que viesse a distribuir. Portador de raciocínio claro e mente lúcida, a mediunidade facultava-lhe mais ampla identificação com a vida estuante e imortal.

Graças ao espírito de trabalho, desde quando os fenômenos mediúnicos irromperam, exigindo educação e disciplina, granjeara afeições espontâneas entre os benfeitores espirituais que dele se utilizavam.

Dedicado, hebdomadariamente tornava-se instrumento dúctil para as comunicações, particularmente aquelas que se caracterizavam pelo sofrimento e pela perturbação, sintonizando sem esforço com os Espíritos atormentados e obsessores.

Jovem, possuía uma aura de simpatia que contribuía para ser estimado com facilidade, como também para despertar sentimentos vulgares nas pessoas insensatas e viciosas, acostumadas aos desatinos morais.

No seu mundo íntimo, no entanto, inúmeros conflitos afligiam-no, enquanto ele buscava superá-los no estudo e vivência da Doutrina Espírita. Embora aparentasse calma e segurança, não poucas vezes surpreendia-se agônico, agitado, sob imperativos afligentes que o dilaceravam por dentro. Nessas ocasiões nublava-se-lhe o entendimento, e, como se ardesse entre labaredas, não lograva orar, de modo a restabelecer o equilíbrio, a harmonia.

De certo modo, era-lhe um calvário a viver, qual ocorre com expressivo número de criaturas humanas que jornadeiam no mundo, crucificadas em madeiros invisíveis.

Sucede que o servidor do Evangelho procedia de reencarnações malogradas, especialmente no campo da fé religiosa, onde mais de uma vez se comprometera gravemente. Em ocasião própria, no pretérito, passando como pastor, vinculado ao clero romano, entregara-se a lamentáveis práticas da luxúria e da sensualidade, vivendo largo período de permissividade e hipocrisia.

Utilizando-se da religião, disfarçava as paixões inferiores na sotaina, enquanto explorava moçoilas ingênuas e viúvas angustiadas, que abandonava com indiferença, após saciados os caprichos servis.

Denunciado, várias vezes, conseguia a peso de ouro prosseguir na carreira infeliz, transferido de uma para outra paróquia, onde dava continuidade às práticas perversas e imorais.

A desencarnação surpreendeu-o na meia-idade, facultando-lhe o reencontro com várias das suas vítimas que o aguardavam entre ódios e promessas de vingança.

Reencarnando-se, por interferência de abnegado mentor, volveu ao clero, a fim de reparar e elevar-se, não conseguindo o êxito que dele se esperava. Insensato, deu curso aos disparates morais, aumentando a carga de aflições que o futuro lhe deveria cobrar...

Largo foi o seu trânsito no mundo espiritual entre remorsos sinceros e dores acerbas, até que nova oportunidade lhe foi concedida trazendo a faculdade mediúnica, para ensejar-lhe o apaziguamento com muitos daqueles a quem prejudicara, e que não conseguiram perdoá-lo porquanto se fixaram nas paisagens da agonia e na falsa necessidade do desforço.

Graças à conduta irregular na área sexual, que o corrompera antes, renasceu com dificuldades e limites genésicos, que respondiam pelos tormentos atuais. Frequentemente, ao adormecer, assomavam do seu inconsciente profundo as cenas do passado, as quais lhe produziam pesadelos cruéis que o atormentavam, levando-o a reviver o clima de morbidez que o intoxicara antes. Nesses dias, as aflições tornavam-se-lhe ásperas, levando-o à depressão, à insegurança, ao sofrimento. Naturalmente, cultivando esses sentimentos, sintonizava com os adversários, experimentando angústias de alto porte.

A sua problemática sexual expressava-se em forma de timidez, de insegurança, de complexo de inferioridade... Ninguém lhe conhecia a identidade interior, que resguardava com dignidade, com pudor.

Tivera oportunidade de iniciar-se na tribuna espírita com muito equilíbrio, sendo a sua palavra inspirada recebida com avidez pelo público que acorria a escutá-lo com frequência. À medida que se tornava conhecido, mais pesado ônus íntimo era-lhe exigido.

As pessoas, infelizmente, ainda necessitam de cultivar mitos, por imaturidade psicológica, transferindo para os seus modelos as próprias frustrações, os insucessos, deles exigindo perfeição, poder, grandiosidade, olvidando-se, dessa forma, da humanidade de que todos os indivíduos são constituídos, cobrando-lhes conduta superior às forças, conquistas excepcionais, elevação moral irretorquível... Ao mesmo tempo que os assediam com os seus dramas, recorrem ao seu socorro solicitando privilégios, exigem, fiscalizam, entregam-se-lhes...

Reconhecendo as próprias deficiências, Francisco recolhia-se, evitava o tumulto, as rodas excitantes da frivolidade, acautelava-se.

Pouco a pouco, sua pessoa passou a merecer destaque no Grupo, o que provocou, por outro lado, a reação dos adversários desencarnados, em especial, dos inimigos do Bem.

Convidado a atender enfermos e obsidiados, o médium entregou-se ao labor com espírito de serviço, com a pureza de sentimento exigível.

Não obstante, gentil senhora que lhe recebia a assistência espiritual e a bioenergia, frustrada nas ambições conjugais e insatisfeita consigo mesma, acostumada a uma conduta permissiva em moda, começou a afeiçoar-se ao jovem trabalhador e, sem policiar a distonia moral, terminou por apaixonar-se, tornando-lhe a vida um verdadeiro pandemônio. Telefonava-lhe insistentemente, *adoecia* com o objetivo de ter-lhe a presença, cultivava ideias perturbadoras, envolvia-o com vibrações e pensamentos de lascívia.

A princípio, Francisco se escusou, procurou esclarecê-la, apelou para os deveres familiares a que ela se prendia, sem resultados satisfatórios. Dando campo a vinculações psíquicas levianas, tornou-se tormento incessante para o seareiro espírita.

De tal forma a dama se entregou ao cultivo dos caprichos lúbricos que atraiu terrível obsessor, vinculado ao *Soberano das Trevas*, o qual passou a telecomandá-la, tendo em mente levar adiante a programação daquela Entidade terrível que, por meio da invigilante, pretendia gerar tumulto e desconcerto no Grupo dirigido espiritualmente pelo irmão Vicente.

Dessa forma, sentindo-se gentilmente repelida e aspirando os fluidos tóxicos do comparsa espiritual vingador, transformou a paixão vulgar em meta essencial da existência, chantageando o homem correto, que a recusava... Altas horas da noite telefonava-lhe, ameaçando narrar o que dizia ser seu sofrimento ao marido, suicidando-se depois e inculpando-o.

Aturdido, Francisco resolveu expor o problema ao dirigente da Casa, o amigo Almiro, a fim de receber a orientação da sua experiência humana, o conselho hábil para solucionar o problema em agravamento.

Aguardou ocasião própria e, solicitando ao venerável amigo uma entrevista, apresentou-lhe a situação na qual se via envolvido sem o desejar, ampliando a conversação com a apresentação das próprias dificuldades e sofrimentos.

O bondoso companheiro escutou, emocionado e atento, toda a narração, envolvendo em simpatia e ternura o consulente e companheiro de atividade espírita.

Quando os indivíduos se buscarem com respeito e confiança, apoiando-se uns aos outros, *abrindo o coração*, muitos desares e tragédias poderão ser evitados, ampliando os horizontes da lídima fraternidade, especialmente quando os membros de um mesmo ideal recorrem ao amparo e à inspiração recíproca sob o apoio divino.

Certamente, por essa razão e necessidade, a recomendação de Jesus constitui uma forma de psicoterapia, quando Ele prescreveu: — *Confessai-vos uns aos outros.*

Habituado à oração, que lhe constituía fonte inspiradora, Francisco recolhera-se em prece antes do encontro com o presidente da Casa, a fim de encontrar os recursos hábeis para a exposição das dificuldades que atravessava, sem queixas injustificáveis, nem desculpas dispensáveis.

Teleconduzido pelo abnegado instrutor, buscou ser fiel à verdade dos fatos, relatando-os com franqueza e apresentando os conflitos íntimos, em honesta busca de reconforto e diretriz.

Bom ouvinte, o Sr. Almiro deixou-o exteriorizar as aflições em catarse feliz, após o que passou à orientação compatível.

— Na raiz de todo problema — elucidou, inspirado pelo mentor — encontramos a presença do passado. No ontem situam-se as causas, como sabemos, positivas ou perturbadoras da nossa caminhada no rumo do progresso. Equivocados e renitentes, os devedores nos apresentamos jungidos à canga dos débitos que a imprevidência e a presunção nos levaram a contrair. Particularmente, na área dos conflitos sexuais, assim como da insegurança pessoal com todo o seu séquito de tormentos, enfrentamos o ressumar da intemperança e dos abusos de vária ordem que volvem do pretérito espiritual.

"O apóstolo Paulo, escrevendo aos gálatas, refere que *'Tudo o que o homem semear, isso também ceifará'*,[4] demonstrando a excelência da Justiça divina. Daí resulta que a existência física é uma oportunidade feliz de recomposição, em que o endividado se reedifica interiormente mediante o aproveitamento das horas.

---

[4] GÁLATAS, 6:7.

"Aqueles que se consideram estigmatizados por esta ou aquela limitação sexual estão sob disciplina retificadora dos excessos que antes se exigiram, impondo-se-lhes a necessidade de recuperação do equilíbrio."

Fazendo ligeira pausa, a fim de tornar claro o raciocínio, aduziu:

— Alguns psicoterapeutas, vinculados ao pensamento freudiano, recomendariam de imediato a sua entrega ao prazer, à liberação da libido, ao comércio alucinante do sexo nos intercâmbios heterodoxos ora em voga... Não nos cumpre, porém, censurar-lhes a ótica de observação e avaliação do comportamento do homem que reduzem à simples expressão de *animal sexual*.

"Considerando, no entanto, o ser, na sua totalidade, imortal na sua essência, a visão dos problemas que lhe dizem respeito sofre profunda alteração.

"É certo que a imposição de uma conduta castradora, coibitiva das funções genésicas, atenta contra a própria fisiopsicologia do indivíduo.

"De acordo com o tipo de cada problemática, é indispensável uma solução específica, equivalente, que lhe corresponda. Assim, no campo das funções reprodutoras, a eleição do parceiro pelo amor representa valiosa decisão, que lhe faculta o núcleo familiar no qual se caldearão as expressões da conduta, surgindo o equilíbrio mediante a entrega ao dever, ao amor...

"Noutras expressões da manifestação sexual derivadas do ontem, certamente essas solicitarão a canalização condizente, dirigindo as energias genésicas para os objetivos da beleza, da cultura, da fé religiosa, da ciência, da tecnologia, que também proporcionam a plenitude. A liberação ampla, que facilmente se transforma em comportamento promíscuo, mais aflige e complica o quadro do portador dos conflitos.

"Examinem-se os campeões do prazer, e ver-se-á como se apresentam instáveis, atribulados, insatisfeitos, derrapando nos abismos das drogas, das alucinações variadas...

"É claro que não pretendemos recorrer a imposições puritanistas que ficaram nos dias idos. Somos de parecer que a abstinência, a conduta saudável, mental e física, será sempre o melhor processo psicoterapêutico para a recomposição das paisagens emocionais e morais...

"Eis por que, nas dificuldades em que você se vê envolvido, as atividades bem orientadas têm-lhe constituído meio seguro de autorrealização. Como ninguém consegue transitar, no mundo, em clima de harmonia plena, isto é, sem a presença dos desafios e das aflições, ditosos são aqueles que podem olhar para trás sem anotar deslizes que tornariam a própria situação mais conflitiva, mais tormentosa.

"Dessa forma, por meio da reflexão, você identificará os fatores de perturbação que o aturdem e prosseguirá conduzindo o barco somático de forma equilibrada, embora alguma carência que venha a registrar."

Novamente silenciando, volveu, de imediato, ao esclarecimento:

— A mediunidade é-lhe campo formoso de experiências iluminativas, em cujo aprimoramento suas energias criadoras são utilizadas de maneira eficiente, tranquilizando-o.

"As comunicações mediúnicas exigem o combustível das forças físicas e psíquicas do *instrumento*, a fim de se tornarem factíveis. Prossiga, portanto, superando-se e, na ação do amor ao próximo, transforme lubricidade em afeto, sofreguidão em paz, e vício em virtude. Não raro, o problema tem vinculações com os hábitos mentais incorretos, que desarticulam a emoção. Corrigindo-se o centro de posicionamento das ideias, estas fluirão em harmonia, em paz."

Outra vez, ordenando o pensamento, fez breve intervalo, prosseguindo, inspirado:

— Quanto a irmã enferma e obsessa, fazem-se necessárias redobrada vigilância, oração e decisão imediata de interromper esse nefasto processo.

"Sem dúvida, nossa infeliz cliente se encontra sob indução espiritual perversa. Utilizando-se dos seus hábitos mentais e morais licenciosos, adversários dela como de nós outros açulam-lhe os apetites sexuais, alucinando-a. Porque se permite cultivar as ideias e as aspirações subalternas, encontra-se em faixa psíquica inferior, sendo estimulada à perversão que pouco a pouco a desarvora.

"Enquanto as criaturas não se conscientizarem de que a mente é dínamo gerador de forças, e que, de acordo com a qualidade da onda emitida, nessa frequência se sentirão, o problema em pauta se transformará em tragédia do cotidiano, cada dia mais cruel.

"Esse desbordar de paixões, durante as horas de lucidez, arquiva no subconsciente os clichês dos desejos não fruídos, que ressurgem à hora do repouso físico como sonhos perturbadores, nos quais intercambiam com os Espíritos obsessores.

"Dentre as paixões primitivas que remanescem na criatura humana, os apetites sexuais se tornam os mais terríveis verdugos, cedendo espaço para as fugas espetaculares em variada expressão de vícios. O *plasma* psíquico do sexo da pessoa cobiçada atormenta o inquieto e inconsequente, levando-o à desarmonia e à loucura.

"Somente a decisão forte e consciente para a libertação rompe esse círculo apertado de desejo e insatisfação, de gozo e sede..."

Como se procurasse escutar nos refolhos da alma a palavra do irmão Vicente, que lhe dominava a mente, o Sr. Almiro concluiu:

— Encerre imediatamente esse capítulo triste da sua existência que você não está a desenhar. Colhido pela irmã em desalinho, a quem busca ajudar, use de franqueza sem agressividade e não volte a vê-la.

Como se despertasse para a reflexão decisiva, Francisco interrogou:

— E se, induzida pelo mal que nela reside e pela Entidade má com a qual se homizia psiquicamente, ela vier a suicidar-se?

O Sr. Almiro meditou, manteve-se calmo e redarguiu:

— Seria profundamente lamentável essa ocorrência inditosa para ela, como também para nós todos. No entanto, a opção é dela. A pretexto de auxiliá-la, sem que ela deseje ajudar-se, não é lícito que você se perca e se desequilibre, sabendo, conforme cremos, que você é somente um capricho a mais, um *brinquedo* nas mãos levianas de uma pessoa inconsequente, bem como de Entidades vingativas.

Prosseguiram ainda em comentários cuidadosos quão salutares, despedindo-se com um amplexo fraterno, emocionados, pensando no futuro.

Ocorrência grave

Terminada a entrevista, Francisco recuperou a serenidade e dirigiu-se ao lar, meditando a respeito da conduta que lhe foi proposta em relação à alienada moral, que se lhe fizera dura provação nos últimos tempos.

Portador de grande sensibilidade, embora confiasse na divina ajuda que nunca falta, receava um desfecho trágico, quando tomasse a iniciativa de interromper o intercâmbio nefasto.

Utilizando-me de um momento disponível do amigo Vicente, interroguei-o, objetivando discernir melhor em torno da pendência inquietadora.

— Por que os médiuns — inquiri interessado — normalmente se apresentam portando problemas graves? No caso particular do nosso Francisco, tendo em vista a sua existência correta, por que o desafio que ora o inquieta?

Com serenidade e sabedoria, o bondoso guia esclareceu:

— Não são os médiuns, conforme sabemos, criaturas especiais, destinados à galeria espiritual dos eleitos, como seres venerandos. Normalmente são espíritos muito comprometidos que dispõem das faculdades medianímicas para mais servir, reequilibrando o psiquismo desarmonizado ao impacto das ações incorretas. Vitimados pela consciência culpada, experimentam os conflitos que defluem das atitudes exorbitantes que se permitiram. A faculdade propicia-lhes ajudar aqueles a quem ofenderam e se demoram em aflição, assim como a socorrer indiscriminadamente a todos quantos se lhes acercam em carência de esclarecimento e de segurança. Cada gesto de conforto e toda ação de benemerência diminuem a carga de desares, que se impuseram por meio dos insucessos anteriores, e que se ofereceram antes da reencarnação para expungir.

"Conhecendo que o nosso caro amigo foi irresponsável no comportamento sexual, seduzindo pessoas ingênuas e, logo depois, abandonando-as, sofre hoje limitações na área genésica, que se lhe transformam em terapêutica providencial a fim de servir-lhe de disciplina corretora.

"Como a mediunidade exterioriza energias específicas, que se caracterizam por ondas de simpatia, qual ocorre em diversas áreas humanas — a vinculação do paciente com o seu terapeuta, do cliente com o seu advogado, do servidor com o seu administrador — o que é quase normal, muitas vezes degenera em uniões conflitivas, extraconjugais, sem sentido, produzindo despertamento, após passadas as labaredas da paixão, da dependência emocional, em situações inamistosas, quando não em tragédias lamentáveis.

"Nosso Francisco deverá permanecer com seu *espinho na carne*, transformando as energias criadoras do sexo em construções do Bem e da Caridade."

— Haverá algum vínculo entre a senhora perturbada e o nosso companheiro?

— Não necessariamente — respondeu gentil. — Toda ação se direciona ao equilíbrio cósmico, mantendo-o ou desarticulando-o. Assim sendo, a recuperação dá-se em relação às leis da Vida e não particularmente a cada indivíduo que se sente prejudicado. Eis por que o perdão oferecido pela vítima a ela mesma proporciona maior bem, porquanto, desvinculando-se do ressentimento gerador de muitos distúrbios, o ofensor, mesmo desculpado, permanece devedor, até o momento em que resgate o mal que praticou.

"Assim sendo, ocorrem fenômenos negativos, nos quais acontecimentos de vária ordem se transformam em títulos de cobrança, que solvem os comprometidos que se lhes submetem às injunções liberativas.

"Nossa irmã é *acidente* natural de *percurso*, utilizada por mentes desencarnadas, que a manipulam nos quadros da sua leviandade e que pretendem dificultar o ministério do médium criando perturbação e desídia em nossa Casa, fiéis ao programa de desafio e agressão a que se propõe o Chefe, como sabemos.

"Indiretamente ela se elege cobradora, desnecessária à lei de harmonia, tornando-se, por sua vez, vítima da própria luxúria. Se se mantivesse em outro campo de conduta moral, provavelmente se sentiria tocada pela simpatia do jovem, transformando-a em amizade enriquecedora em vez de aflição degenerativa, o que lhe faculta sintonizar com o comparsa desencarnado."

— Haverá — voltei a indagar — perigo de uma ocorrência suicida, conforme a sua ameaça com extravagante caráter de chantagem?

— É imprevisível — ripostou meditativo. — As criaturas insensatas reagem quando deveriam agir, assumem posturas, quando contrariadas, as mais extravagantes, porque são acionadas pelos instintos, abandonando as diretrizes da razão. Não obstante, estaremos buscando auxiliá-la com os recursos ao nosso alcance, interessados como nos encontramos em ajudar a todos, porém, não podemos violentar o livre-arbítrio de criatura nenhuma. Quem pretende ascender, facilmente recebe ajuda para erguer-se; da mesma forma, aquele que prefere os pauis, com igual liberdade ali se demora. A decisão, portanto, é de cada pessoa, conforme as luzes do discernimento que possua.

Silenciou por momentos e, mudando a entonação de voz, propôs-me:

— Visitemos a nossa querida irmã Raulinda.

O trânsito, da Casa Espírita até a residência da médium instável e duvidosa, sucedeu em tranquila reflexão de nós ambos.

A noite respirava paz, e os passantes eram escassos no bairro da cidade grande.

Quando chegamos ao quarto da moça, nos deparamos com uma cena inesperada. Tomada de compulsivo pranto, apresentava-se agitada e envolta em densas vibrações de sensualidade. O seu adversário, desencarnado, agredia-a com inusitada violência, blasfemando, acusando-a...

O irmão Vicente, que certamente conhecia a longa trajetória de ambos litigantes, explicou-nos:

— Conforme já conversamos, Raulinda debate-se no conflito acerca da sua problemática de saúde, buscando entender-lhe a gênese, se de natureza fisiológica ou mediúnica. Tratando-se com um esculápio de formação moral vulgar, este incutiu-lhe na mente que a sua enfermidade possui raízes histéricas, e que somente por meio do relacionamento sexual poderia ser solucionada. Acostumado à sedução, e percebendo a insegurança, a inquietação da cliente, vem encaminhando todas as conversações nesse sentido, candidatando-se, ele próprio, à solução. Casado e pai de família, porém leviano e inescrupuloso, hipnotizou-a com a orientação e hoje, em pleno consultório, consumou a *terapia* aviltante... Passado o momento do enlevo e da sedução, ei-la que tomou consciência da invigilância e arrependeu-se, tardiamente.

"Como o caro Miranda se recorda, temos tentado auxiliá-la com esforço e intensidade de amor em várias oportunidades.

"O matrimônio estava na pauta da sua reencarnação, a fim de que o adversário desencarnado lhe voltasse aos braços na condição de filho, para que o amor santificado resgatasse a loucura do passado.

"Desatenta e apressada, resolveu aceitar as propostas infames do médico e, conforme o imperativo das leis soberanas, tornar-se-á mãe...

"Colhido pelo inesperado, e atraído pelo fenômeno biológico da fecundação, o seu inimigo percebe que se encontra já imanado ao *ovo*, em razão de haver-se vinculado ao gameta masculino mediante o processo automático do renascimento.

"Essa a razão do seu desespero e agressividade ora exacerbados. Tombou nas malhas magnéticas da própria armadilha. O que aconteceria por amor, a imprevidência produziu pela violência.

"Nossa presença aqui, neste momento, objetiva diminuir as cargas de perturbação, que poderão crescer, levando nossa Raulinda, desgostosa, a uma decisão mais hedionda, qual o suicídio, por dar-se conta da gravidade do acontecimento, não se encontrando com as resistências morais hábeis para suportar os efeitos do gesto impensado.

"Oremos."

A irreflexão é responsável por muitos males que afligem o ser humano, que passa a sofrer danos que não se encontram programados na sua ficha cármica. Fatalmente destinado à plenitude, a sua jornada é feita, etapa a etapa, mediante o livre-arbítrio, que se torna o excelente direcionador do destino. Quando a opção é correta acelera a marcha, e quando é equivocada retarda-a, aprendendo, pela metodologia da reeducação, a discernir o que deve fazer e como realizá-lo, passando a agir com acerto. Não obstante, quando gera dificuldades para si mesmo, sofrendo-as com resignação e amor, elas se lhe tornam elementos vitais para a libertação.

Raulinda, deixando-se fragilizar pela dúvida acerca das questões espirituais e estimulada pelo passado à preservação das paixões primitivas, permitiu-se tombar na cilada da insensatez.

A ilusão do prazer sexual, no entanto, sem o amor que lhe dá harmonia, é qual incêndio voraz, sempre fugaz e destruidor... O ser desperta dele insatisfeito, sob a carga dos efeitos que lhe cumpre, então, conduzir, amargando reflexões e, às vezes, revolta contra si mesmo.

Certamente, o médico leviano jamais assumiria a paternidade, justificando-se e acusando-a, transferindo a responsabilidade para outrem, como de hábito acontece.

É comum a queixa sobre a não proteção divina àqueles que sofrem. Esta, porém, jamais falta, chegando sempre antes da consumação do mal. Entretanto, quando a invigilância desencadeia o drama, torna-se mais difícil deter-lhe o volume, que é resultado das ações irregulares do início.

O caso Raulinda encaixava-se na tese da proteção superior. Não lhe faltaram demonstrações de afetividade de ambos os planos da vida, as evidências da imortalidade, da interferência mediúnica na sua existência. Optou, no entanto, espontaneamente, pelo sinuoso caminho dos sofrimentos, que a poderão beneficiar caso os aceite com elevação moral, mas que não estavam delineados conforme passaria a vivê-los a partir daquele momento.

Nesse comenos, observei a concentração do irmão Vicente no adversário espiritual da nossa amiga e, acurando a atenção, pude também captar o que se passava. O inimigo sentindo-se *aprisionado* pelo zigoto, que dava continuidade ao fenômeno da mitose celular, esbravejava, tentando, mentalmente, romper o vínculo magnético entre ele e o futuro corpo somático, para produzir a anulação da vida física... Impossibilitado, começou a agir psiquicamente no comportamento da paciente, aumentando-lhe o arrependimento, exprobrando-lhe a conduta, induzindo-a ao suicídio como solução para a desonra a que se entregara. Interferindo nas tardias reflexões da moça, ampliava-lhe o pavor a respeito do futuro, das dificuldades no lar que desrespeitara, desconsiderando a confiança dos pais e desse modo, ameaçando-a, atemorizava-a mais, afirmando: — Serei teu filho, sem o desejar. Cobrarei, nos teus braços, o que me deves...

Como se irrompesse um vulcão, Raulinda, ouvindo-o e desarvorando-se, ia precipitar-se porta afora, a gritar, quando o amigo Vicente começou a libertá-la das energias perniciosas que a envolviam, após o que lhe aplicou reforço magnético de calma e confiança, levando-a a um torpor benéfico como efeito da exaustão dos acontecimentos de alto porte emocional. De imediato, passou a interferir no processo da reencarnação do aturdido Espírito, que se não dava conta daqueles sucessos e experimentava os primeiros choques, resultantes da imantação ao ovo.

Nesse ínterim, deu entrada no recinto uma Entidade de aspecto hediondo que ao nos encontrar deteve-se a regular distância e, após ligeiro diálogo com o pré-reencarnante dominado por incontida fúria, afastou-se blasonando desforço e providências severas que seriam tomadas pelo *Soberano das Trevas*.

O benfeitor espiritual, muito sereno, esclareceu-me a perplexidade:

— Miranda — falou-me atencioso — na ocorrência que acompanhamos podemos anotar inúmeros fenômenos, todos filhos do desequilíbrio humano e da ligeireza da fé religiosa quando não se estrutura na razão, fixando-se no comportamento.

"Não pretendemos, com isso, censurar a conduta da nossa Raulinda. Os nossos comentários objetivam propiciar-nos reflexões profundas. De início, desde os momentos que precederam à sua opção pela autoentrega ao desfrutador inescrupuloso, a nossa amiga não recorreu à oração, à comunhão com Deus, tornando-se acessível à inspiração superior. Deixando-se perturbar pelos apetites sexuais, não lhe ocorreu, sequer uma vez, a providência da prece, que por certo a acalmaria, ajudando-a a discernir melhor. Continuando o desalinho do comportamento mental, mesmo arrependida não pensou no recurso da comunhão psíquica com o Pai, o que facilitou, na faixa vibratória em que permaneceu, a presença do adversário estimulando-a e, por sua vez, sendo vítima da própria trama.

"A oração faculta claridade mental, ampliando a capacidade do entendimento e acalmando as ansiedades do coração. No entanto, são poucos aqueles que a buscam nos momentos próprios e se deixam impregnar pelas suas dúlcidas vibrações."

Após uma pausa natural, continuou solícito, compreendendo a minha necessidade de aprendizado:

— A cena que teve lugar no consultório médico foi brutal, sem qualquer envolvimento afetivo. O explorador da ingenuidade alheia, sem qualquer emoção, era apenas a sensação animal em busca de resposta. Iludida e inexperiente, a jovem deixou-se arrastar pelos estímulos vulgares, tornando-se objeto de uso, sem nenhuma consideração. Não houve tempo para recuar, porque as chamas das paixões infrenes são vorazes...

"Passados os primeiros momentos do conúbio, o constrangimento, a frustração e o choque fizeram-na fugir de retorno ao lar. Sofrerá, agora e mais tarde, o desencanto em torno do relacionamento afetivo, trazendo um conflito que a atormentará, mas que poderia ter sido evitado.

"Sintonizando mentalmente com o *Soberano das Trevas*, o enleado nos fluidos da próxima reencarnação pediu socorro, vindo vê-lo um dos emissários do terrível chefe, conforme acompanhamos. Prevendo a ocorrência, foi que cuidamos de mais imantá-lo ao futuro corpo, evitando a interrupção da gestação em começo. Poderia parecer que, talvez, fosse o fracasso do tentame reencarnacionista a melhor solução para Raulinda. Entretanto, se tal acontecesse, permaneceria a pugna obsessiva com menor possibilidade de futuro próximo, renascimento, em razão do repúdio que lhe irá crescendo no íntimo em referência a novas experiências sexuais...

"Agora cumpre-nos confiar em Deus e acompanhar pacientemente os acontecimentos, procurando auxiliar com bondade sempre.

"Retornemos à nossa Casa, porquanto aqui nada mais nos resta fazer."

A mente esfervilhava de interrogações e reflexões sobre comportamento e fé religiosa, conduta e dever, ação e equilíbrio, porém respeitei o silêncio do amigo e acompanhei-o meditativo. Havia lições profundas e inumeráveis para assimilar.

Socorros de emergência

Retornando ao centro das nossas atividades, encontramos Dr. Carneiro e Fernando, que se ausentaram antes para labores pertinentes a socorro dispensando ao médium Davi, para quem todas as exortações dirigidas permaneciam propositadamente ignoradas, comprometendo-se cada vez mais com a simonia, a sensualidade e os alcoólicos que passaram a fazer parte do cardápio das lautas refeições que lhe eram oferecidas... De tal forma irregular se lhe tomara a conduta, que o próprio Dr. Hermann compreendeu a dimensão do desequilíbrio do seu pupilo e médium. Não poucas vezes advertira-o, sem conseguir os resultados esperados.

A descida aos porões do erro sempre faculta acesso à marginalidade nas sombras morais.

Aquele que se corrompe, intoxicando-se com os vapores do triunfo ilusório, torna-se soberbo, passando a ver o mundo por meio de lentes distorcidas, de forma a preservar os hábitos licenciosos, equivocados.

Nesse descaminho do homem alucinado, Adelaide, a esposa, igualmente invigilante, cooperava com a sua venalidade e ambição desmedida, estimulando-o a aplicar o tempo sob vultosas recompensas materiais. Estranhava-lhe, de certo modo, o comportamento no relacionamento íntimo e suspeitava a respeito de aventuras extraconjugais. Quando o seu ciúme o acoimava gerando discussões frequentes, ele silenciava-a mediante presentes caros, que resultavam do comércio nefário das faculdades mediúnicas.

Diante da gravidade do problema, o Dr. Hermann, antes reacionário à presença do Dr. Carneiro no cenário das suas atividades, recorreu-lhe à orientação, à ajuda, razão por que o venerando amigo e Fernando voltaram a acompanhar os atendimentos na novel sociedade que o médium criara, após afastar-se da Casa Espírita, ali encontrando o irmão Ernesto, igualmente preocupado com o desenrolar dos fatos.

Inamistoso e arrogante em relação aos doentes pobres e malvestidos, que rotulava de *questões cármicas*, qual se a problemática na área da saúde dos ricos também não o fosse, Davi montara um esquema de pessoas ambiciosas, que passaram a assessorá-lo, explorando os incautos nos espetáculos que produzia.

A mediunidade responsável jamais subirá aos palcos, estabeleceu o nobre codificador do Espiritismo, sem consequências funestas para aquele que se deixa arrastar pelo sensacionalismo, pela audácia.

Sem a presença dos Espíritos não ocorre o fenômeno mediúnico, e, como os nobres não se submetem a tal ridículo, não faltam os levianos e maus que se comprazem com essas excêntricas demonstrações espetaculosas, normalmente resultando, em face do mau uso, em suspensão ou perda da faculdade.

O padrão vibratório do psiquismo de Davi se tornara tão instável e inferior, que a comunicação do médico-cirurgião fazia-se agora penosa para ambos, entre espasmos e ritos nervosos, a fim de ser conseguida a sintonia, o acoplamento perispiritual.

Vigiado pelo sicário enviado do *Soberano das Trevas* e estimulado ao prosseguimento dos disparates comprometedores, por diversas vezes deu acesso à comunicação de hábil mistificador, que se passava pelo diligente esculápio benfeitor, ludibriando os aficionados desatentos e fascinados que transitavam na mesma faixa moral e psíquica.

Logo depois começaram os insucessos, principalmente por meio de aplicação de antibióticos, quando terminadas as cirurgias, as quais passaram a provocar dores nos pacientes.

Sucede que o desgaste das energias genésicas de Davi nas noitadas de prazer vil, encharcando o perispírito de vibrações perniciosas, produzia a neutralização do conteúdo anestésico dos seus fluidos, diluindo igualmente, mais tarde a ação bactericida, mesmo quando outros benfeitores espirituais tentavam intervir para manter a assepsia, retirar a dor...

Alguns desses amigos desencarnados ainda permaneciam auxiliando, por amor, os clientes ingênuos e confiantes que oravam, suplicando o apoio da Divindade nos cometimentos a que se iam submeter quando ali chegavam.

O médium, sob terrível indução obsessiva, no entanto, continuava a descida no rumo das paisagens lúgubres.

Sem saber como o que mais fazer, o Dr. Hermann buscou apoio e diretriz, interrogando qual providência seria tomada: se a interrupção ou a supressão da faculdade, a fim de evitar o tombo final na loucura moral.

O sábio instrutor, após acompanhar a nova e infeliz fase de Davi, estabeleceu que as providências socorristas não cessariam, mas que em razão da eleição do médium pelos comparsas inditosos, já lhe definira o calvário. Sugeriu então ao Dr. Hermann acompanhá-lo, aguardando quaisquer momentos favoráveis para inspirá-lo, porém, não mais se comunicando, desde que, mediante as afinidades de gostos e interesses, ele fora substituído lamentavelmente pelo adversário, que iria lançar o medianeiro invigilante e presunçoso no caos para o doloroso despertar...

Davi, em razão da mudança de comportamento, passou a ter grande aptidão para fazer inimigos. Sempre de mau humor, exteriorizando cansaço e azedume, somente se sentia estimulado e jovial quando a sua corte o cercava de bajulação, e jovens mulheres, igualmente irresponsáveis, adredemente contratadas, apresentavam-se para as orgias nos hotéis e bordéis da moda.

Podia-se, na decadência moral do homem imprevidente, encontrar algumas das regras propostas pelo *Soberano das Trevas*, que lograriam corromper os indivíduos que se lhes fizessem alvo de cuidados e obstinado interesse destrutivo. Essa técnica, ele assegurava, é mais valiosa, porque mais sutil e apetecível do que a perseguição desenfreada.

"Deseja conhecer alguém?" — expusera cínico, oportunamente — "conceda-lhe liberdade, poder, fortuna! Depois retirem-lhe tudo, caso ele não tombe na primeira fase. Não foi assim que Satanás *provou* a Deus que Jó não o amava, apenas desfrutava de tudo quanto lhe fora concedido?"

Em realidade, a narrativa sobre Jó apresenta-o em três fases distintas: na abundância com alegria, na miséria com revolta e, por fim, na fartura multiplicada, após o arrependimento, agora com louvor.

De certo modo, a opulência nos fracos morais torna-os avaros, indiferentes, soberbos, assim como a miséria os faz agressivos e impiedosos, violentos e perversos. Nos indivíduos moralmente fortes, uma como outra circunstância não lhes altera a conduta, conforme expressou o apóstolo Paulo: "*Sei estar abatido, e sei também ter abundância; em toda a maneira, e em todas as coisas, estou instruído, tanto a ter fartura como a ter fome; tanto a ter abundância como a padecer o necessário.*"[5]

Alguém que alcança esse nível de equilíbrio é imbatível, qual ocorreu com o incomparável servidor de Jesus, que permaneceu sempre o mesmo, desde que se conscientizou da responsabilidade que lhe cumpria realizar, como divulgador e exemplo do Evangelho.

No exercício da mediunidade iluminada pelo Espiritismo, a renúncia aos destaques e às glórias humanas, a humildade natural, espontânea, a ação no bem, a gratuidade dos seus serviços, a honradez e seriedade moral constituem características essenciais

---

[5] Filipenses, 4:12.

ao bom servidor. Convidado o médium à autorreparação, à autoiluminação, a sua meta não são os bens que deixa ao desencarnar, mas os valores íntimos que sempre conduzirá. Enganam-se todos aqueles que fazem o contrário, ou estimulam, apoiam a insensatez, a ambição, a vaidade dos médiuns, tornando-se-lhes verdadeiros inimigos do crescimento espiritual e moral, mesmo que seu desejo seja outro.

Não fazemos apologia do sofrimento, no entanto não podemos igualmente ignorar os benefícios que ele proporciona, quando compreendido e enfrentado com elevação, com sentimentos nobres.

Na conversação que mantivemos com Fernando, a respeito de Davi em perigo, o amigo relatou-me as dificuldades morais em que o mesmo se encontrava, a par da cilada que estava sendo urdida para pôr-lhe fim ao ministério, criando uma situação embaraçosa para os seus amigos e, de certo modo canhestra, para o bom nome do Espiritismo.

Como, porém, os escândalos são de breve duração, logo sucedidos por outros, e a memória terrestre é curta, os danos que o insucesso trágico pudesse causar não seriam de grande monta.

Utilizando-se da psicosfera da Casa Espírita, o irmão Ernesto e o Dr. Hermann pretendiam trazê-lo, ainda naquela madrugada, para um diálogo oportuno e sério, como última tentativa para despertá-lo, após o que, por livre opção, caso não aceitasse os alvitres, ficaria entregue a si próprio.

Para a consumação do plano, nosso mentor iria consultar o diretor da Instituição, o irmão Vicente, pedindo-lhe licença para usar as instalações físicas e espirituais do recinto dedicado aos labores mediúnicos, em face das suas defesas contra quaisquer agressões porventura premeditadas.

Para o projeto que fora proposto pelo irmão Ernesto, guia espiritual de Davi, as providências estavam em curso com cuidados especiais.

Pude perceber no companheiro, que me narrou a próxima programação, inusitada preocupação, pois que ele sabia da complexidade do caso, por envolver interesses do chefe mongol, desejoso de desarticular as elevadas tarefas de libertação que cabe ao Espiritismo em relação às criaturas humanas, influenciando a sociedade do futuro na sua grande transformação, quando o planeta passará à condição de *mundo de regeneração*. Os Espíritos que o habitarão, nessa oportunidade, já não serão inferiores, por haverem superado os instintos mais grosseiros e as paixões vis.

Contra essa fatalidade evolutiva se obstinam, ainda, os Espíritos perversos, exploradores das energias dos homens que permanecem vinculados aos prazeres asselvajados, em vampirismos cruéis, caracterizando a dualidade do Bem e do Mal em luta.

Ora, o mal são os estados primitivos que conspiram contra a libertação do ser, os quais, não tendo existência real, são, portanto, de duração efêmera, porque Deus é o Bem Infinito...

Todavia, esse combate constitui meta prioritária da ignorância que predomina nas consciências obscurecidas, adormecidas para as altas percepções das finalidades essenciais da vida.

Quando o Dr. Carneiro nos convidou para seguirmos à sala das atividades mediúnicas, o relógio assinalava duas horas e vinte minutos, estando a reunião programada para daí a dez minutos.

Diversos trabalhadores de nosso plano encontravam-se a postos, circunspectos, embora tranquilos. É que a confiança irrestrita em Deus convida à harmonia, mas também à responsabilidade.

Enquanto aguardávamos a chegada dos participantes da atividade em pauta, Fernando acercou-se-me, e gentilmente entreteceu considerações valiosas.

— Quando as criaturas encarnadas — esclareceu — buscarem sintonizar conscientemente com as Esferas Superiores da Vida, muitos dos problemas que as angustiam serão solucionados, porquanto, ao retornarem ao corpo físico após a comunicação com os seus guias e protetores, guardarão lucidez da convivência e das instruções que receberam. Normalmente, mesmo entre aqueles que se dedicam aos estudos parapsíquicos e mediúnicos, embora se considerem espiritualistas e espiritistas, o comportamento é vinculado aos estratagemas e disfarces do materialismo.

Socorros de emergência

A incerteza da interdependência do Espírito ao corpo, o atavismo religioso mediante o qual inúmeros crentes aceitam o céu, porém preferem desfrutar a Terra, fazem que ao despertarem, em vez de intentarem recompor as peças das lembranças, atirem-nas ao calabouço sombrio do esquecimento, informando tratar-se de sonhos, e, dessa forma, não merecendo consideração. Outros apelam para as explicações psicanalistas, bastante valiosas, mas não únicas, ou nem sempre convincentes.

"A experiência que iremos viver ficará impressa nos painéis da consciência de Davi, qual ocorrerá com outros companheiros. Dependerão os resultados da interpretação que lhes deem, a qual lhes influenciará o comportamento a partir de então.

"O exercício correto da mediunidade, a vivência dinâmica dos postulados espíritas constituem recursos preciosos para o trânsito seguro e lúcido entre as esferas física e espiritual."

Ernesto e o Dr. Hermann deram entrada no recinto, conduzindo o médium adormecido, que exalava odores pestilentos, resultado das libações alcoólicas e dos excessos sexuais. Imantado ao seu perispírito, identificamos um ser amorfo, lânguido, desagradável, que se apresentava igualmente intoxicado.

Em face das interrogações mudas que eu formulava, Fernando veio, presto, em meu socorro e elucidou-me:

— Trata-se de Entidade viciada em bebidas alcoólicas e sexo promíscuo que o companheiro encontrou num dos recintos de luxúria e com quem se afinou. A marcha do amigo em declive é dolorosa...

Não pôde prosseguir, porque, nesse momento, adentrou, teleconduzido pelo irmão Vicente, o mistificador que ora se fazia passar pelo Dr. Hermann nas cirurgias mediúnicas. Golpeando o ar com gestos de extremada violência, agredia verbalmente Deus, os Espíritos nobres, a Vida...

A alucinação do ser o faz recuar psiquicamente aos períodos primários da evolução, quando o seu pensamento é primitivo, fisiológico...

Visivelmente adormecidos foram trazidos, também, o Sr. Almiro, D. Armênia, Leonardo e Francisco, por abnegados cooperadores da nossa esfera de ação. Após serem colocados à mesa, foram-lhes aplicados recursos magnéticos de dispersão fluídica, despertando-os gentilmente. Habituados aos misteres mediúnicos, não tiveram relutância nem dificuldade para readquirirem a lucidez, dispondo-se, sem mais amplas explicações, para o labor.

O Dr. Carneiro foi convidado para assumir a direção do trabalho.

Não obstante a irritação do adversário de Davi e de outros Espíritos trazidos à atividade, pairava no ambiente uma psicosfera de confiança e de paz.

Ante o silêncio e a agradável expectativa geral, o médico baiano, tomado por grande unção, exorou a Deus:

Pai Misericordioso!

Criastes-nos com a destinação do Bem, reservando-nos a plenitude futura, que conquistaremos a esforço próprio sob vossa inspiração.

Ensejastes-nos a razão, a fim de podermos discernir com acerto os meios e requisitos para a vitória sobre nós mesmos.

Concedestes-nos a consciência, na qual inscrevestes vossas leis, de modo a conduzir-nos no imo das percepções.

Enviastes-nos missionários do amor e da sabedoria, a fim de que nos ensinassem o caminho e os meios de conhecer-vos.

Oferecestes-nos Jesus Cristo como modelo e guia, de forma que não pudéssemos equivocar-nos sob justificativas irreais.

Não obstante tantas dádivas, temos preferido a marcha sinuosa, os caminhos do egoísmo e a manutenção das tendências primárias.

Poucos têm conseguido libertação, trabalhando-se e autoiluminando-se.

A expressiva maioria ainda permanece na retaguarda do progresso, em teimosa rebeldia, em terrível ignorância, em rude carência, por opção própria.
Apiedai-vos de nós!
Nesta madrugada, que simboliza dia novo em vitória sobre a noite densa, ajudai-nos a esclarecer e a encaminhar-vos os companheiros que teimam na irresponsabilidade e parecem comprazer-se na ignorância, na rebeldia.
Reconhecendo as nossas limitações, apelamos para a vossa magnanimidade e compaixão.
Iluminai nosso caminho, Supremo Pai, e conduzi--nos em paz!

Ao silenciar, vibrações suaves invadiam o recinto, envolvendo-nos em agradável sensação de paz.

O Dr. Carneiro acercou-se de Davi, e, auxiliado por Ernesto, utilizando-se de recursos especiais, despertou-o, deslocando o vampirizador desencarnado, que, a ele acoplado, explorava-lhe e roubava-lhe preciosas energias.

A Entidade foi deitada em maca, adredemente colocada sobre uma mesa na sala, enquanto o sensitivo, relanceando o olhar em volta, não teve dificuldade em dar-se conta da ocorrência em desdobramento, apesar de encontrar-se ainda um pouco entorpecido. O irmão Ernesto explicou-lhe em rápidas palavras o objetivo da reunião especial.

Logo depois, o indigitado sequaz das Trevas foi conduzido ao psiquismo da Sra. Armênia, e o vimos quase fundir-se, perispírito a perispírito, na médium abnegada que lhe cedeu o campo de energias para a comunicação violenta.

Sem delongas, deblaterou:

— Que pretendem comigo? Eu sou apenas um funcionário modesto, agindo no programa de preservação da Terra. Admiro--me que os não violentos, os discípulos do *Cordeiro* se utilizem da violência para atingirem os seus objetivos nefastos."

O Dr. Carneiro inspirou o Sr. Almiro que, telecomandado, respondeu com afabilidade:

— Pretendemos esclarecê-lo, libertá-lo de você mesmo, daqueles que o exploram na ignorância e o subjugam na perversidade. Não temos nada contra o amigo, somente a favor. E desde que se trata de um *funcionário*, esperamos, oportunamente, dialogar com o seu Chefe. Igualmente não nos estamos utilizando da força, mas da lei natural, que estabelece ligações por afinidades. Como o amigo permanece mentindo por meio do médium Davi, que lhe concede *hospedagem* psíquica, trazendo o sensitivo, igualmente o conduzimos.

— Esse farsante não escapará — alardeou irritado. — Poremos fim à sua exploração. Qualquer providência agora é tardia. Ele — e apontou o médium surpreso — não nos escapará, repito, pois que optou espontaneamente por nós, concedendo-nos guarida e expulsando vocês. Não é verdade?

— A verdade, meu amigo, apresenta-se sob vários aspectos: a sua, a minha e a legítima, que nem sempre detectamos. Por isso mesmo, pior do que a mentira são as meias-verdades, que apregoamos como únicas. Pelo seu ângulo de observação, o raciocínio parecerá correto, embora totalmente falso.

Não era farsante o nosso comum irmão Davi, até que, vitimado pelas imperfeições que não vigiou, nem corrigiu, passou a sintonizar com você e outros semelhantes, tornando-se, a partir desse momento, desequilibrado e incorreto. O fenômeno prossegue verdadeiro, a qualidade, sim, é negativa, porque o agente do mesmo é inferior... Explorador, o pobre médium o é, havendo derrapado nos crimes da simonia e da usurpação de valores que, legitimamente, não lhe pertencem, mas que deixará, qual acontece com tudo que seja material.

"Quanto a providências tardias, a alegação também é falsa, porque jamais faltaram admoestações, chamamentos, lições e diretrizes ao invigilante companheiro. Não há muito, em reunião equivalente, foi-lhe levantada parcialmente a cortina do passado, liberando-lhe lembranças esquecidas.

"Infelizmente, no desequilíbrio que ora o domina, ele optou pela sua e outras companhias menos felizes, o que lamentamos. Agora nos reunimos aqui para corrigir, esclarecendo o amigo, a fim de que mude de campo moral vibratório e Davi retorne ao culto dos deveres para o bem dele mesmo.

"Observe que a única realidade existente é Deus, Causa do universo e de tudo. Como fugir-lhe à presença, refugiando-se na fragilidade da violência? Acompanhe, por um momento mental, a força real das leis universais, no macro e no microcosmo. Dar-se-à conta, então, do absurdo que é a sua e a rebelião de outros pigmeus, que se revestem de fortes e esmagadores dos mais ignorantes, dos mais débeis.

"Dizemos-lhe: aproveite este momento para mudar de diretriz, porque, depois, será tarde demais... O que agora lhe constituirá pequeno esforço, mais tarde impor-lhe-á pesado ônus."

— Não me arrependo do que faço e prosseguirei usando-o até o momento da consumação do nosso plano.

— Qual plano? — interrogou com naturalidade.

— Matá-lo — redarguiu com ruidosa gargalhada de mofa.

— Ora, matá-lo! — rebateu o Sr. Almiro, inspirado fortemente. Ninguém morre. É irônico você dizer-nos que seu chefe planeja matá-lo. Aqui estamos, todos imortais em apresentações diferentes e vivos.

— Não será a morte simples. Mas uma forma especial de arrebatá-lo do corpo.

Espicaçando-lhe a ira, o doutrinador interrogou:

— Que importa a forma como se morre ou se desencarna? O verdadeiro é a vida que não cessa...

— Assassiná-lo-emos!...

— Se o nosso Davi desencarnar em condição de vítima, terá ganho a existência...

— Levá-lo-emos a provocar a cena de sangue, a fim de que seja culpado. Calar-lhe-emos a arrogância, arrojando-o ao chão e o aguardaremos...

Alguns companheiros do comunicante, que também vieram trazidos à reunião, aplaudiram-no com a algazarra.

A intempestiva interferência em nada alterou a psicosfera reinante.

O Dr. Carneiro aproximou o doutrinador do comunicante e, tocando-lhe o *chacra coronário* com forte indução magnética, ripostou, esclarecendo:

— Tudo quanto nos acontece hoje, resultará em futuro bem para nós mesmos. Se o nosso Davi, que nos ouve, preferir retornar ao mundo espiritual assistido pelo caro irmão e seus sequazes, aprenderá inesquecível lição que o preparará para a Grande Luz em definitivo. A opção será dele. Quanto a nós, a decisão é prosseguir amando o companheiro desatento e você, a quem convidamos ao sono, ao repouso...

"Durma... Durma..."

À medida que o induzia com palavras, aplicava-lhe energias entorpecedoras, que ele assimilou, apesar de reacionário, adormecendo logo após, algo agitado.

A seguir, Francisco foi convidado a sintonizar com a outra Entidade que viera com Davi e cuja doutrinação ficou a cargo do irmão Vicente, que a socorreu com palavras dignificantes, convidando o infeliz ao despertamento para a sua realidade espiritual, na condição de desencarnado indigente de paz e realização interior.

Outros Espíritos se comunicaram, inclusive o Dr. Hermann, por meio de Leonardo, dirigindo-se a Davi e admoestando-o com severidade, ao tempo que lhe recordava os desmandos passados e o compromisso que assumira para resgatá-los mediante a ação da caridade. Tão profundas eram as suas palavras e tão grave a situação, que o Mensageiro concluiu a comunicação entre lágrimas de ternura e preocupação com o destino do desatento, que acompanhou todas as cenas com alguma indiferença.

O entorpecimento moral a que se entregara asfixiava-lhe o espírito, em face da ilusão do mundo material...

As entidades atendidas permaneceram no recinto, quando a reunião foi encerrada com nova e fervorosa oração de graças, enunciada pelo Dr. Carneiro de Campos, e os reencarnados foram conduzidos de volta...

Indaguei a Fernando, no primeiro momento:

— Mudará Davi de comportamento?

— O futuro dirá... As entidades que se lhe vinculam aqui permanecerão em repouso. Se ele voltar aos desconcertos morais, atrai-las-á de volta e tudo seguirá como antes... Em caso contrário, recambiá-las-emos a nosso campo de socorro.

E arrematando os comentários, concluiu:

— Cada um escolhe e frui o que lhe parece melhor, até o momento em que elege o lídimo amor e se liberta, e se torna feliz.

Sexo e responsabilidade

Ao despertar, Davi comentou com a esposa o pesadelo de que fora acometido durante a madrugada, referindo-se à *consciência de culpa*, a respeito das atividades mediúnicas remuneradas que se permitia...

— Não há por que você preocupar-se com isso — acudiu a ambiciosa consorte. — Houvesse algum problema e o Dr. Hermann já se teria manifestado negativamente.

— No pesadelo — elucidou o médium — parecia-me escutar o médico carrancudo, com expressões severas, admoestando-me... O pior, porém, foram as ameaças que alguém me direcionava com azedume e rancor.

— Certamente — prosseguiu ela — são as vibrações de inveja de muita gente despeitada ou talvez de alguns Espíritos perturbadores, que nos querem atingir. Nós estamos sob a proteção de Deus e nenhum mal nos acontecerá. Ademais, você atende também os pobres gratuitamente, e que não são poucos, aqueles que são socorridos duas vezes por semana, cansando-se e exaurindo-nos. Temos muitos compromissos sociais, filhos a educar, certo nível a manter na comunidade... Tudo isto são despesas e elas são pagas com dinheiro. Tire, portanto, essas sombras da mente, e recorde-se que, à noite, você deverá atender uma pessoa muito importante, com a qual nos encontramos comprometidos. Desse modo, distraia-se, faça exercícios na piscina, lembrando-se de que hoje é sábado...

Foi a ducha fria na consciência do leviano, colocando a atividade espiritual na pauta dos pesadelos, das ocorrências desagradáveis.

Ouvíramos o diálogo ao lado de Fernando, pois que nos encontrávamos no dormitório da casa, a fim de providenciarmos apoio, caso as instruções houvessem recebido consideração e o companheiro em perigo alterasse o campo mental por meio da sintonia com as forças positivas. Lamentavelmente, nem sequer uma oração ocorreu ao casal proferir...

Após o desjejum, chegaram alguns amigos e, horas depois, na piscina, hóspedes e anfitriões entregavam-se aos *prazeres* do *whisky* e dos salgadinhos...

Fernando, que permaneceu no lar, aguardando oportunidade para sustentar os ânimos e inspirar os cônjuges, meneou a cabeça, entristecido, e convidou-nos:

— Nada mais poderemos fazer aqui. A opção está elegida. Voltemos às nossas outras tarefas.

Ainda nos não afastáramos do local, quando nele se adentrou o sicário vinculado às Trevas, exultando e esbravejando:

— Livre novamente! Salvo dos desgraçados *lobos em peles de ovelhas*, que me desejavam reter. Eis-me de volta. Tudo retorna ao normal. É assim que todos queremos. *Aleluia*!

Envolvíamos a família em ondas de fraternidade e de paz, enquanto os alegres banhistas divertiam-se, embriagando-se a expensas alheias.

A irreflexão responde por incontáveis males. Após as nefastas experiências, quando a irresponsabilidade alcança altos índices de desequilíbrios, queixam-se os nela incursos quanto ao auxílio superior, que dizem não haver recebido, entregando-se aos paroxismos da rebeldia, da alucinação.

Por meio dos pensamentos e das ações, estamos programando sem cessar o nosso futuro.

Cada ser retrata hoje o comportamento anterior e delineia, ainda, na atualidade, o que será no futuro. Esta regra básica é chave e modelo para o entendimento da reencarnação e da sua finalidade ético-moral no processo da evolução.

Quando chegamos à Sociedade Espírita encontramo-la em preparativos para a reunião da noite, dedicada aos estudos e comentários da Doutrina.

O Dr. Carneiro de Campos informou-nos que o expositor programado seria Francisco e o tema em pauta abordaria a questão do sexo. Em face disso, ele próprio iria inspirar o sensitivo, encaminhando as considerações para o aspecto saudável das atitudes humanas em relação ao aparelho genésico, ao tempo em que pretendia alcançar a senhora Augusta, que se tornara motivo de perturbação para o trabalhador espírita.

A fim de evitar dificuldades previsíveis, ele iria dar assistência, a partir daquela hora, ao expositor, incumbindo-nos, a Fernando e a nós, de inspirar a senhora atormentada e trazê-la para ouvir a palestra, facilitando ao jovem o diálogo futuro, sugerido pelo Sr. Almiro.

Diante da programação proposta, nossa visita à dama conflitada ficou estabelecida para as quinze horas, de maneira a eliminar qualquer perturbação que a pudesse impedir de comparecer à realização da noite.

Porque o tempo me fosse facultado, resolvi recolher-me à nossa base de repouso, na residência da senhora Ernestina.

O seu lar era verdadeiramente um santuário. Vibrações de paz envolviam-no e a psicosfera que se respirava era de renovadoras energias, que beneficiavam os corpos e os espíritos.

Quando lá chegamos, a diligente servidora do Evangelho recepcionava uma senhora, visivelmente preocupada, em razão do quadro depressivo que lhe atormentava a filha, moçoila de aproximadamente dezesseis anos.

D. Apolônia acompanhava a conversação, inspirando a anfitriã.

Saudado com efusão pela veneranda amiga desencarnada, ela pediu-me cooperar no socorro às duas pessoas presentes.

Observando o transcurso do diálogo notei a presença de um ser infeliz que transmitia fluidos deletérios à jovem, pensamentos infelizes, ignorando a situação de desencarnado.

Recordei-me de lições ministradas oportunamente pelo Espírito Dr. Bezerra de Menezes, quando se referia às causas das depressões, no capítulo dos transtornos psicóticos, afirmando que elas poderiam ser endógenas e exógenas. As primeiras vincular-se-iam à hereditariedade, às sequelas de várias doenças, principalmente sífilis, câncer, tuberculose, hanseníase, distúrbios do trato digestivo e, modernamente, de viroses como AIDS etc... As exógenas abarcariam os fatores psicossociais, socioeconômicos, sociocomportamentistas... No entanto, o nobre mentor incluía as psicogêneses obsessivas, vinculadas ao pretérito espiritual dos envolvidos na trama, em processo de ajustamento emocional e recuperação moral.

Em razão do vasto elenco de causas atuais e pregressas, a depressão generaliza-se entre as criaturas, ampliando-se, como circular ou bipolar, senil e, no capítulo dos transtornos psicóticos, como demência e outras.

Em rápida análise, a jovem enfocada sofria um distúrbio mediúnico, de caráter obsessivo simples, provocado, inconscientemente, pelo desencarnado que a assessorava, absorvendo-lhe a energia e intoxicando-a, por sua vez, com os seus fluidos de pesadas cargas vibratórias.

Sem dúvida, havia problemática originária do passado a pesar na economia da *vítima*, facultando-lhe esse doloroso processo de despertamento para a realidade da vida espiritual, desde que não existem efeitos sem causas equivalentes. No imo do ser dormem as razões da vida, com todos os elementos constitutivos da sua paisagem histórica.

Acompanhei, então, a conversação.

Ernestina explicava que os problemas na existência terrena se originam no ser profundo, no Espírito, e dele se inicia a terapêutica, no caso das enfermidades, ou a solução, quando são de outra natureza.

— Na questão em tela — afirmava — o concurso médico faz-se indispensável, ao mesmo tempo a terapia espiritista: passes, água fluidificada, reuniões de esclarecimento, ao lado, naturalmente, da inestimável cooperação do paciente.

"Ao enfermo cabe o esforço maior, iniciando pela sua renovação moral mediante a oração, os exercícios de paciência, de humildade e de perdão, que terminam por sensibilizar e esclarecer o agente da perturbação que, conscientizado do mal que vem praticando, modifica-se e liberta a sua presa, liberando-se também."

Prosseguindo nas explicações, sugeriu fosse, naquele momento, realizada uma leitura, abrindo espaço para a aplicação de passes, que iriam auxiliar a menina, posteriormente encaminhada ao Culto Evangélico do Lar, que ali se realizava aos domingos, e à Sociedade Espírita especialmente dedicada a misteres dessa natureza.

Tomando de *O evangelho segundo o espiritismo*, de Allan Kardec, abriu-o, casualmente, e leu a mensagem *A paciência*, ditada por *um Espírito amigo*. O conteúdo da lição penetrou os sentimentos das ouvintes que se sensibilizaram.

Depois de proferir uma oração, colocou-se, receptiva, à disposição e, influenciando-a, aplicamos energias dispersivas na *enferma*, revitalizando-a a seguir. Ato contínuo, retiramos o doente espiritual da fixação no perispírito da *vítima*, e Ernestina, ao terminar o labor, ofereceu água magnetizada à mãe e à filha.

Transpirando e emocionada, sentindo-se normalizar, a moça chorou um pouco e, confortada pela anfitriã, disse-lhe com débil voz:

— Sinto-me sair de uma espécie de camisa de força e de uma nuvem escura que me dificultavam raciocinar.

— Necessita, a partir de agora — respondeu-lhe a terapeuta espiritual —, manter um bom estado de espírito, e quando sentir tristeza substituí-la por um pensamento otimista. É muito fácil superar os estados depressivos, não cultivando as ideias negativas, pessimistas, fixando-se em outras, as que geram bom ânimo, alegria e paz.

"Amanhã, às dezenove horas e trinta minutos, esperamo-las aqui para o estudo evangélico e nova terapia bioenergética."

Despediram-se, afavelmente, já sorrindo e prometendo retornar.

Ernestina, exteriorizando júbilo, quando a sós, deteve-se em atitude de louvor e de agradecimento.

Encarreguei-me de conduzir o irmão adormecido à Sociedade Espírita, para as providências compatíveis, quando me fosse encontrar com Fernando, para a visita à Sra. Augusta.

D. Apolônia agradeceu a cooperação, e entretecemos considerações variadas a respeito dos distúrbios da depressão e da síndrome de pânico, que se tornaram graves dramas na área do moderno comportamento psicológico do ser humano.

Conforme pretendia Freud, afirmando que na *raiz de toda neurose há sempre um problema da libido*, permitimo-nos acentuar que o pensamento do *pai da Psicanálise* estaria incompleto, aduzindo-lhe que, na raiz de todo distúrbio da libido, encontramos um fator causal determinante que responde pela distonia.

Não iniciando o ser a sua história na concepção, a sua origem perde-se nas remotas eras da Criação, quando o *psiquismo* foi gerado e começou a evoluir, atravessando os reinos mineral, vegetal, animal, hoje hominal e amanhã angélico, em direção do porvir sem limite.

A natureza, que gastou bilhões de anos na elaboração das formas que a constituem, não *gerou* o ser humano a golpes de *acasos* perfeitos e determinantes, conforme pretendem algumas correntes materialistas, simplistas e ingênuas.

A vida narra, nas histórias paleontológica, embriogenética, anatomofisiológica, todo o processo da evolução fatalista do ser.

Acima das causas filogenéticas, transformistas, mesológicas, paira, no entanto, a Causalidade Absoluta, que é Deus, seja qual for o nome que se lhe dê, sempre de secundária importância tal denominação, orientando o processo transformador, evolutivo.

Quando a criatura humana aprofundar estudos e reflexões sobre as causas reais das aflições, encontrará as terapias hábeis, preventivas e curadoras, para as problemáticas que a afligem, erradicando o sofrimento das suas paisagens terrenas. Lentamente, porém, e com segurança, já estão sendo colocados os paradigmas da nova Medicina, a holística, a espiritual, portanto, a essencial.

No momento próprio, após algum repouso no lar de Ernestina, dirigimo-nos para a atividade da noite, quando as primeiras pessoas chegavam à Casa Espírita.

Observei que o mentor houvera convidado expressivo número de trabalhadores desencarnados, lúcidos e joviais, que me informaram ser cooperadores do Núcleo, durante as explanações públicas, esclarecendo as companhias espirituais infelizes dos encarnados, afastando as mais rebeldes e encaminhando aquelas que se encontravam predispostas à renovação. Tanto a palestra como o estudo funcionavam na condição de psicoterapia coletiva para os indivíduos e os Espíritos.

Em razão de os encarnados raramente manterem sintonia elevada, interesse superior por muito tempo, eles se utilizavam da palavra do expositor para centralizar-lhes a atenção e fazê-los concentrar-se. Então agiam com dedicação e, ao término, ainda sob a psicosfera saudável, realizavam algumas cirurgias perispirituais, separando *mentes parasitas* dos seus hospedeiros, refundindo o ânimo nos lutadores, apoiando as intenções saudáveis dos que despertavam, enfim auxiliando em todas as direções, mediante também os recursos terapêuticos dos passes individuais como coletivos.

Realmente o repouso significa pobreza de captação dos nossos sentidos. Em toda parte estão o movimento, a ação, a vida...

Nesse ínterim, o Dr. Carneiro adentrou com Francisco, visivelmente telecomandado.

À hora regulamentar, o Sr. Almiro proferiu a prece de abertura da reunião e, após alguns avisos, passou a palavra ao jovem expositor.

Nesse momento, a Sra. Augusta, um tanto contrafeita, chegou à sala, sentou-se a distância e observei que Fernando, ao seu lado, a assistia.

A pobre senhora encontrava-se aturdida. A fixação no jovem, por viciação mental, e a indução obsessiva que estabelecia um plano macabro, afligiam-na. Sentindo-se frustrada nas tentativas do prazer vulgar com o agente do seu interesse, via, no Espiritismo, um adversário que, afinal, não existia. Dava-se conta de que a conduta cristã do médium constituía-lhe impedimento ao gozo e à futilidade, deixando-se arrastar por surda antipatia ao código ético da Doutrina Espírita.

Depois das palavras convencionais, o médium, fortemente inspirado, iniciou o tema, esclarecendo:

— O sexo é departamento divino para a preservação da vida na Terra. Ínsito em todas as criaturas, o mecanismo da reprodução é comandado pela Mente suprema, que gera automatismos iniciais até o momento da conquista da razão, na humanidade, quando o discernimento estabelece a ética do comportamento saudável para a dignificação dos seres, arrancando-os dos impulsos meramente instintivos para as eleições do amor, em ascese transcendente.

"Em face das finalidades elevadas a que se destina, quais a encarnação e as reencarnações, a permuta de hormônios físicos e psíquicos, a união dos sentimentos e a fixação dos afetos, quaisquer desrespeitos às suas finalidades superiores tornam-se fatores de desequilíbrios, de desajustes, de perturbações, gerando ódios inomináveis, rudes embates, sofrimentos dolorosos, sequelas espirituais demoradas...

"No sexo encontram-se as matrizes de muitos fenômenos que se transferem de uma para outra existência, atando ou libertando os Espíritos conforme a pauta da utilização que se lhe faculte.

"Dessa forma, quanto mais lúcido o ser, mais responsável se torna pela função, conduta e exercício sexual.

"Infelizmente, em razão do prazer que proporciona, em todas as épocas e hoje, particularmente, o sexo tem sido instrumento de viciações ignóbeis, de explorações sórdidas, de crimes inimagináveis, tornando-se *veículo* de promoção social, comercial, artística e cultural, com graves e imprevisíveis consequências.

"Combatido tenazmente pelos preconceitos religiosos durante mais de mil anos, liberou-se enfim sob o estandarte das conquistas humanas, porém envilecendo-se, corrompendo-se, exaurindo vidas e se transformando em fator essencial a que quase todos aspiram.

"Conduzido corretamente e dignificado pelo amor, torna-se fonte de alegria, gerando felicidade, harmonizando e produzindo beleza ao lado das criações que proporciona."

Fez uma pausa na bela e oportuna análise, ante o auditório absorvido pelas suas colocações.

D. Augusta, porém, não sopitava o mal-estar que experimentava. Desejou abandonar o recinto, porém o amigo Fernando, vigilante, aplicou-lhe energias calmantes, confortando-a com vibrações de reequilíbrio.

Vimos sair, praguejando, um dos emissários do *Soberano das Trevas*, que tinha por tarefa produzir o escândalo, envolvendo-a com o médium dedicado.

Logo depois, Francisco, mediunizado pelo Dr. Carneiro, embora semilúcido, prosseguiu:

— A verdadeira castidade e nobre conduta sexual não se restringem ao não uso do aparelho genésico, mas sim à atitude mental e ao comportamento emocional. A simples abstenção física, acompanhada de tormento interior, é somente uma fuga da realidade, uma transferência no tempo.

"Faz-se indispensável considerar e compreender que o sexo é departamento do corpo — como o estômago ou outro órgão qualquer — uma sua função. A conscientização deve caracterizar-se pela disciplina mental, verbal, superando-se as fantasias eróticas muito do agrado das mentes viciosas. Habituando-se o indivíduo aos pensamentos equilibrados, os apelos orgânicos são facilmente bem dirigidos e tranquilizados.

"O importante não é o exercício da sua função, o ato em si mesmo, porquanto os ases do prazer normalmente se encontram cansados do seu uso, nunca, porém, satisfeitos.

"Toda função se expressa por meio do respectivo órgão, como é evidente. Desse modo, não apenas mediante o exercício funcional nos relacionamentos orgânicos, indispensáveis à procriação, mas também na canalização das forças genésicas para os ideais do bem, do belo e do nobre a função sexual se expressa e enriquece o ser, harmonizando-o e facultando-lhe amplas possibilidades nas áreas psíquicas, emocionais e físicas.

"O seu barateamento por meio da vulgaridade constitui grave empecilho ao equilíbrio do ser humano, que arde em falsas necessidades e variações, distante do respeito por si mesmo e pelo seu parceiro.

"Foi por essa razão que os Espíritos nobres, respondendo à pergunta de Allan Kardec, em torno do *efeito que teria sobre a sociedade humana a abolição do casamento,* foram concisos, esclarecendo que isto *seria uma regressão à vida dos animais,* com o agravamento do uso da razão perturbada e insaciável."[6]

Novamente Francisco silenciou, propiciando aos ouvintes melhor e mais ampla assimilação dos conceitos emitidos, para depois continuar:

— Nessa, como em outras áreas, e particularmente nela, em razão dos seus hormônios poderosos e suas vibrações no campo da emoção, merece ser considerado o intercâmbio com os Espíritos, respectivamente aqueles que se encontram aprisionados nas faixas grotescas da animalidade, das paixões vis.

---

[6] Nota do autor espiritual: *O livro dos espíritos,* de Allan Kardec, Questão 696 – FEB.

"Atraídos pelas mentes encarnadas, fixam-se-lhes, produzindo fenômenos obsessivos de longo curso e vampirizando suas presas atormentadas. Vezes outras, *necessitados* de prosseguir nas manifestações tormentosas, inspiram os inadvertidos e passam a utilizar-se deles, voltando a fruir o prazer voluptuoso, enquanto o ser orgânico se sente frustrado, insatisfeito, qual ocorre também no alcoolismo, no tabagismo, na toxicomania etc. A morte não liberta aqueles que se fizeram escravos, por livre opção, das paixões degenerativas.

"Em qualquer circunstância, e especialmente na análise desse fenômeno, como na ação sexual, consulte-se o amor, e ele dirá que se não deve fazer ao próximo o que não se gostaria que aquele lhe fizesse.

"E quando for necessário dirimir qualquer dificuldade, deve-se recorrer à oração, que é tônico de vida e fio invisível de luz que liga o indivíduo aos dínamos geradores de força vital e de paz."

Entreteceu outras considerações finais e silenciou diante do auditório comovido.

Muitos dos presentes permaneciam reflexionando a respeito do profundo e delicado tema, enquanto a reunião avançava para o término.

O diretor dos trabalhos preparava-lhes o encerramento, quando observei os especialistas em passes e socorros, que já vinham auxiliando os encarnados e os Espíritos, unirem-se no centro da sala, formando pequeno círculo, uns de costas para os outros, e distenderem as mãos que derramavam energias luminosas sobre os presentes, enquanto era proferida a prece final.

A psicosfera elevada caracterizava-se pela paz e alegria, rica de bênçãos de saúde e de esperança.

Escândalo e paz

Encerrada a reunião, e ainda emocionado, Francisco foi cercado por pequeno grupo de companheiros afeiçoados, que o saudaram, sorridentes.

O tema, bem cuidado, atingira muitos corações, convidando a reflexões otimistas, que deveriam ser incorporadas ao comportamento diário.

D. Augusta, entretanto, perturbada pelas emoções em desordem, supôs que a palestra tratava de um ardil do jovem para descartá-la das suas paisagens afetivas, quiçá por ser ela mais idosa, enquanto ele preferia pessoas mais juvenis. Assim raciocinando, aumentou o desequilíbrio interior, e, ao término, vendo-o envolvido pela afabilidade e o júbilo de vários amigos, permitiu-se envenenar pelo ciúme, derrapando na cólera que não pôde dominar.

A rejeição sexual aos desequilibrados da emoção desvaira-os e os torna capazes de qualquer alucinação, porque se acreditam necessitados do plasma genésico, que pensam não poder dispensar, quando, em realidade, trata-se de capricho pessoal, de torpeza moral.

À medida que via a cena enriquecedora da fraternidade espontânea, mais se lhe aumentou a ira, atraindo o comparsa espiritual que passou a infundir-lhe mais rancor e estímulos para a agressão.

Causa estranheza, às vezes, que Entidades perversas se adentrem em recintos cuidadosamente preservados e dedicados à ação do Bem.

Quando, porém, são atraídas pelas mentes viciosas que as preferem, não se pode evitar-lhes a presença. Já que se trata de eleição pessoal, e como cada ser respira no clima psíquico que lhe apraz, é inevitável essa comunhão espiritual, tornando-se responsável o invigilante pelos danos que se impõe, assim como por aqueles que produz nas outras almas.

Fernando, vigilante, insistia, mediante o envio de ondas telepáticas sobre a senhora, a fim de neutralizar-lhe a paixão desordenada, mas que eram rejeitadas e tidas por covardia moral.

Deixando-se arder, foi tomada de inopino pelo adversário, que encontrou perfeita sintonia, e, erguendo-se da poltrona, avançou, desnorteada, na direção do grupo jovial, irrompendo com azedume e agressividade na voz e nos gestos contra Francisco:

— Hipócrita! Como se atreve a falar de disciplina sexual, quando lhe sou vítima de galanteios e convites perturbadores, sem qualquer consideração pela minha posição de mulher casada, que tenho vindo a este lugar em busca de orientação e conforto?

O inesperado da cena a todos tomou de perplexidade. Lívida e espumejante, a tresvairada prosseguiu, estentórica, ante o médium paralisado:

— Neguei, de público, que me tem assediado, insinuando-se e procurando perturbar-me com sua juventude e masculinidade. Que pensa que sou, e que é isto aqui, afinal, um bordel?

Ia golpear o rapaz, quando o senhor Almiro, atraído pela voz alterada, segurou-a com firmeza, interrompendo a cena vulgar. Sacudiu-a com força e deu-se conta da *incorporação* de que era vítima a enferma da alma.

Como já estivesse informado da ocorrência, tentou retirá-la para sala próxima, de forma persuasiva; porém, transtornada ao extremo, ela gritou reagindo:

— Isto não ficará assim... Tenho que desmascarar o farsante e esta súcia de hipócritas. Envergonhada, depois disto, só há uma solução para mim, que é o suicídio...

E prorrompeu em copioso e agitado pranto.

As pessoas permaneceram estarrecidas.

O Dr. Carneiro de Campos, que prosseguia ao lado de Francisco, falou-lhe na acústica da alma:

— Recorde-se de Jesus e não se defenda. Pague pela honra de ser fiel ao Bem. Mediunidade sem testemunho assemelha-se a bela orquídea sem perfume e de efêmera duração. Defender-se é acusá-la, e ela já está muito infeliz para piorar-lhe a situação. Calma e oração.

Trêmulo e pálido, com lágrimas que lhe desciam dos olhos e se originavam no coração, Francisco permaneceu imóvel, desfigurado pelo choque horrendo, sem uma palavra.

A paciente foi afastada pelo presidente da Casa, levada à sala de passes, onde este procurou aplicar-lhe a terapêutica apropriada.

Ao fazê-lo, a pobre senhora, fixada nas paisagens da sensualidade e dominada pelo verdugo desencarnado, repetia:

— Também o senhor, apalpando-me o corpo? Que deseja?

O respeitável trabalhador, sob a inspiração do irmão Vicente, prosseguiu, impertérrito, até o momento em que a deslindou dos fluidos nefastos, afastando o obsessor, que agora tombava na própria armadilha, ali ficando para posteriores esclarecimentos.

A insensata senhora recobrou a lucidez e, arquejante a princípio, logo passou a um estado de relaxamento físico e emocional, deixando-se dominar por volumoso pranto...

O escândalo ocorrera, porém atenuado pela ação do amor vigilante.

Lentamente, o choque cedeu lugar aos comentários variados.

Alguns presentes lamentaram a cena, enquanto outros, ainda inseguros deles mesmos, alfinetaram:

— Quem diria? O Francisco, com aquele ar gentil, perturbando a pobre senhora! Não se pode mesmo confiar em ninguém.

É certo que ela exagerou; no entanto, *onde há fumaça, aí também permanece o fogo* — em uma afirmação cruel de culpa do jovem.

O Sr. Almiro conversou calmamente com a dama, infundindo-lhe ânimo e esclarecendo-a. Explicou-lhe que se tratava de uma trama infeliz para afligi-la e desestruturar o médium, gerando suspeição a respeito da Casa, que se dedicava ao Bem e ao Amor.

— Eis por que — arrematou — não tocamos em nossos pacientes durante a terapia bioenergética, a fim de não apenas respeitarmos as pessoas, como também, mesmo inconscientemente, não lhes despertarmos sensações perturbadoras. A aplicação da energia restauradora é feita na aura e nos *chacras*, de onde se irradia para os diferentes núcleos e órgãos físicos, assim como áreas psíquicas.

Deixou que D. Augusta se recompusesse, acalmando-a quanto possível, e inspirou-a à conduta reta, equilibrada.

Antes de afastar-se, ainda agastada e temperamental, ela retrucou, fingindo-se vítima:

— E agora, como eu ficarei? Após um acontecimento tão desagradável, como me apresentarei ao meu marido e como suportarei a maledicência?

— Com a mesma disposição com que a senhora deu início ao escândalo injustificável — ripostou, serenamente, o abnegado dirigente.

"Isso servirá à amiga como advertência para o restante dos seus dias, na sua atual e preciosa existência carnal."

— E se eu suicidar-me?

— Pior para a cara irmã, porquanto somente aumentará a sua carga de aflição, sem qualquer lenitivo para as próprias angústias. Um erro não elimina outro, sem lhe diminuir a intensidade de danos. Somente a coragem que enfrenta desafios resolve os problemas que criamos para nós mesmos.

"Agora está na hora de a senhora retornar ao lar. O tempo avança e faz-se tarde."

Encerrava ali a conversação, evitando o pieguismo e o revolver do assunto, que deveria ser ultrapassado de imediato.

Quando ela saiu, o Sr. Almiro buscou o médium e estimulou-o ao prosseguimento das tarefas com esquecimento do incidente desagradável, sem conceder-lhe qualquer consideração. As horas se encarregariam de anular as impressões perturbadoras, desde que silenciando diante de quaisquer comentários, desairosos, acusatórios ou defensivos. A resposta do Bem é sempre por meio das ações positivas com o esquecimento de todo o mal.

Depois que a sala voltou a esvaziar-se com o afastamento das pessoas, o Dr. Carneiro de Campos e o irmão Vicente não ocultaram o júbilo decorrente da experiência da noite.

Porque me apresentasse ainda preocupado, Fernando explicou-me:

— Nossa alegria resulta do mal que não aconteceu, encerrando um capítulo que poderia ter tido consequências funestas. Observamos o bem operante, mas não avaliamos os males que deixaram de ter curso.

"Esse desagradável acontecimento breve passará. Francisco aprenderá a adquirir harmonia no vendaval, prosseguindo no ministério mediúnico responsavelmente, cada dia com mais cuidados. D. Augusta, sentindo-se sem campo hábil para os seus conflitos e paixões, logo se afastará; o mensageiro do *Soberano das Trevas* será doutrinado, esclarecido e se dará conta da perda de forças no primeiro embate. Outros virão, como já está ocorrendo, e atingiremos nossa meta, que é despertar as consciências adormecidas, orientando os bons trabalhadores das hostes espiritistas, a fim de que se mantenham vigilantes e fiéis.

"Infelizmente, os nossos mais perigosos adversários encontram-se em nós próprios, que lhes damos guarida e os sustentamos com nossos caprichos, orgulhos e pequenezes."

Pus-me a refletir e anuí com as explicações do amigo. Somente anotamos o que acontece, sem nos darmos conta de todo o mal que não sucedeu.

Francisco também compreendeu melhor a própria problemática sexual, a timidez, e definiu-se pelo empenho espiritual, prometendo-se exercer as funções psíquicas com grande doação das energias genésicas. Seria essa a forma que elegeria para a sublimação das suas potencialidades físicas, entregando-se, mais e mais, ao exercício e prática da mediunidade com Jesus.

Recordei-me do *caso Raulinda* com as suas consequências de longo porte, vendo a reação de Francisco, que agora começava realmente a própria ascensão, carregando a cruz invisível das provas redentoras, que deveria transformar em asas de luz para a libertação.

A criatura sempre está a construir o futuro mediante os próprios atos. Cada decisão constitui-lhe roteiro a percorrer, que lhe facultará o triunfo ou o recomeço da experiência em que malogre.

Quando os homens compreenderem e assimilarem a ideia de que a Terra é um planeta de efeitos transitórios, mais se equiparão de recursos hábeis, em espírito, para uma trajetória carnal enriquecedora.

A noite pulsava ao ritmo das estrelas lucilantes. Novas atividades nos aguardavam.

Últimas advertências

O domingo de prazer, à borda da piscina do lar de Davi e Adelaide, foi irrigado com alcoólicos e exageros culinários, que levaram os anfitriões ao repouso pela exaustão durante a tarde, após a saída dos convidados e "penetras" habituais.

Estava assinalado para as vinte horas do mesmo dia o atendimento a uma jovem paciente, vinda de outra cidade com os seus pais, que aguardavam um verdadeiro milagre. O médium negociara o socorro mediante alta soma, por meio de um amigo de ambas as partes, recebendo-a antecipadamente.

Tratava-se de um esforço financeiro alto para os clientes, uma verdadeira estafa, ao lado do sacrifício para a criança de seis anos, numa viagem penosa e dorida, considerando-se o depauperamento de suas últimas resistências.

Ernesto, o Dr. Carneiro, Fernando e nós fomos participar do labor, a convite, agora, do Dr. Hermann Grass, que se apresentava gravemente abatido e preocupado com a sucessão de loucuras praticadas pelo seu pupilo mediúnico.

Antes, era-lhe possível controlar-lhe a gula financeira e sexual, aparecendo-lhe severo e ameaçador, repreendendo-o e até tomando-o à revelia da sua vontade.

Com o tempo, à medida que ele se atirava ao desalinho moral e mental, as faculdades mediúnicas ficaram-lhe bloqueadas, sem a sensibilidade para a clarividência, e só com relativa possibilidade para a incorporação, mesmo assim com o mistificador desencarnado, que usurpara o lugar do médium, graças à sintonia infeliz entre o comunicante e o instrumento mediúnico.

Compreendia, então, o cirurgião desencarnado que também contribuíra para o atual estado de ocorrências, por haver sido imprevidente quão presunçoso, faltando-lhe os valores morais, que são as bases inamovíveis para qualquer tentame de enobrecimento.

A vida não se desenvolve ao acaso, havendo códigos de equilíbrio que devem ser preservados, sob pena de se sofrerem as consequências desastrosas, quando não respeitados ou não tidos em conta.

Ao retornarmos à residência rica, lamentavelmente frequentada por Espíritos vulgares, podíamos sentir a psicosfera densa, negativa, na qual toda a família se movimentava, com prejuízo para a saúde das crianças.

Uma hora antes do compromisso o casal despertou, com ressaca e indisposição própria, que alguns medicamentos ingeridos deveriam resolver.

Após banharem-se e cuidarem da aparência, os cônjuges desceram para ligeiro lanche enquanto aguardaram a cliente, seus pais e o intermediário.

Em sala reservada, com alguns instrumentos cirúrgicos, álcool, éter, uma mesa de exames, toalhas felpudas, lençóis, havia-se preparado o lugar para o tratamento combinado.

Nesse comenos, deram entrada no recinto o intrujão desencarnado, que se passava pelo Dr. Hermann, e alguns sequazes que lhe ofereciam cobertura vibratória. O semblante patibular alterava-se-lhe em sucessivos esgares de cinismo e crueldade, não permitindo a exteriorização de sensibilidade moral alguma.

Quedamo-nos a reflexionar a respeito da leviandade humana e da alucinação dos indivíduos que, embora reconheçam a fragilidade orgânica, entregam-se a disparates e a atitudes equivocadas, como se a sua existência física fosse eterna, não experimentando a velhice, as doenças, os infortúnios morais, a morte, e fossem exceções únicas nos soberanos códigos da Vida.

O casal conversava trivialidades, sem a menor consideração pelo compromisso grave que assumira e do qual se iria desincumbir em breves minutos, quando a campainha tocou e uma servidora doméstica anunciou a chegada dos clientes.

A criança, carregada pelo pai, estava exausta, desfigurada. Percebiam-se a dor, a ansiedade, a incerteza, no rosto dos genitores.

O amigo comum apresentou-os, após o que foram convidados, sem delongas, ao arremedo da sala cirúrgica, na qual o genitor colocou a criança sobre a mesa, logo coberta por alvo lençol.

Adelaide acercou-se de um gravador e colocou uma música lamentosa, para *criar ambiente.* As demais pessoas sentaram-se em cadeiras ao lado da mesa, e o médium Davi, sem o menor recolhimento, procurou sintonizar com o zombeteiro espiritual.

Não havia respeito algum pela vida humana, nem seriedade no cometimento desvestido de qualquer elevação.

Os Drs. Carneiro e Hermann acercaram-se da paciente e a examinaram com cuidado, carinho e unção.

Comentaram que se tratava de um processo leucêmico mieloide, resultante da proliferação dos elementos sanguíneos que se originam na medula óssea, tais como os granulócitos, os basófilos, assim como dos seus precursores, os mielócitos e mieloblastos, tanto quanto por esplenomegalia, resistente às terapêuticas convencionais. Inclusive, no momento, já não faziam efeito as transfusões de sangue nem de plasma...

Tratava-se de um fenômeno cármico de grave procedência, já em fase terminal.

Febril e dorida, a criança choramingava, movimentando-se na mesa em tentativa inútil de encontrar uma posição menos desconfortável.

O quadro comovia. A mãezinha, sofrida, chorava discretamente. O especialista desenganara os genitores, já que, do ponto de vista médico, não havia esperanças. As terapêuticas mais avançadas que foram aplicadas redundaram inócuas... Assim, eles recorriam a um milagre impossível de acontecer, e onde não era factível solução alguma que pudesse minorar o problema.

O Dr. Carneiro concentrou-se na pequena paciente e penetrou-lhe os arcanos existenciais do passado, identificando a causa degeneradora do lamentável processo orgânico.

Após alguns segundos, elucidou-nos preocupado:

— O tempo de que dispõe a nossa pequena paciente é limitado. No máximo sobreviverá por três dias, já que as suas forças encontram-se minadas pelo processo avassalador.

Fazendo uma pausa oportuna, prosseguiu:

— Nossa pequena Rosaly retornou ao lar do qual se evadira no século passado por lamentável suicídio. Os seus genitores atuais eram-no igualmente naquela ocasião, quando, insubmissa, apaixonou-se por um jovem inescrupuloso, contra o qual se voltaram os pais, proibindo-a de levar adiante o romance impossível de alcançar um desfecho feliz. Inexperiente e impulsiva, atritou com os genitores, os quais, após demorados diálogos, resolveram interná-la em um convento, na pressuposição de salvá-la do explorador, que aguardava expressivo dote com a intenção de abandoná-la, assim que se cansasse da novidade.

"A solução, porém, foi malsucedida, porque a jovem, apesar de vigiada, burlou os cuidados de que era objeto e, subindo à torre da capela, de lá se atirou, fraturando o crânio, danificando o pescoço e a medula, já que se arrojou de cabeça para baixo...

"O golpe afetou os pais terrivelmente, que lentamente sucumbiram ao peso da amargura resultante da perda da filhinha única.

"Ao retornarem à Espiritualidade e buscá-la, tomaram conhecimento do calvário que ela padecia. Empenharam-se em resgatá-la, conseguindo-o graças à intercessão de veneráveis benfeitores.

"Comprometeram-se a recebê-la novamente, embora soubessem que seria por breve período, já que se fanaria na flor da infância...

"Cercaram-na de carinho, temendo sempre perdê-la outra vez."

Silenciou, compungido, e pudemos notar-lhe os olhos marejados de pranto.

Enquanto isso, o médium Davi agitava-se, estertorando sob a ação dos fluidos perturbadores do carrasco espiritual.

Tomado de compaixão, o Dr. Carneiro transmitiu breve instrução ao Dr. Hermann, acercou-se da mãezinha da enferma, infundindo-lhe ânimo e inspirando-a.

A senhora, comovida, levantou-se e pediu:

— Oremos a Deus em favor da minha filhinha.

A entonação da voz era profunda, sensibilizando a indiferente Adelaide e os demais presentes que se recolheram em prece silenciosa.

Lentamente o ambiente passou a ser visitado por vibrações de harmonia, que começaram a esbater as sombras dominantes.

O amigo Ernesto, mentor de Davi, utilizando-se da mudança mental dos presentes, exortou a Deus suas bênçãos e, dentre as suas palavras repassadas de amor e fé, suplicou:

— Desde que não nos é lícito alterar o quadro provacional da pequena enferma, suplicamos permissão para minorar-lhe as dores, suavizar-lhe o sofrimento, confortar os paizinhos.

Ao silenciar, emocionado, pairavam outras vibrações no recinto.

O Dr. Carneiro e o Dr. Hermann acercaram-se, então, do médium em quase transe. Tornando-se visíveis ao obsessor, o primeiro ordenou-lhe com energia:

— Retire-se! Sua tarefa aqui está concluída. Ordeno-lhe, em nome de Deus, que se afaste.

À medida que o exprobrava, exteriorizou uma diáfana claridade que envolveu Davi; e a Entidade perversa, tomada de espanto, como se houvesse recebido uma descarga elétrica, deu um grito e afastou-se aturdida.

De imediato, o Dr. Hermann aproximou-se de Davi e envolveu-o em fluidos, erguendo-o e assenhoreando-se dos seus recursos mediúnicos como ocorria no passado.

Às primeiras palavras, Adelaide reconheceu-o, percebendo a diferença das comunicações anteriores. Não houve tempo, porém, para diálogo.

O Espírito, renovado e consciente das graves responsabilidades, examinou a pequena enferma e, tomado de carinho nele incomum, pôs-se a animá-la. Explicou-lhe que lhe ia aplicar algumas agulhas na coluna vertebral para estimular-lhe a circulação de energia e diminuir-lhe as dores.

Enquanto Adelaide saía em busca do instrumento, ele recorria aos passes longitudinais sobre a menina, após o que passou a colocar as agulhas com regular distância uma da outra. A pequenina não acusava a dor das picadas nem da introdução do metal, que permaneceu ao longo das costas por vários minutos.

Buscou confortar os pais, sem os animar demasiadamente, explicando que nem sempre se pode curar todos os tipos de mazelas. Elucidou que a morte é lei da Vida e que a sobrevivência é ato de amor do Pai Criador.

Exortou Adelaide ao despertamento e explicou que estivera com Davi em experiência fora do corpo pelo sono, confirmando-lhe as lembranças e anulando a falsa hipótese de haver sido um pesadelo ou derivado.

— O tempo urge — disse enérgico — e ainda se podem modificar os programas maléficos em desdobramento, por meio de radical transformação interior e alteração de conduta.

"Colhem-se os frutos, doces ou amargos, das árvores que se plantam.

"O triunfo do mal somente é possível quando com ele as pessoas sintonizam, negando-se ao bem que podem e devem realizar.

"Não se creia, portanto, na supremacia, nem na vitória permanente do crime, da insensatez, da perversidade.

"O amor está em tudo e em toda parte, expressando as leis da Vida. A opção para fruí-lo de imediato ou posteriormente, é de cada criatura. O certo é que ninguém dele se evadirá para sempre. Paciente, aguarda o momento de expressar-se, senão com alegria ao menos por meio da aflição que balsamiza.

"A criatura humana está fadada à felicidade e reencarna com os equipamentos necessários para o ditoso cometimento, que terá seu momento próprio. Desejar gozá-la antes do tempo é ilusão com a qual se troca a plenitude, sob o domínio dos fugazes prazeres dos sentidos, que fazem parte do corpo em processo de deterioração. Somente por meio dos esforços de autocontrole e comedimento, das atitudes corretas e dos deveres bem cumpridos, é que se pode chegar ao fim proposto pela Vida.

"Os servidores do Bem não necessitam empanturrar-se das coisas transitórias que deixarão com a morte, mas, sim, devem amealhar as moedas morais da coragem, da abnegação, da confiança em Deus, do amor, com que jamais lhes faltará na Terra e fora dela o necessário para serem felizes. O mais são engodo, fuga alucinada, abandono da realidade, sob os vapores da fantasia que os deixam nas horas decisivas, quando perceberão as mãos vazias...

"Os gregos antigos conceberam mitologicamente Caronte, conduzindo as almas na sua barca sobre as águas do rio Estige, para depô-las no *outro lado, o lado de cá*. De acordo com a posição social de cada *viajante*, era colocada uma moeda entre os seus dentes, que funcionava como pagamento — cobre, prata ou ouro — facilitando ao condutor a escolha do lugar para onde o conduziria.

"Esse arquétipo mitológico pode ser hoje interpretado como a conduta de cada ser — atos: virtudes ou vícios — que lhes servem de salvo-conduto ou passaporte para a região que os aguarda.

"Ninguém se engane, porque a consciência, por mais se demore adormecida, sempre desperta, às vezes tardiamente, sem chance de recuperação imediata. Ninguém foge de si mesmo e é compelido a conviver consigo mesmo."

Retirou as agulhas da criança, que adormeceu como se houvesse sido anestesiada, o que certamente aconteceu mediante o magnetismo bem direcionado. Teceu palavras de alento moral e despediu-se, retornando, jubiloso, ao nosso convívio.

Foi mais uma tentativa, no empenho da caridade fraternal, a que todos nos devemos comprometer.

Davi despertou sem convulsões, sentindo-se disposto, como decorrência dos fluidos hauridos no intercâmbio saudável.

Sorriu, espontâneo, e observou a doentinha adormecida, bem como a tranquilidade dos pais.

Adelaide, embora alegre, deixava transparecer alguma preocupação.

Os visitantes despediram-se, agradeceram, e carregando a filhinha voltaram ao veículo que os trouxera, demandando o hotel...

Quando ficaram a sós, ainda na sala, Adelaide comentou com o esposo as observações que anotara:

— O Dr. Hermann estava diferente, volveu ao passado, aos primeiros dias, porém afável e meigo, o que me pareceu inusitado. Dissertou sobre vida e responsabilidade, morte e sobrevivência... Ele sempre foi de poucas palavras. Confesso que estou confusa... Ouvindo-o, senti-me bem e preocupada, como se pairasse sobre nós uma *espada de Dâmocles*, prestes a romper o fio que a sustenta e cair sobre nossas cabeças. Como você está se sentindo?

— Muito bem — ripostou o marido.

— Ele afirmou que o seu sonho anterior foi um encontro espiritual, certamente alguma atividade em desdobramento. Você recorda-se dos detalhes?

— Vagamente. Mas que é isso? Você sempre tão lógica e prática, que está desejando dizer-me?

— Receio que foi alguma mistificação o que acabamos de ter, embora as sensações agradáveis e o bem-estar proporcionado à criança.

— Deixemos para lá. Pensaremos nisso depois. Recorde-se do nosso compromisso com os amigos para o jantar às vinte e duas horas no clube. Hoje haverá leilão e desejo arrematar alguma coisa valiosa que a irá agradar muito. Vamos trocar de roupas, porque o tempo urge.

— Puxa! Você está repetindo as palavras que ele enunciou, como a dizer que já não há tempo.

— Coincidência, meu bem. Afinal essas palavras não são exclusivas dele, verdade?

E dando-lhe uma palmada de carinho, abraçou-a, dirigindo-se ao quarto de vestir no piso superior.

Noite de angústias

O irmão Ernesto meneou a cabeça contristado.
Agora, o Dr. Hermann era tomado por mistificador! Como as criaturas veem apenas o que querem, o que lhes apraz e convém! Não se devendo violentá-las, a fim de que despertem para a consciência de si, a única alternativa é amá-las, deixando-as livres para que aprendam mediante as próprias experiências.

No momento em que Dr. Carneiro de Campos, utilizando-se da energia peculiar aos Espíritos nobres, afastou o comensal da perturbação, surpreendendo-o, Fernando o envolveu em contínuas descargas fluídicas, impedindo-o de fugir do recinto. A mesma providência foi tomada em relação aos seus acompanhantes, que se sentiram aturdidos ante o inesperado, abandonando a atitude de mofa e passando a exteriorizar significativo receio na face.

Tratava-se de Espíritos arregimentados entre as hordas de ociosos e vadios da erraticidade inferior, submetidos a imposições descaridosas dos emissários do *Soberano das Trevas*, que deles se utilizavam para tarefas de perturbação inconsequente, enquanto os adestravam para investiduras mais graves, de acordo com as características morais de cada qual.

De certo modo, eram intimidados por outros sicários que os exploravam, ameaçando-os de punições cruéis nas regiões inditosas. Periodicamente, eram levados a acompanhar as disciplinas aplicadas naqueles que se negavam à submissão ou não logravam realizar as tarefas conforme lhes eram impostas. Vigorava entre eles o regime do terror, da bajulação, da insegurança.

Ignorantes da realidade espiritual e destituídos de valores morais, que não amealharam durante a reencarnação, vagavam na inutilidade, esfaimados de energias e enfermos, até serem arregimentados por aqueles que os submetiam e exploravam. Colhidos na própria armadilha, receavam os próximos acontecimentos que desconheciam.

O fenômeno biológico da morte, ao libertar o Espírito das amarras carnais, apenas transfere-o de uma para outra dimensão, preservando-lhe os valores, positivos ou não, com os quais se houve no mundo. Deparando-se com a própria realidade, permanece errático, associando-se a outros com os quais se afina, assim formando, qual ocorre entre os homens encarnados, hordas e legiões perniciosas.

Quando algum se dá conta da própria situação, caindo em si e se resolvendo pela mudança de comportamento, diligentes benfeitores que o assistem, sem que o saiba, acorrem em auxiliá-lo, recambiando-o para outro campo vibratório no qual se reeduca, reconsidera atitudes, reprograma o futuro.

Permanecendo na rebeldia, na insensatez, na ociosidade, além de perturbar-se em longo curso, torna-se vítima de sicários mais impenitentes que o exploram, que o utilizam para fins hediondos, até o momento em que luz a divina misericórdia, e a expiação o reconduz ao processo reencarnatório, depurador.

Estefânio, o hábil mistificador, recobrando-se do choque, começou a exigir:

— Libertem-me. Sou *peixe miúdo* na sua rede. Não tenho valor. Apenas cumpro meu dever, obedecendo ordens superiores, poupando-me problemas.

Muito calmo, Fernando esclareceu:

— Bem o sabemos. Conhecemos pessoalmente a organização a que você pertence e temos interesse em contatar com os seus chefes, especialmente com o *Soberano*.

Noite de angústias

"Ocorre, porém, que nos encontramos investidos de relevantes compromissos morais e não dispomos de tempo para malbaratá-los com irmãos iludidos, como você, que se atribuem direitos a que não fazem jus, estejam ou não a serviço de quem quer que seja.

"Desse modo, encerraremos hoje estes capítulos de perturbação e mentira que você tem experienciado. Mesmo que o nosso Davi resvale na alucinação que vitaliza, e para a qual o amigo contribuiu, não mais lhe terá acesso à hospedagem mental nem acompanhará o desenrolar dos acontecimentos em pauta.

"Momento chega, no qual cessa o livre-arbítrio individual e se expressa a Lei. Toda liberdade tem limite e este é a fronteira do direito, da alheia liberdade, sem o que se abrem os fossos da libertinagem, do desvario.

"Você e os nossos irmãos, seus servidores, ficarão aqui detidos para posterior remoção no momento hábil."

Os esclarecimentos eram enunciados em tom fraternal, mas sem margem a dúvida ou pieguismo de falsa compaixão.

Aquela seria uma longa noite, uma noite de angústias, de incertezas e dores. A única certeza que existe é a do incessante amor de Deus por todas as suas criaturas.

A arrogância de Davi e o seu desequilíbrio alcançaram o patamar do absurdo quando ele passou a armar-se, como providência contra assaltantes ou inimigos, pelos quais se dizia perseguido. Intentou e conseguiu autorização para portar revólver, considerando as viagens que empreendia e os riscos a que, segundo afirmava, estava submetido.

Nessa noite, após os cuidados com a aparência, tomou da pistola e colocou-a no coldre, à cinta.

Prelibando as sensações porvindouras, desceu com a esposa ao térreo, tomou o automóvel e seguiu ao hotel de luxo, onde encontraria os amigos da sua estranha corte para o leilão e o jantar extravagante.

Após a saída do casal, porque nada mais podíamos fazer ali, o Dr. Carneiro e o irmão Ernesto assumiram a responsabilidade de conduzir os companheiros equivocados e Estefânio para o nosso posto operacional, onde a bondade do nobre Vicente cedera as instalações a cooperadores hábeis para o ministério em desdobramento.

Naquela noite não havia reunião normal, sendo-nos reservado o tempo para as nossas atividades.

Assim, instalamos os Espíritos que conduzíramos, até que fossem providenciados os socorros necessários ao seu reequilíbrio.

Alguns, temerosos de punições, crendo-nos mensageiros mais poderosos e pertencentes a algum grupo adversário do *Soberano*, prorromperam em pranto angustiante, suplicando piedade e ajuda.

Havia, em muitos deles, sincero desejo de recuperação, o que facultou a enfermeiros diligentes separá-los dos demais — que os menoscabavam com expressões chulas —, a fim de prestar-lhes conveniente assistência. Os outros aguardariam as diretrizes compatíveis que lhes seriam sugeridas.

Nesse comenos, o abnegado Vicente recebeu informação de que Raulinda, aturdida e magoada em si mesma, sob a reação do adversário em processo de reencarnação e sitiada psiquicamente por outros membros do clã do *Soberano*, programava-se para o suicídio.

O Dr. Carneiro anuiu em acompanhá-lo, levando-nos, enquanto Fernando, o Dr. Hermann e o mentor Ernesto ficaram cuidando dos pacientes que trouxemos à Casa Espírita.

Quando chegamos ao lar da amiga estúrdia, deparamos com um espetáculo deplorável. Tomada de pavor e revolta consigo mesma, encontrava-se cercada por Espíritos perversos e zombeteiros que a crivavam de acusações cruéis, gerando um psiquismo pestífero, venenoso. O reencarnante lutava para romper o liame magnético que o atava ao zigoto.

Ela ouvia mediunicamente os reproches, sarcasmos e ameaças, desequilibrando-se. Recordou-se de certa substância venenosa que havia em casa para erradicar roedores e predispôs-se a tomá-la, induzida pelos adversários impiedosos.

Não recorrera à oração, embora convidada à prece pela avó desencarnada que a assistia. Nessa emergência, ante a ameaça do pior, a veneranda senhora recorrera ao dedicado Vicente.

Os bulhentos perturbadores não nos perceberam a chegada e continuaram no cerco infeliz.

Quando as criaturas se derem conta do intercâmbio, da interferência dos Espíritos nas suas vidas, e, instruídos nas técnicas de equilíbrio moral e emocional, agasalharem as ideias superiores, que lhes serão psicoterapia excelente e salvadora, mudarão a paisagem das aflições humanas para melhor.

Antes de resvalarem pela rampa da revolta ou da depressão, do vício ou da violência, aprenderão a precatar-se contra o mal e a vitalizar o bem, poupando-se muitas dores que a sua invigilância lhes acarreta.

Enquanto o Dr. Carneiro passava a aplicar energias que dissolvessem a tela vibratória sombria que a asfixiava, o irmão Vicente punha-se em oração e lentamente fazia-se visível, aureolado de safirina luz que se foi intensificando até iluminar o cômodo.

Os Espíritos perturbadores ficaram confusos. Uns saíram em disparada, outros, ainda vinculados aos hábitos religiosos do passado, ajoelharam-se, exclamando:

— É um anjo de Deus! Misericórdia!

O sereno mentor, encerrando a súplica, respondeu-lhes:

— Sou apenas vosso irmão, que vos vem clarear as trevas da ignorância e despertar-vos para as responsabilidades esquecidas. Vede, a pobre jovem a quem aturdis é nossa irmã que se inicia no sagrado mister da maternidade. Certamente, não escolheu a maneira ideal para isso, porém necessita alcançar o cometimento para o próprio, como para o bem do filhinho que irá renascer. Deixai-a e ide, vós também, em paz.

Havia tal vibração de amor e de ternura, que eles suplicaram:

— Ajudai-nos e tende piedade de nós, anjo do Senhor! Estamos perdidos, agoniados, em desespero. Que fazer?!

— Orai, reconsiderai vossos atos por meio de sincero arrependimento e abri-vos ao Bem. Emissários divinos virão em vosso auxílio, tão logo permaneçais nos superiores propósitos de elevação, de reequilíbrio. Ide e confiai. Não vos faltarão socorros. Tende ânimo!

Comovidos, alguns a outros abraçados, os bulhentos arrependidos abandonaram o recinto.

— Deus vos abençoe! — exclamou o venerável guia.

Dei-me conta, naquele momento, da elevação do irmão Vicente, que se nos apresentava humilde e discreto. Os seus títulos de enobrecimento eram relevantes, expressivos.

Característica essencial dos Espíritos nobres é a humildade sem jaça, que nunca se ensoberbece, tampouco se subestima ou se autodesconsidera.

O ser humilde assim o é, sem exaltar os dotes que lhe exibem o que deveriam ocultar, não chamando a atenção.

As vigorosas energias do Dr. Carneiro de Campos, pouco a pouco, romperam a estranha rede que apertava Raulinda e foi dissipada, desaparecendo.

A jovem respirou algo aliviada e começou a reflexionar melhor. Deu-se conta do perigo que a cercava. Correu ao banheiro e derramou o conteúdo letal, libertando-se do crime ameaçador. Pranto espontâneo dominou-a sem desespero.

O Dr. Carneiro dirigiu-se ao reencarnante em tom paternal e admoestou-o com ternura, demonstrando-lhe a providencial oportunidade para reparação dos débitos, por parte da futura mãezinha, e apaziguamento dos conflitos que o maceravam.

Afinal, todo perseguidor é alguém em si mesmo molestado, infeliz, sem discernimento, envenenado pelo ódio sandeu, sem rumo nem diretriz.

Nesse momento, Raulinda lembrou de *O evangelho segundo o espiritismo*, de Allan Kardec e, depois de orar, abriu-o e o leu comovidamente.

Voltava à normalidade, desde o desagradável acontecimento do consultório. Recobrava o ânimo, a coragem para enfrentar os desafios resultantes do passo equivocado, sem tombar em gravames maiores.

O irmão Vicente utilizou-se do momento em que ela se deteve a meditar na página lida e inspirou-a, convidando-a à reflexão, à mudança de atitude para melhor, definitivamente.

Ela captava nos refolhos da alma a palavra segura e severa do mentor, predispondo-se a uma nova conduta, reabastecida pelo potencial da fé, que lhe cumpria acionar. Abria-se para a sua atual existência um capítulo novo, libertador, conduzindo-a no rumo da felicidade.

O Bem atuante, aceito, venceu o mal transitório desagregador. A sua e a existência próxima do filhinho teriam agora o seu curso normal.

É claro que os últimos acontecimentos foram levados ao *Soberano das Trevas*, que tomou novas e formidandas providências, resolvendo-se por aceitar o repto da equipe dirigida pelo Dr. Carneiro de Campos.

A melhor maneira de realizar o enfrentamento seria por meio de quem mais facilmente lhe acolhesse as insinuações.

Fernando conseguira infiltrar-se nos seus labirintos, tomara conhecimento das suas técnicas e armadilhas, pois que para isso viera com o venerável esculápio desencarnado.

Sabíamos que não o poderíamos defrontar, por enquanto, em razão dos desígnios divinos, já que ele fazia parte do programa das provações e expiações terrestres, pelo fato de ainda sermos inferiores, aqueles que nos movemos no planeta, necessitando dos espículos e das dificuldades do caminho para o processo da evolução. Todavia, tínhamos como objetivo desbaratar os planos mais extensos que ele elaborara, cooperando com algumas vítimas em potencial, que estavam lutando para conquistar o reequilíbrio, para se apaziguarem com a própria, assim como com a Consciência Cósmica. E esse mister estava sendo conseguido, embora o médium Davi, por livre opção, resolvesse marchar com os próprios frágeis equipamentos. A sua defecção não significaria fracasso do nosso programa, mas insucesso dele mesmo, o que muito lamentávamos por antecipação. Por isso todos os investimentos possíveis lhe haviam sido concedidos.

Terminada a tarefa, retornamos ao Núcleo de atividades onde nos aguardavam os demais amigos.

Passava da meia-noite quando se adentrou Daniel, cooperador desencarnado da nossa Sociedade Espírita, trazendo informações a respeito de Davi.

Daniel fora designado para acompanhá-lo, auxiliá-lo no comportamento, tentando evitar-lhe as explosões temperamentais, resultantes da soberba, que lhe poderiam gerar conflitos graves.

Imediatamente seguimos ao clube elegante, onde nos deparamos com uma cena profundamente constrangedora.

Pelo que nos relatou Daniel, durante o leilão Davi interessou-se por uma peça antiga e resolveu-se por adquiri-la. Um oponente natural dispôs-se a competir com ele. O preço tornou-se muito alto e Davi arrematou-a, com júbilo e estardalhaço.

O opositor, revoltado, explodiu com referências acusatórias:

— O seu dinheiro é ganho pelo Dr. Hermann, e, portanto, em grande quantidade, como charlatão e explorador da credulidade e da ignorância generalizada. Eu, não. Ganho e vivo do meu trabalho.

Ouviram-se algumas gargalhadas.

Sacudido pela acusação intempestiva, Davi avançou, irado, e atirou-se contra o adversário, engalfinhando-se os dois em luta vulgar, até que alguns presentes e empregados da casa os separaram, diante do constrangimento de todos.

Não cessara o burburinho, quando se iniciou o banquete. Davi exorbitou na ingestão de alcoólicos, o mesmo acontecendo com o outro.

Profundamente perturbados, olhavam-se a distância, rilhavam os dentes e ameaçavam-se reparação.

Necessário assinalar que o *Soberano* retomara as rédeas da pugna, havendo destacado um dos seus comandantes em pessoa, que, cientificado dos detalhes do programa, veio definir a situação. Havia planejado uma *cena de sangue*, que daria início a sucessivos acontecimentos funestos. Fora ele quem induzira o vencido, no leilão, a proferir a acusação vexatória contra o médium invigilante.

O irmão Ernesto, de imediato, percebeu a gravidade do momento. Davi encontrava-se possesso pelo ódio e semi-incorporado pelo adversário desencarnado. Técnico em obsessão, ele seguia dominando os painéis mentais do sensitivo que se encontrava sem o menor controle sobre os próprios atos.

Tudo sucedeu com rapidez. Subitamente, acionado por um comparsa do obsessor, o oponente de Davi levantou-se e, aproximando-se da mesa em que ele se encontrava, golpeou-lhe a face.

Davi ergueu-se e sacou da arma.

O irmão Ernesto pôs-se em oração, irradiando sucessivas ondas de amor e de paz.

Os comensais petrificaram-se nas cadeiras.

O impacto da cólera, no entanto, foi de tal natureza, e o choque tão terrível que, antes de acionar o gatilho, Davi levou a mão ao peito, deu um grito e tombou fulminado por violento, brutal enfarte do miocárdio.

A cena foi terrível. Gritaria, pessoas correndo, providências de emergência, transporte do corpo inerte a uma clínica especializada. Tarde demais. Davi desencarnara.

Felizmente, a sua impulsividade não gerou danos mais graves, exceto os problemas para si mesmo.

O Dr. Hermann Grass encontrava-se comovido, quanto nós outros.

O irmão Ernesto e o Dr. Carneiro seguiram o corpo, a fim de ministrarem a assistência compatível ao recém-desencarnado.

Encerrava-se de forma lamentável uma existência que poderia ter sido coroada de bênçãos, caso Davi houvesse trilhado outros caminhos aos quais fora conduzido várias vezes, mas que, renitente, não quis aceitar.

Fernando e nós permanecemos no recinto, repleto de exaltados em considerações frívolas e apaixonadas, a maioria com acusações ao falecido.

Fernando desejava, porém, atrair a atenção de Tucqtamich, que fora na Terra aliado, depois adversário do atual *Soberano das Trevas*, agora a seu soldo, *braço da divina Justiça*, conforme se considerava.

Novos rumos

Sabíamos, graças a informações de Fernando, que um dos objetivos da nossa excursão à Terra era contatar com o cruel Tuqtamich, que vivera no século XIV e desencarnara no começo do seguinte. Havendo nascido na Sibéria, descendente de Gengis Khan, foi senhor absoluto da região de Qiptchaq, quando recebeu apoio de Timur Lang e devastou a Rússia. Posteriormente, o seu aliado inimizou-se com ele e o venceu, arrasando o seu reino e espoliando-o terrivelmente. Desencarnou em desgraça por volta de 1406. A sua impiedade competia com a dos adversários, cada qual mais cruento e sanguinário.

Quando da eleição do *Soberano das Trevas*, fez parte do séquito que o apresentou, passando depois à condição de ministro do seu reino de vandalismo espiritual.

Na conjuntura lastimável a que nos referimos, havia planejado o homicídio do litigante, que sofrera indução de um dos seus comparsas, no desafio e agressão a Davi. Vira-se frustrado, graças ao providencial acidente orgânico do médium, cuja saúde encontrava-se abalada pelos excessos cometidos e falta de cuidados para com o instrumento carnal.

No momento da prece, em rogativa de socorro, o irmão Ernesto, sabendo da deficiência cardíaca do seu pupilo, exortou, sem palavras, a interferência do Pai para evitar uma tragédia mais grave, no que foi atendido.

Com isso não pôde, o cruel inimigo desencarnado, locupletar-se dos fluidos do recém-falecido, exaurindo-o e arrastando-lhe o Espírito para a região onde se homiziava com a consciência tumultuada.

Por tal razão, os mentores acompanharam o corpo do desencarnado, a fim de providenciarem o posterior desprendimento do amigo invigilante.

Era o início também, para a ambiciosa Adelaide, de outro período existencial, quando se daria conta do comportamento leviano e da falência espiritual ao lado do esposo, e começaria a expungir o passado leviano.

De certo modo, surpreso com o inesperado desfecho da discussão, o títere siberiano ficou algo desconcertado, embora os seus áulicos celebrassem o evento com ruidosa festa de triunfo, aproveitando-se da desordem do ambiente, em *hospedagem* vampirizadora nos indivíduos ali reunidos e descuidados moralmente.

Assim, utilizando-se do seu insucesso, Fernando aproximou-se do feroz guerreiro e o saudou, respeitosamente:

— Aguardávamos a sua presença — disse com naturalidade. — Seja, pois, bem-vindo a este recinto, que não é lugar ideal para um diálogo, assim como não o são as circunstâncias do momento.

Convocado diretamente e identificando a qualidade moral do interlocutor, reagiu com enfado e furor:

— Sabe com quem está falando? — e tomou ridícula postura de personalidade tribal dominadora.

— Sem dúvida — redarguiu nosso amigo. — Falo com o velho *Khan* Tuqtamich, terror de várias regiões do norte europeu-asiático, que a morte arrebatou e destituiu, reduzindo-o à sua significação de pária espiritual.

As palavras finais alcançaram-no como uma chibatada. Ele congestionou o rosto, que assumiu aspecto de máscara horrenda, com os olhos esbugalhados, vermelhos e chamejantes, blasonando:

— Posso fulminá-lo com meus poderes e minha vontade. Cuidado, portanto!

— Embora aqui não seja o lugar próprio, aceito o seu repto, por saber que não passa a sua assertiva de bazófia para intimidar os incautos e os medrosos, que se lhe submetem ao talante.

O *Khan* ergueu as mãos em atitude de quem se prepara para disparar dardos magnéticos e fixou os olhos terríveis em Fernando, que permaneceu impassível, concentrado e aureolando-se de luz violáceo-alaranjada em todo o corpo, que o defendia da irradiação negativa.

Suando em bagas e exalando forte odor a enxofre, ele bradou:

— Eu sou um diabo! Ajoelhe-se diante de mim. Você viu o que acabei de fazer com o outro. (Referia-se a Davi.) Não foi a primeira vez que o enfrentei, bem como ao seu médico, você sabia?

Nosso companheiro, sem nenhuma reação, respondeu:

— Sei sim e recordo-me da obsessa que você conduziu ao Dr. Hermann... O irmão é Espírito doente, e não lenda. A fantasia diabólica de que se utiliza não me assusta, não me produz qualquer preocupação, por ser fruto da sua imaginação perturbada, sem estrutura nem realidade. Tampouco o amigo fez coisa alguma significativa, além de inspirar o rebelde ao duelo verbal estúpido, que culminou na luta insana... A sua ação foi um fracasso, de que terá que dar conta ao seu Chefe, que esperava e pretendia algo mais expressivo...

"Eu o exorto, em nome de Deus — este sim o Todo-Poderoso — a render-se ao Bem, a mudar de comportamento, tomando rumo novo. São mais de seiscentos anos de alucinação, de peregrinação perversa no mundo inferior, longe da luz, da paz, do discernimento, do amor.

"Aproveite, amigo-irmão. Este é o seu momento grandioso de libertação das sombras e da hediondez. Soa a sua hora de despertamento. O reino da fantasia perversa chega ao fim. Detenha-se! Jesus o espera para apresentá-lo ao Pai Criador."

— Nunca! O meu reino é outro e o meu Chefe tem nome diferente. A minha luta é a saga da destruição, do ódio à humanidade e ao seu *Cordeiro*. Adeus!

Uma nuvem espessa circundou-o, como se originada de uma explosão de pólvora, e ele desapareceu.

Fernando ainda afirmou-lhe:

— Voltaremos a nos encontrar, antes do que você imagina.

Os seus acompanhantes, diante do acontecido, debandaram como soldadesca infrene sem comando e deixaram o imenso salão do clube.

Pouco a pouco as pessoas se recompuseram, e o banquete logo mais se encerraria sem brilho, como cenário de infelizes sucessos.

O oponente de Davi foi retirado às pressas, visivelmente hebetado pelo álcool, pelos fluidos deletérios aspirados e pelo choque nervoso ante a morte do outro.

Ato contínuo, retornamos ao Centro Espírita, quase às duas horas da manhã.

O Dr. Hermann Grass, que acompanhara o diálogo de Fernando com o perverso líder das sombras, ficou impressionado. As suas experiências transcorriam em outra área, especificamente no auxílio à reparação de peças orgânicas desestruturadas, gastas, em decomposição... É claro que sabia das forças em litígio no mundo espiritual, como no físico, mas nunca se havia preocupado com elas, até o dia em que fora desafiado, no passado, pela obsessa que esbofeteara...

Percebendo-lhe as interrogações que não chegava a formular, fraternalmente Fernando explicou-lhe:

— O mundo, que ora habitamos, é o causal, eterno, real. O físico é uma pobre modelagem deste. Por isso, importante em nosso labor é o ser profundo, o espírito. O que não significa desvalor para as ações de beneficência, de ajuda ao corpo, que desempenha papel de vital importância na vida. Preferencialmente, porém, o ser espiritual é o causador das glórias e quedas a que se impõe por meio dos pensamentos, palavras e obras.

Inexoravelmente, a toda ação corresponde uma reação semelhante. Os danos ao organismo físico e psíquico podem ser reparados mediante providências e técnicas especiais, mas somente serão erradicados quando houver mudança nos seus painéis de comando, pela transformação moral dos próprios pacientes. E como a morte é fenômeno inevitável da vida, sempre nos cabe a tarefa de preparar o ser para a sua imortalidade.

Fazendo uma pausa oportuna, prosseguiu:

— O mundo espiritual é o grande lar, de onde se sai em viagem experimental da iluminação e para onde se retorna com os resultados insculpidos na consciência... Compreensivelmente, aqueles que fracassam buscam fugir da responsabilidade e acumpliciam-se com outros semelhantes, em vãs tentativas de escaparem de si mesmos e da Consciência divina. Formam, dessa maneira, grupos alienados, que se consideram justiceiros, arremetendo contra todos quantos lhes inspiram inveja, antipatia, ciúme... Essa é uma luta inglória, por certo, pois que efêmera, tornando-se igualmente o tormento que os sevicia e os leva ao despertamento. Quando esse não se dá espontâneo, as leis da Vida os recambiam à reencarnação em expiações libertadoras, dessa forma se lhes reajustando os implementos morais, as forças espirituais.

"Assim, a morte que os homens temem e nos pedem para impedi-la de os arrebatar, para nós tem um sentido totalmente diverso... No caso do nosso Davi, o lamentável é a perda da oportunidade, que terá de reconquistar agora a duras penas e em largo tempo, e não a desencarnação em si mesma, mas nas circunstâncias deploráveis em que ocorreu..."

O benfeitor Vicente e os cooperadores que ali continuavam deram atendimento possível aos irmãos que conduzíramos para socorro oportuno, alguns dos quais haviam sido encaminhados à nossa Colônia. Os que permaneceram, iriam ser objeto de assistência mediúnica por meio dos companheiros dedicados à *psicofonia atormentada*, nas reuniões próximas, quando receberiam conveniente doutrinação e apoio. Por enquanto, demorar-se-iam sob custódia fraternal dos trabalhadores espirituais ali sediados.

Transcorridos alguns minutos, chegaram o irmão Ernesto e o Dr. Carneiro, elucidando que o corpo do nosso amigo estava sendo transferido para a Morgue, cumprindo as exigências legais, e que ele, embora vinculado aos despojos carnais, estava convenientemente anestesiado, o que lhe impediria sofrer as dores da necrópsia...

Consideraram, os dedicados guias, que apesar das últimas atitudes lamentáveis, sua existência também fora assinalada por ações nobres e caritativas no começo do ministério mediúnico, antes que se permitisse perturbar pela empáfia, pela prosápia. Portador de bons sentimentos, estes não lhe estavam bem estruturados no íntimo, a fim de resistirem ao cerco dos bajuladores, às calúnias dos invejosos, à perseguição da má vontade, às incursões negativas dos desencarnados infelizes.

Sua dedicação inicial granjeara-lhe simpatias, afetos e gratidões. Desse modo, muitos Espíritos a quem ele beneficiara como médium autêntico, ou aos seus familiares, encontravam-se em vigília, acompanhando-lhe as últimas imposições terrestres e orando em seu benefício.

Nenhum bem que se faça, fica sem resposta. Há sempre uma recompensa de amor, a qualquer ato de amor, mesmo quando inconscientemente ocorre essa atitude.

Dirigindo-se ao Dr. Grass, o benfeitor Ernesto adicionou:

— Milhares de pessoas de ambos os planos da Vida rogam bênçãos a Deus para o amigo, que as ajudou a diminuir sofrimentos físicos e angústias morais. Outras tantas se interrogam como ficarão agora, tendo em vista o afeto que devotam ao nobre médico.

Sinceramente tocado, o cirurgião indagou, por sua vez:

— Como ficarei? Que farei? Bem sei que Deus me sustentará, porém, encerrado este capítulo, gostaria de prosseguir com uma visão diferente, no entanto com o mesmo afã e a mesma dedicação.

O Dr. Carneiro envolveu-o em um amplexo afetuoso e comentou:

— Ao bom trabalhador nunca falta oportunidade de ação, especialmente no delicado campo da caridade fraternal aos enfermos. Um especialista, com as qualidades do querido irmão, é bem-vindo ao nosso grupo de ação, exatamente neste momento em que as doenças grassam desenfreadas e a dor se agiganta nos corações aflitos.

"Tomaremos providências para que lhe seja facultado um curso de aperfeiçoamento acerca do perispírito e das suas funções, a fim de poder operar nessa área complexa onde estão sediadas as matrizes de muitos males.

"O período dos fenômenos mediúnicos ostensivos, ruidosos, mesmo chocantes, vai cedendo lugar às sutilezas do comportamento, à educação dos pacientes, de modo a ser lograda a cura real, e a mediunidade deixar o palco do exibicionismo, que a uns convence, mas não os transforma intimamente para melhor, e a outros, pelo seu aspecto agressivo, como no caso em tela, provoca debate, suspeita, confusão mental...

"Este é o momento da Doutrina Espírita acima da manifestação mediúnica, não obstante a sua imensa contribuição à causa do Bem.

"Nesta Casa de amor e luz dispomos de excelentes médiuns que poderão ser adestrados para a atividade curativa, como já vem ocorrendo discretamente."

Unindo as palavras aos atos, o Dr. Carneiro expôs ao irmão Vicente o que acabara de falar ao Dr. Hermann e pediu-lhe permissão para que Leonardo fosse convidado a colaborar com o nobre médico, no futuro, prosseguindo o labor agora sob novo comportamento.

O Diretor espiritual não ocultou o contentamento, comprometendo-se a levar ao mentor de Leonardo a proposta edificante e convencionando que Fernando, que exercera a mediunidade curativa na sua existência anterior, encarregar-se-ia de adestrar o companheiro encarnado, o qual teria os seus compromissos mediúnicos aumentados com responsabilidade ampliada.

Novos rumos

Testado por anos a fio, o candidato ao trabalho mais específico havia superado empecilhos e problemas, sendo fiel aos compromissos abraçados, particularmente os de referência às atividades mediúnicas.

Sendo esse um campo espinhoso, seriam tomadas providências para que as realizações ocorressem com discrição. O próprio Dr. Hermann, no futuro, adotaria pseudônimo, de modo a evitar as habituais romarias de necessitados em busca de milagres.

Novos rumos se delineavam, abençoados, para o desdobramento das realizações espíritas.

Os envolvidos na programação aguardavam agora ocasião de ouvirem o mentor de Leonardo, assim como ele próprio.

Após as aflições do processo de crescimento espiritual, surgiam possibilidades de crescimento íntimo para todos, particularmente com o ingresso do médico-cirurgião na caravana conduzida pelo Dr. Carneiro.

Outras atividades aguardavam-nos, e os desafios se tornavam mais próximos, convidando-nos ao recolhimento e à gratidão a Deus.

O calvário de Adelaide

A notícia da desencarnação de Davi correu célere como um rastilho de pólvora aceso.

Às primeiras horas da manhã seguinte ao óbito, familiares, simpatizantes e curiosos acorreram à residência da viúva para apresentação de condolências, solidariedade e apoio fraternal. Grande número de beneficiários da sua faculdade lamentou o infausto acontecimento, sinceramente tocados de emoção.

Não faltaram, porém, os comentários maldosos, o júbilo dos invejosos, esquecidos de que se encontravam na mesma frágil embarcação orgânica, da qual seriam retirados oportunamente.

A imprensa noticiou o fato de acordo com a óptica de cada repórter, sem mais lamentáveis consequências. Logo depois sucederiam no mundo ocorrências mais chocantes chamando a atenção e anulando o impacto das menores...

Os filhinhos, embora sem discernimento para entenderem a dimensão do fato, prantearam o genitor desencarnado, ao lado da mãezinha fundamente dorida.

Angustiada e contida, Adelaide repassava as cenas do seu namoro, noivado, matrimônio e convivência com Davi, quando chegamos, quase à hora do sepultamento.

O ambiente espiritual regurgitava: Entidades zombeteiras misturavam-se aos exploradores das energias das vísceras e tônus dos recém-desencarnados que não souberam conduzir o carro da existência física; amigos devotados oravam e benfeitores faziam-se presentes. Os membros do clã das *Trevas* não puderam acercar-se, impedidos por vigilantes servidores orientados pelo irmão Ernesto.

Pairavam no recinto vibrações de preces intercessórias e de sentimentos de afeto puro como de gratidão legítima. Apesar da insensatez a que se entregara, Davi semeara simpatias e amizades, que agora lhe eram úteis e retornavam como colheita de esperanças.

Por mais sombria se apresente a noite, a madrugada feérica é inevitável. Voltar-lhe-ia outro amanhecer rico de oportunidades felizes, que ele aproveitaria com certeza.

Estávamos ouvindo um dos presentes ler uma página de consolação, assim impondo silêncio aos maledicentes e levianos, que transformam os velórios em clubes de vulgaridade verbal, de chacotas e anedotário vil, quando deu entrada Guillaume visivelmente aturdido. A expressão de surpresa estava-lhe estampada na face. Ajoelhou-se, como fazia no passado religioso do qual procedia, ao lado do esquife, e prorrompeu em copioso pranto, quase chegando ao desespero.

O Dr. Carneiro aproximou-se dele e sussurou-lhe ao ouvido:

— Bom ânimo, amigo. A Lei se cumpriu sem necessidade da sua interferência. Ninguém foge aos fenômenos da Vida — nascimento, morte, renascimento. É inevitável esse ciclo. O ir e vir é processo da evolução ao qual estamos submetidos.

Acrescentou-lhe palavras de reconforto e sugeriu-lhe o bálsamo da oração, que a ambos iria beneficiar.

Do exterior chegava-nos o alarido da malta de desocupados, de seres perversos que frequentam os cemitérios, impedidos de adentrar graças às defesas magnéticas que haviam sido providenciadas.

Alguns amigos do extinto, antes do sepultamento, proferiram palavras de simpatia, e homenagens foram-lhe prestadas, havendo sido transferido o ataúde para a área externa verdejante onde seria inumado.

No instante em que o mesmo era baixado, Adelaide, que permanecia impactada, tensa, pareceu despertar, e, emitindo um grito rouco, qual rugido de uma fera aprisionada, empalideceu, tombando inconsciente. A face apresentou-se congestionada, as pernas e os braços distenderam-se, a língua foi projetada para fora da arcada dentária. A cabeça passou a mover-se de cima para baixo freneticamente, e, logo depois, instalou-se a *fase clônica*, o momento terrível da convulsão...

Familiares e amigos correram a segurá-la, porém os movimentos rápidos, bruscos, tornavam difícil a tarefa.

O Dr. Carneiro, profundamente compadecido, envolveu a paciente em fluidos calmantes, e disse-nos:

— Nossa irmã começa a viver o seu calvário redentor. Trata-se de uma crise convulsiva de natureza epiléptica e é necessário aguardar-se o estado de torpor, pois que providência alguma poderá ser tomada em tal circunstância.

Já houvéramos estudado o problema epiléptico anteriormente em outra obra, quando examinávamos a sua psicopatogênese, na qual incluíamos as síndromes obsessivas.[7]

No quadro, diante dos nossos olhos, não detectávamos interferência espiritual negativa, responsável pelo desencadear da crise convulsiva.

Percebendo-nos o embaraço, e enquanto a enferma, agora em torpor, era conduzida para sala próxima, o Dr. Carneiro explicou-nos, didática e pacientemente:

— A epilepsia é conhecida desde remotas eras, particularmente na Antiguidade clássica, quando se acreditava que Hércules fosse epiléptico, daí se derivando a designação de *morbus hercules*. É também sabido que as sacerdotisas experimentavam convulsões de *caráter punitivo*, dando origem ao *morbus divinus*. Por muito tempo acreditou-se na influência da lua como

---

[7] *Vide Grilhões partidos* — Cap. XI — LEAL (**Nota do Autor espiritual.**)

desencadeadora de crises, facultando a denominação de *morbus lunaticus* e, por fim, entre outros nomes e causas, o *morbus demoniacus*, por suposição de que os pacientes eram possuídos por seres demoníacos. Nessa última classificação, incluímos os episódios mediúnicos-obsessivos, que certamente alguns psiquiatras e neurologistas não consideram legítimos.

"A história da epilepsia é longa e tem raízes profundas nas sutis engrenagens do Espírito, qual o caso da nossa Adelaide. O estudo dos efeitos e da sua psicogênese necessita avançar no rumo das estruturas originais do ser humano, a fim de serem detectados os fatores desencadeantes verdadeiros como veremos.

"Abandonando a hipótese obsessiva, a ciência médica refere-se a epilepsias reflexas, por traumatismos cranianos, por tumorações no sistema nervoso central, endócrinas, tóxicas e emocionais...

"De acordo com as síndromes — conjunto de fatores etiológicos — que facultam o surgimento da forma *sintomática*, acredita-se naquela denominada *essencial* ou *idiopática*, que seria efeito de manifestações constitucionais, não obedecendo às gêneses estabelecidas, porém derivada de fatores hereditários."

Silenciou por momentos e deu curso às informações oportunas.

— A epilepsia não perturba a inteligência, podendo encontrar-se pacientes idiotas como intelectualizados. Lamentavelmente, como irrompe de surpresa, leva sua vítima a complexos de inferioridade, graças à insegurança em que vivem, não sabendo quando pode ocorrer um episódio ou crise. Esse caráter faculta-lhes reações inesperadas, mesmo em decorrência de acontecimentos de pequena monta. Tal crise pode ser precedida de uma *aura* psíquica, sensitiva, sensorial, motora, mediante pequeno tremor, visões, percepções de sons inexistentes, falsas sensações gustativas, olfativas, tácteis, cenestésicas... Alguns pacientes, às vezes, pressentem o ataque em razão de determinadas percepções...

"O epiléptico pode ser vítima de impulsos inesperados, que o levam a atitudes criminosas e até mesmo automutiladoras, qual ocorreu com Van Gogh, que decepou uma orelha depois de acirrada discussão com Gaugin.

"Há muitos outros fenômenos patológicos e criminosos que decorrem da epilepsia — desnecessário aqui serem apresentados.

"Consideramos o caso da nossa Adelaide incurso no quadro das *epilepsias psicogenéticas*, cujos fatores desencadeantes são os atos pretéritos perturbadores, a sua conduta irregular em relação ao esposo traído e assassinado no passado, que lhe insculpiu a *consciência de culpa*, responsável pela disfunção de que foi objeto. Ora, esse tipo de episódio resulta de emoções violentas, inesperadas, qual suportou há pouco. Além delas, a sua tem sido uma conduta agressiva, muitas vezes mascarada sob pressão da suspeita de adultério do consorte, gerando-lhe contínua ansiedade. Não suportando a pressão, que alcançou o máximo, a crise foi uma forma de eliminação das tensões.

"Por ter a sua gênese no comportamento fútil e criminoso da existência pretérita, o seu tratamento irá exigir cuidados psiquiátricos específicos e espirituais profundos, a começar pela mudança de comportamento para melhor, superando, por meio da ação do bem, os grandes males que praticou e os estímulos negativos que infundiu no companheiro na atual vilegiatura carnal.

"Todo esse triste panorama poderia ser diferente, hoje, caso houvesse encontrado ressonância no íntimo a proposta iluminativa, amorosa, que o Espiritismo lhe concedeu.

"A ambição exorbitante responde pelo despautério e alucinação humanos, nos seus desregramentos.

"Vamos vê-la."

Na sala, onde se realizara o velório, atendida por um médico e familiares, ela recobrava a lucidez, ainda sonolenta e sem qualquer ideia do que acontecera. Supôs haver sido vítima de um desmaio sem maiores consequências.

O Dr. Carneiro aplicou-lhe energias para dispersar os miasmas e a indisposição gerados pela convulsão, asserenando-a.

Inspirando o médico, esse propôs à amiga:

— Após estes dias passe pelo meu consultório. Necessitamos de alguns exames, a fim de verificar como se encontra, depois de tão pesada carga de aflições. Não postergue muito. É necessário e até mesmo urgente.

A genitora sofrida informou que lhe levaria a filha, logo fosse possível, pois se encontrava muito preocupada com a ocorrência inesperada que vinha somar-se aos demais problemas e aflições.

Dali mesmo foi conduzida de volta ao lar, ainda sob os efeitos da convulsão violenta.

Utilizando-me de um momento do mentor, inquiri:

— Se Adelaide houvesse adotado um comportamento saudável, inspirando e estimulando Davi ao cumprimento correto da tarefa mediúnica, agindo caritativamente junto aos sofredores, ficariam ambos liberados do crime de adultério e do homicídio contra Guillaume?

— Sem dúvida — concordou o benfeitor generoso. — O propósito da Lei divina não é punir, mas educar, corrigir, levar o faltoso à reparação. Na prática do dever, em razão dos esforços e até mesmo dos sacrifícios que são necessários para uma existência correta, o ser expia, depura-se dos atavismos perniciosos, corrigindo a visão a respeito da vida e as inclinações perturbadoras que nele remanescem. Mas isto, somente, não basta. É imprescindível a reparação. Não a podendo direcionar à vítima, por esta ou aquela razão, encaminha-a a outrem, igualmente criatura de Deus, desse modo resgatando o mal que praticou contra a ordem, o progresso, naquela ocasião representados em quem se lhe tornou vítima. No bem que hoje pratica, reconquista o equilíbrio que foi perturbado, por meio de quem se lhe torna beneficiário, entende? O compromisso é para com a Vida, e não com pessoas que, de certo modo, são-lhe a representação.

— E se a vítima não perdoar — tornei a indagar — por não haver sido beneficiada com a ação do seu antigo algoz?

— A questão muda de significado. Aquele que se sente lesado e exige uma reparação que as circunstâncias não facultam, permanecendo intransigente, torna-se credor de compaixão, porque se transforma em cobrador impiedoso, portanto, perseguidor... Chamemos, ao caso que explicaremos, *efeito bumerangue*. Quando se pratica um mal, atira-se algo na direção do futuro. Se são tomadas providências nobres, estas eliminam os efeitos da ação molesta, que perde o impacto para a volta. Em caso contrário, o retorno é inevitável. Foi o que sucedeu à nossa Adelaide. Porque não enviou outras melhores ações, que diluíssem os males que direcionou anteriormente pelo desvario das paixões asselvajadas, eis que retornam os efeitos a que faz jus. No seu inconsciente profundo encontram-se as marcas dos atos ignóbeis, aguardando soluções que, não apresentadas, expressam-se na catarse epiléptica.

"Na busca da psicopatogênese em nossa irmã, aparelho algum registrará os sinais da enfermidade e seus fatores desencadeantes, sendo necessário que se recorra aos de natureza genética, portanto, hereditários, ou de ordem psíquica, derivados dos distúrbios emocionais. Dar-se-á razão, desse modo, à causalidade próxima, por sua vez efeito de outra anterior, de natureza moral-espiritual. O Espírito é sempre o arquiteto da sua vida, o formulador do seu destino. Por entendê-lo dessa forma, Jesus, o Psicoterapeuta Excelente, recomendava morigeração, equilíbrio, vida íntima saudável e, ao curar, propunha a terapia preventiva do *não voltar a pecar*, a comprometer-se, a fim de que *não acontecesse nada pior*.

"Assim sendo, *o amor cobre a multidão de pecados*, a soma das boas ações sobrepõe-se à das negativas, infelicitadoras."

Calando-se, deixou-nos material suficiente para largas meditações.

A *lei de amor* é universal, insuplantável, porque é a mesma em toda parte, oferecendo ensejo de felicidade a quantos a vivenciem e a difundam pelo exemplo.

O bem operante é recurso terapêutico holístico, por irrigar todo o organismo de quem o aplica, vitalizando-o com energias de equilíbrio, hauridas na natureza — o livro no qual a Divindade inscreveu os códigos da ordem e da beleza.

No que dizia respeito à problemática de Adelaide, pus-me a pensar no que lhe ocorreria, caso Guillaume não houvesse sido esclarecido e a perseguisse naquela fase, aumentando-lhe a força da convulsão por meio de suas energias deletérias e de seu pensamento vingador. Provavelmente, ao ocorrer o surto convulsivo, e ela desprender-se parcialmente do corpo, na fase da inconsciência, defrontá-lo-ia com o aspecto de crueldade e ódio, levando-a ao pavor. A repetição do fato degeneraria em comprometimento mental com agravantes sérios.

No caso das percepções alucinatórias durante a manifestação da *aura epiléptica*, consideramos a viabilidade de um fenômeno alterado de consciência, e não apenas de natureza patológica.

Ocorre que no processo pré-convulsivo dilatam-se as percepções paranormais do paciente, e este *penetra* noutros campos de ondas vibratórias de vida pulsante, registrando, embora desordenadamente, visões e sonho do ali existente.

Confiamos em que a Psiquiatria e a Neurologia do futuro, prosseguindo suas pesquisas conforme vem acontecendo, alcançarão o mundo transpessoal e compreenderão que os biorritmos *theta* e *delta* não são exclusivamente patológicos, mas também de natureza paranormal.

Antes de abandonarmos o recinto dos velórios, o Dr. Carneiro informou-nos que o irmão Ernesto ali permaneceria por algum tempo cuidando do seu pupilo, a fim de desembaraçá-lo dos laços fortes do perispírito imantado ao corpo...

A noite chegava de mansinho e, contrastando com o silêncio físico reinante, a *mansão dos mortos* encontrava-se em agitada e febril movimentação...

O enfrentamento

Quando retornamos à Sociedade Espírita, Fernando, o Dr. Hermann, o Dr. Carneiro e nós, fomos recebidos pelo amigo Vicente, que se encontrava com a sua equipe preparando as atividades mediúnicas da noite.

Por ele soubemos que Alberto, quase totalmente recuperado, volvera ao lar, para alegria de D. Armênia e dos demais filhinhos. O amigo espiritual destacado para dar assistência ao senhor Frederico informara que também ele encontrava-se em processo de renovação. Tomara conhecimento da agressão que perpetrara, e, lúcido, assumiu o propósito de mudança de conduta. Sob tratamento médico, e assistido espiritualmente, começou a pensar em Deus e a orar, sinceramente arrependido, o que facilitou a tarefa de manter, dele distantes, os adversários desencarnados. Havia possibilidade de recuperação a médio prazo, pois que, a cada dia, o seu ânimo era mais promissor.

Igualmente soubemos da boa disposição de Raulinda, que ainda não se dera conta do processo de gestação, havendo melhorado emocionalmente e se resolvido por uma positiva alteração de conduta mental.

Trabalhadores dedicados encarregavam-se de fortalecer as redes de defesas vibratórias, e aparelhos especiais eram dispostos em pontos estratégicos da sala para eliminar as ondas mentais, as ideoplastias e os *vibriões* que são exteriorizados pelos Espíritos sofredores, pelos perversos, pelos técnicos em obsessão.

Fôramos informados antes, que, naquela noite, teríamos o enfrentamento programado com o ministro do *Soberano das Trevas*. Assim, as diligências providenciais eram minuciosas.

Enquanto isso, vimos adentrar na sala principal do edifício, onde se realizavam as palestras e estudos públicos, Guillaume, ainda abatido. Sentou-se, alheio à movimentação, e permaneceu em choro silencioso.

Porque houvesse tempo suficiente, dele me aproximei e o envolvi em ondas de fraternidade. Reconhecendo-me, externou sua consternação diante dos últimos sucessos com Davi e Adelaide. Sentia-se em conflito, supondo-se de alguma forma responsável pelas aflições que foram desencadeadas sobre ambos.

Sensibilizado com o seu drama, intervim, esclarecendo:

— Somente nos acontece o que é de melhor para o nosso progresso eterno, quando sabemos disso retirar a *boa parte*. A desencarnação de Davi foi providencial para ele e os familiares. Na conjuntura em desdobramento, naquele instante, ele poderia ter-se tornado um homicida ou haver sido vítima de assassinato. Mediante o enfarte, tudo transcorreu sem mais amplos nem significativos problemas, não gerando futuros efeitos danosos para ninguém.

"Quanto ao drama de saúde que se exterioriza em Adelaide, ei-la expungindo os gravames do passado, sem a responsabilidade negativa de qualquer cobrador. As divinas conjunturas apresentam-se em clima de paz, felicitando os endividados com a oportunidade de reparação pela dor, por se haverem negado à ação do amor."

Deixamo-lo absorver as ponderações por um pouco, e logo prosseguimos:

— Quando da sua comunicação, você foi aconselhado a não se transformar em cobrador, porque essa é tarefa da Vida, e assim sucedeu. Não há, pois, razão para lamentações inúteis ou novas crises de consciência. Agora, será lícito crescer espiritualmente para auxiliá-la, assistindo-a com os recursos possíveis, e minorar-lhe as aflições por meio da inspiração frequente e da doação de energias saudáveis. Para consegui-lo, é necessário esforço e devotamento em favor de você mesmo, autoiluminando-se e aderindo a um labor dignificante, no qual supere os impedimentos do egoísmo, os melindres que se derivam das imperfeições, ampliando a capacidade de amor e de serviço. Na razão direta em que adquira valores éticos e títulos de enobrecimento, mais poderá ajudar e assim retribuir o mal de que foi vítima, com todo o bem que lhe cumpre fazer.

Guillaume escutou contrito, interessado, e agradeceu, indagando como poderia começar o programa de autorrenovação.

Sugeri-lhe recorrer ao irmão Vicente, em cujo Núcleo de ação sempre haveria lugar para candidatos ao progresso.

O relógio assinalava vinte horas. Os membros habituais da reunião haviam chegado sem bulício e se encontravam nos seus lugares de sempre. Respirava-se uma psicosfera de paz.

Lidas as páginas consoladoras e educativas da Doutrina Espírita, o presidente Almiro proferiu a prece de abertura das atividades.

Tomando a delicada aparelhagem mediúnica de D. Armênia, o irmão Vicente entreteceu breves considerações e apresentou as instruções a respeito dos compromissos estabelecidos para aquela noite, especialmente se referindo aos Espíritos que viriam à psicofonia.

A união de pensamentos, graças à identidade de objetivos, permitia um clima psíquico superior, condição indispensável ao êxito de tentame com tal magnitude.

A primeira comunicação ocorreu por intermédio de Raulinda. Externando mágoa e rebeldia, o adversário deblaterou, agressivo, ameaçando recuar no processo da reencarnação, provocando o aborto espontâneo.

A médium, semiconsciente, enquanto exteriorizava a comunicação, tomava conhecimento da própria gravidez.

Inspirado pelo irmão Vicente, Almiro dirigiu-lhe palavras de consolação e esperança.

O enfrentamento

— Observe, meu irmão — convidou sábio. — O seu tem sido um problema de amor fracassado, graças ao qual você se aferra a um plano de vingança absurda. A Divindade, desejando regularizar a ocorrência infeliz, coloca-o nos braços da mulher amada para nova experiência, e você permanece revoltado. Não é uma atitude racional. Nesse cometimento de amor transcendente, a maternidade sublimará os deslizes da afetividade perturbada de antes, e você terá ensejo de receber todo o carinho e desvelo que lhe foram negados.

"Silencie, por um pouco, o clamor do desequilíbrio e detenha-se a pensar no sacrifício da genitora, sem o apoio do parceiro e quiçá sob o desgosto da família, lutando para preservá-lo. Poderia ela, em um alucinado gesto para manter a aparência de falsa dignidade, providenciar um abortamento criminoso, produzindo-lhe rude choque mediante nova desencarnação prematura..."

O Sr. Almiro dava-se conta da gestação da médium — que não era casada e se tornava mãe em circunstâncias para ela constrangedoras.

Por sua vez, Raulinda compreendia a ocorrência, tremendo de angústia e medo. Era informada pelo reencarnante, que assim a desnudava perante os amigos.

Porque ali vigoravam a caridade fraternal e o respeito à liberdade do próximo, certamente os irmãos compreenderiam o seu drama e alguns sequer se fixariam nele, preocupados antes em ajudá-la sem vasculhar-lhe as causas das aflições.

O comunicante deteve-se em reflexão, amparado pelas cargas fluídicas que Fernando lhe aplicava, quando, finalmente, respondeu:

— Serei filho sem pai, um réprobo na sociedade, por deslize dela, que permanece leviana...

— Não é justo! — interrompeu-o o doutrinador. — Sua futura mãe não agiu levianamente. Você lhe ignora as circunstâncias da concepção, não lhe sendo lícito julgá-la. O importante é que lhe será mãe, e toda maternidade é abençoada. Se o pai permanecer omisso o problema será dele, e a Vida se encarregará de considerar a questão convenientemente.

"Deixe um pouco o amor-próprio melindrado, o egoísmo absurdo e pense nos testemunhos a que ela se submeterá para desvincular-se com aprumo do dever. Valorize-a e agradeça a Deus a bênção da reencarnação, por que muitos anelam e não conseguem. Agora oremos em louvor e reconhecimento."

A entonação da voz e o sentimento fraterno do Sr. Almiro magnetizaram o ex-inimigo que se sentiu amparado e adormeceu, abraçando a futura mãezinha.

A médium recobrou a consciência plena, sem convulsão ou choque, igualmente comovida. Inspirada nas reflexões íntimas pelo Dr. Carneiro, sensibilizou-se e, em prece silenciosa, entregou-se a Deus disposta a arcar com o ônus das consequências do passo em falso... Súbita alegria a invadiu, levando-a a íntima felicidade desconhecida.

O amor encerrava, naquele momento, mais um capítulo da tragédia do cotidiano com perspectivas de ventura.

Basta que a criatura se disponha para o bem e este virá em seu socorro, solucionando quaisquer dificuldades que se apresentem como intransponíveis.

A seguir, o Dr. Hermann ensaiou uma tentativa psicofônica por intermédio de Leonardo. Uma vez consultado a respeito das atividades futuras, o seu mentor anuiu com muito empenho, considerando que as intervenções fossem realizadas no campo perispiritual, sem cortes físicos nem espetáculos perigosos de exibicionismo desnecessário.

Logo no início da comunicação, os membros do grupo deram-se conta de qual Espírito se tratava em razão das suas características.

Fazendo rápida abordagem sobre a mediunidade a serviço da saúde holística, integral, o antigo cirurgião declinou o nome Hans e despediu-se.

Houve um sopro de alegria em ambas as esferas ali interpenetradas, programando porvindouras realizações enobrecedoras.

O enfrentamento

A ação da caridade jamais cessa; nada a impede e nunca desaparecerá, por ser a alma do Bem a expressar-se no amor, iluminada pela fé.

Imediatamente Francisco entrou em transe, e veio à comunicação o perturbador que estimulara D. Augusta à cena constrangedora.

Sem delongas, ele externou:

— Hoje veremos quem manda neste arraial.

Ouvimos estranhos sons de trombetas e grande algazarra fora do recinto.

Ridículo cortejo apareceu, e, como se rompessem as defesas, que foram franqueadas a propósito, pois eram aguardados, estranho séquito e o seu reizete deram entrada com fanfarras e tubas guerreiras.

Observamos que o Dr. Carneiro, Fernando e irmão Vicente se haviam preparado para o enfrentamento, já que permaneciam serenos, não obstante vigilantes, sérios.

As barreiras de acesso à sala foram imediatamente recompostas, enquanto o indigitado comunicante prosseguiu:

— Eis aqui meu Chefe imediato, aquele a quem dou conta das minhas atividades. Notifiquei-o do acontecimento passado que envolvia o biltre de quem me utilizo e a sua apaixonada.

Estrugiu ruidosa gargalhada de zombaria.

O Sr. Almiro, sem qualquer precipitação, respondeu-lhe:

— Há um tremendo equívoco na sua assertiva. Nesta Casa o Chefe é Jesus Cristo, a quem todos devemos consideração e respeito. Os outros, aqueles que porventura se considerem como tal, estão enganados e aos demais enganando.

O irmão Vicente telecomandava o orientador vigorosamente e ele captava-lhe o pensamento com clareza e segurança.

— Refiro-me — aduziu — ao nobre *Khan* Tuqtamich, governador...

— A governança dele ficou com os despojos ora consumidos pelo tempo — interrompeu-o, a propósito, o gentil psicoterapeuta espiritual...

— Como se atreve a ofendê-lo?

— Longe de mim o desejo ou a intenção de ser desrespeitoso com quem quer que seja. Sucede que, aqui, reconhecemos apenas um poder, que é o do amor, sob cuja força todas as potências se dobram.

— Você irá submeter-se à força magnética do meu senhor aqui presente, após o que iremos virar a mesa e demonstrar que a vitória será nossa, conforme acentua o nosso *Soberano*.

— O visitante e sua *entourage* são bem-vindos, mas não os tememos, o mesmo em relação ao seu *Soberano* de reino nenhum. O único Soberano imperecível é Deus, a quem apelamos neste momento por sabedoria e amor, para reparti-los com o amigo e os seus companheiros de engodo.

A súcia espiritual, vendo o chefete espumejar, golpeava o ar, produzindo alarido ensurdecedor, objetivando quebrar a harmonia psíquica do trabalho, para assaltar de improviso os médiuns e levar pânico aos assistentes.

Haviam vindo com planos inferiores de violência e atrevimento. No entanto, a equipe estava preparada para a pugna com as armas da oração e da caridade que são insuperáveis.

Os participantes compreenderam a magnitude do momento e mais se recolheram em comunhão com os Espíritos nobres, mantendo a harmonia do conjunto.

O médium Francisco ergueu-se sob a ação do galhofeiro ameaçador que aumentou o volume de voz como querendo intimidar, no que foi severamente repreendido.

— Sente o médium e comporte-se. Não somos surdos, nem receamos falsas posturas enxertadas de bravatas sem sentido. Ordeno-lhe que se comporte.

A emissão da voz fez-se acompanhada da onda de energia vigorosa, e embora titubeasse, o agressor eludiu, justificando-se:

— Sentarei, porque quero. Ninguém me dá ordens, além do meu Chefe.

— Meu amigo, reconsidere sua posição. Em verdade você teme aquele a quem falsamente denomina como seu Chefe,

O enfrentamento

por ser-lhe servil e porque ele o submete ao seu talante, usando dos velhos truques hipnóticos ou arremedos magnéticos. Este é o momento de você libertar-se dele e dos seus sequazes. Não tema! Aqui há segurança, onde ele jamais o alcançará. Não só ele, mas seja quem for. Todos entraram aqui por anuência dos nossos mentores, que os aguardavam. O problema será conseguirem sair. Pense nisso. E se duvida, permaneça observando os próximos acontecimentos...

Surpreendido com a altivez do irmão Almiro, e observando o siberiano esbravejante, sem qualquer perturbação nos trabalhos, ele pareceu vacilar, gaguejou, enquanto o Diretor concluiu:

— Jesus o tem esperado e o recebe com carinho. Por que preferir o medo, a sombra, o ódio e o desgoverno, à paz, à luz, ao amor e ao equilíbrio? Só você pode eleger. Compare o que tem tido, com o que lhe oferecemos, e decida-se. Agora, ou só muito mais tarde, porquanto oportunidade como esta não se repete com facilidade, e mesmo quando volte a ocorrer, as circunstâncias serão outras, piores...

Naquele instante, os Amigos espirituais envolveram-no em diáfana claridade que o reconfortou, asserenando-o como se fora um bálsamo etéreo.

Tomado de emoção inusitada, ele baqueou, exclamando:

— Rendo-me! Não aguento mais este cativeiro. Tenho ânsia de liberdade. Ajude-me, Deus!

— Seja feliz e renove-se. Recomece e confie. O amanhã é nosso. Iniciemo-lo agora sem receio.

O Dr. Carneiro envolveu-o em fluidos anestesiantes e ele foi retirado entorpecido, em quase sono, a fim de ser transferido depois para nossa Colônia em tratamento e renovação.

Incontinente, sob o aplauso da malta, não saberia dizer se atraído pela exteriorização periespiritual de D. Armênia, se impulsionado pelo irmão Vicente ou se por vontade própria, o antigo *Khan* incorporou.

Tomando ares de importância, levantou a médium, olhou desafiadoramente os membros da reunião, e tentando descarregar energia perturbadora, qual ensaiara no encontro com Fernando, falou com os dentes rilhados:

— Parece que encontrei alguém com quem vale a pena lutar. Sempre receei não encontrar opositor do meu quilate. Não que o tenha em alta conta, porém o seu atrevimento me desperta curiosidade, quanto o seu topete me chama a atenção.

"Lutei contra guerreiros famosos e os venci. Arruinei cidades e submeti povos, deixando os sinais da minha passagem por onde estive: cadáveres e escombros, miséria e dor..."

— ...E morreu como qualquer um — atalhou-o o doutrinador inspirado. — A morte tomou-lhe da mão trêmula o cetro de vergonha que o braço enfraquecido não mais pôde deter, não é verdade? E chegou ao mundo espiritual vencido, sem arrogância, odiado pelas incontáveis vítimas que o não pouparam ao vandalismo da desforra. Foi encarcerado nas furnas do horror que vitalizou, espezinhado, arrastado como escravo, na vasa fétida e pantanosa, sofrendo o corroer dos ácidos que o penetraram, dilacerando as *carnes da alma* sem cessar.

"Aquele que não poupa o seu próximo, não é poupado da expiação a que se atira."

— Libertei-me, e aqui estou para fazer justiça.

— Foi libertado por um semelhante, talvez mais perverso, que o buscou para dar prosseguimento à fantasia da força na qual finge apoiar-se. E não nos fale em justiça, pois a palavra soa, na sua voz, de maneira ultrajante. Acaba de exibir a estultice, arenga sobre a impunidade que se atribui e nos vem abordar sobre a justiça? Quem pensa que somos? O seu *Soberano* subestima-nos, enviando-nos um bombástico mensageiro, destituído de reais valores que valham a pena ser examinados e discutidos. Aguardaremos, então, que ele próprio nos apareça, o que nos dará imenso prazer.

— Você não sabe o que eu posso fazer e qual a razão da minha estada aqui.

— É claro que sabemos. É resultado do fracasso dos planos mirabolantes de destruição e anarquia, elaborados para combater Jesus e os seus discípulos. Todos aqueles que, no mundo,

O enfrentamento

intentaram essa infame tarefa, sucumbiram vitimados em si mesmos... E os réprobos do Além, que periodicamente se levantam rebeldes como novos Lucíferes da mitologia judaica, tombam derruídos e profundamente lesados nos tecidos delicados da estrutura espiritual, sofrendo, séculos afora, o processo de recuperação. O seu *Soberano* é apenas mais um, porém de pequeno significado.

Nunca ouvíramos tanta energia em um diálogo e tão elevada autoridade num debate, qual ocorrera antes com o primeiro comunicante e prosseguia com o *Khan*.

— Exijo consideração, tendo em vista meu poder.

— O amigo não pode exigir nada, pois que é destituído de direitos, tendo-se em vista o execrável comportamento que se tem permitido. É credor, isto sim, de nossa compaixão, a qual lhe distendemos em nome da piedade cristã.

Era demasiado. O desafiante foi tomado de estupor, alterando a organização mediúnica de D. Armênia, que parecia próxima de um ataque de apoplexia. Espumando, ia prosseguir com o propósito de vitimar a médium, quando Fernando aproximou um aparelho vibrador, que foi acoplado à cabeça da senhora, e descargas azuladas envolveram o agressor que lentamente cedeu e derreou. Delicadamente foi deslindado da médium e colocado sobre uma mesa ao lado, que o aguardava.

Ato contínuo, os cooperadores do irmão Vicente atiraram uma rede magnética com malhas luminosas sobre os apaniguados do visitante, impedindo-os de escapar.

A gentil medianeira voltou à lucidez, e o clima de harmonia da reunião foi refeito.

O irmão Vicente, jubiloso, inspirou o Sr. Almiro a encerrar a atividade mediante aplicação de passes nos médiuns que foram objeto das comunicações penosas, o que foi realizado por cooperadores experientes no mister, e após vibrante oração de graças a reunião terminou.

Minutos depois a sala esvaziou-se, e os colaboradores permaneceram em cômodo contíguo, entretecendo considerações oportunas e edificantes sobre as comunicações, de onde partiram para os seus respectivos lares, inclusive Raulinda, que solicitou ao Diretor uma entrevista para ocasião própria.

Lentamente o Núcleo ficou em silêncio, enquanto nós outros prosseguimos em franca atividade.

A luta prossegue

Atividades de grande porte exigem Espíritos competentes, a fim de conduzi-las com segurança. As incursões socorristas ao mundo espiritual, lidando com seres equivocados e perversos, é um capítulo do Espiritismo experimental muito delicado. Por isso mesmo, a mediunidade responsável não se permite aventuras insensatas, nem se faculta entusiasmos descabidos.

O labor de desobsessão é terapia avançada que exige equipes hábeis de pessoas e Espíritos adestrados nas suas realizações, de modo a se conseguir os resultados positivos esperados. Não raro, candidatos apressados e desaparelhados aventuram-se em tentames públicos e privados de intercâmbio espiritual, desconhecendo as armadilhas e a astúcia dos desencarnados, procurando estabelecer contatos e procedimentos para os quais não se encontram preparados, comprometendo-se desastradamente com aqueles aos quais pretendem doutrinar ou impor suas ideias.

Arrogantes uns, ingênuos outros, permitem-se a leviandade de abrir portas mediúnicas a intercâmbio desordenado, na pressuposição de que se podem fazer respeitados, obedecidos, incorrendo em grande risco de natureza psíquica.

A vida espiritual é pujante, rica de movimento e de ação, base para a formação da física. Quanto se expressa na esfera corporal é pálida condensação da realidade que vibra fora dos fluidos materiais.

Todo o cuidado, pois, nesse campo como noutros, é sempre proveitoso para o principiante ou mesmo para quem não possua os instrumentos morais indispensáveis.

Frustração, revide, amargura, ciúme, inveja, ódio e todo um elenco de paixões infrenes caracterizam incontáveis seres em perturbação além do corpo somático que a morte não consumiu. A sós ou em grupos, submetidos a organizações cruéis ou desarvorados, prosseguem vivos e pensantes, perseguindo os propósitos infelizes que abraçam, ameaçadoramente.

Com certeza, contrapondo-se a essas hordas asselvajadas, pululam os recursos do amor, alcançando-as e defendendo-as umas das outras, assim como às criaturas em ignorância dessa realidade teimosamente desconsiderada ou posta em plano secundário na viagem ilusória do mundo sensorial.

Como consequência, recorrendo à sua situação de *seres invisíveis*, muitos Espíritos se aproveitam para realizar conúbios perturbadores com os indivíduos invigilantes, executar planos nefastos, recorrer a expedientes malsãos, de forma que se refestelam nas sensações que neles predominam.

Dessa forma, utilizam-se dos presunçosos e inadvertidos que pretendem manter contato com eles, sem estrutura moral, sem conhecimentos próprios, iniciando-se processos de obsessão de longo curso em que se comprazem.

Todos aqueles, portanto, que desejam manter intercâmbio com os Espíritos, equipem-se com valores morais e intelectuais, de modo a se precatarem contra as surpresas e ciladas que lhes podem ser apresentadas. Outrossim, busquem manter sintonia com os seus guias, capacitados para os orientar e conduzir em cometimentos de tal natureza.

Observávamos que terminada a atividade física, que fora preparada com cuidados especiais, prosseguiam os labores febricitantes de atendimento e socorro espiritual. As Entidades que se comunicaram deveriam ser removidas para Instituições competentes, na erraticidade, dando continuidade à terapia que se iniciara durante a psicofonia atormentada. Outras requeriam cuidados específicos, e outras tantas necessitavam receber auxílios próprios para os seus casos particulares.

Qual sucede em um hospital terrestre, são variáveis as técnicas de socorro para a clientela, tendo-se em conta a imensa complexidade e diversidade dos seus problemas de saúde.

O grupo que acompanhara Tuqtamich e ficara retido em rede magnética especialmente preparada, desesperava-se, produzindo algazarra expressiva. Alguns dos Espíritos, que não esperavam essa providência limitadora dos seus movimentos, imprecavam por socorro, dizendo-se inocentes; outros choravam amedrontados; diversos blasfemavam, enquanto raros, caindo em si, mergulhavam em ensimesmamento, taciturnidade.

Cada ser é um universo à parte. Isolando-se pela meditação, mergulhando na reflexão ou deblaterando no desespero, ultrapassa os limites da área em que se encontra, ou se evade dela pelo pensamento, perdendo contato com o tempo e o lugar momentâneos.

O irmão Vicente, que se acautelara para eventuais sortidas dos legionários do *Soberano das Trevas*, orientava os seus assessores nos procedimentos relevantes e prosseguia dirigindo o ministério com ordem e serenidade. Fernando assistia o *Khan*; o Dr. Hans examinava alguns pacientes sob o auxílio do Dr. Carneiro, adestrando-se na percepção das *lesões espirituais*, refletidas e fixadas no perispírito, a sede das distonias e enfermidades que calcinam os homens e enlouquecem os desencarnados irresponsáveis. Ensinando-lhe a educação visual com a conveniente concentração para penetrar além dos *fulcros de força* — os *chacras* — que fixam o psicossoma ao soma, abria-lhe perspectivas novas para o futuro terapêutico a que se entregaria. Enfermeiros adestrados e magnetizadores hábeis cooperavam na manutenção da harmonia.

A partir de uma hora menos quinze minutos da madrugada, os companheiros encarnados que cooperaram na reunião mediúnica começaram a chegar, para o prosseguimento da mesma, alguns acompanhados por membros da equipe e outros pelos seus mentores pessoais.

Notamos que D. Augusta, completamente hebetada, também fora trazida, a fim de receber ajuda, embora não se desse conta da providência socorrista.

Utilizando-me de um momento, enquanto era organizado o mister espiritual, indaguei ao Dr. Carneiro por que se fizera necessária a comunicação do Chefe siberiano por meio da organização física da médium.

Mantendo a inalterável gentileza, elucidou-me paciente:

— Estamos diante de um largo processo de auto-obsessão. O nosso irmão enfermo padece de cruel hipnose aplicada pelo seu controlador. Antes de destacá-lo para o ministério que diz administrar, foi submetido a terríveis processos de indução magnética para perder a vontade, tornando-se um autômato, teledirigido pelo seu comandante. Depois, por haver sido libertado da região abissal onde expungia os crimes, foi condicionado à gratidão para com aquele que atribui ser-lhe o benfeitor. Ideias terrificantes, fantasias mitológicas foram-lhe fixadas na mente, a fim de que se considerasse a personificação desses absurdos, que lhe facultava assumir-lhes as personalidades, apavorando suas vítimas e dominando pelo terror, por encontrar no inconsciente de tais seviciados as crenças e superstições que trouxeram da Terra, facilitando a aceitação das induções punitivas. Tão graves se fizeram essas *construções* ideoplásticas no infeliz rufião, que ele se acredita como manifestação de seres infernais.

"Na *comunicação física*, o perispírito do médium encarnado absorve parte dessa energia cristalizada, diminuindo-a no Espírito, e ele, por sua vez, recebe o que chamaremos um *choque do fluido animal do instrumento*, que tem a finalidade de abalar as camadas sucessivas das ideias absorvidas e nele condensadas.

"Quando um Espírito de baixo teor mental se comunica, mesmo que não seja convenientemente atendido, o referido *choque do fluido animal* produz-lhe alteração vibratória, melhorando-lhe a condição psíquica e predispondo-o a próximo despertamento. No caso daqueles que tiveram desencarnação violenta — suicidas, assassinados, acidentados, em guerras — por serem portadores de altas doses de energia vital, descarregam parte delas no médium, que as absorve com pesadas cargas de mal-estar, de indisposição e até mesmo de pequenos distúrbios para logo eliminá-las, beneficiando o comunicante, que se sente melhor com menos penoso volume de aflições... Eis por que a mediunidade dignificada é sempre veículo de amor e caridade, porta de renovação e escada de ascensão para o seu possuidor."

— E por que não se realiza o diálogo, Espírito a Espírito, necessitando-se do médium?

— Porque a incorporação, em face da imantação magnética de ambos perispíritos, impede o paciente de fugir ao esclarecimento, nele produzindo uma forma de controle que não pode evitar com facilidade.

"No transcurso do trabalho poderemos comprovar essa assertiva. Aguardemos!"

Era uma hora da manhã e todos nos encontrávamos preparados para dar prosseguimento ao labor iluminativo.

A prece foi proferida com unção pelo Dr. Carneiro que suplicou o divino amparo para aquele magno momento.

Vimos uma claridade alaranjada descer e envolver todo o recinto, como se fosse uma cobertura protetora para a elevada atividade.

O Dr. Carneiro esclareceu que aquele era o momento clímax da nossa excursão, cujo objetivo essencial seria ali definido: a libertação do chefe siberiano, com o fito de abalar a estrutura do *império* dirigido pelo *soberano gênio das trevas*, que oportunamente seria atendido conforme os desígnios superiores.

Voltando-se para a turba, o médico baiano propôs silêncio, com a sua autoridade, e sintetizou:

— Aqui estais para presenciardes um grande evento que vos definirá os rumos futuros. Por enquanto permanecereis sem liberdade, a fim de participardes dos próximos acontecimentos. Depois sereis liberados para escolherdes o caminho que desejardes palmilhar. Caístes nas malhas da rede da perturbação por livre vontade, por sintonizardes moralmente com aqueles que vos exploram, levando-vos ao crime e à loucura. Vinculastes-vos espontaneamente e cada dia mais vos comprometeis porque abdicastes do uso da razão. Dentro em breve modificar-se--vos-á a paisagem, podereis discernir e eleger treva ou luz, sofrimento ou paz, desar ou felicidade. A ninguém mais culpareis, nem acusareis, porquanto a responsabilidade será, como tem sido, exclusivamente vossa. Ficai atentos e tende calma!

Os passistas e magnetizadores espirituais aplicaram coletivamente energias balsâmicas e confortadoras sobre o grupo, que pouco a pouco, embora expectante, asserenou.

Fernando procedeu ao despertamento do chefe siberiano e o aproximou de D. Armênia, perispírito a perispírito, até que houvesse uma quase justaposição. O da médium vibrava com suaves irradiações violáceas claras, enquanto o do Espírito exteriorizava uma energia densa, escura, quase pastosa, que diminuiu o tom das ondas que absorvia e que pareciam diluir-lhe a espessura, a vibração grosseira.

Subitamente despertou atônito, e interrogou:

— O que está acontecendo? Que artimanha mágica foi essa covardemente utilizada contra mim?

— Não se trata de artimanha, nem de magia, meu amigo--irmão — respondeu o Dr. Carneiro com serenidade —, mas de recurso terapêutico desconhecido por você. Não há como negar a superioridade do Bem. Afinal a maldade é somente alucinação, desvario. A força positiva é a geradora da vida e das suas manifestações; a negativa expressa o uso incorreto dos valores da energia, sendo, portanto, impotente, ante a expressão maior.

— Que pretendem, afinal, de mim? Desconhecem os meus objetivos?

— É claro que lhe conhecemos os propósitos doentios, que nos levaram a atraí-lo até aqui. Eis o que desejamos do amigo: a sua mudança de comportamento, o seu despertar para a realidade que se nega. Até quando, perguntamos-lhe, permanecerá na obstinação do mal? Será crível que a sombra anule a luz? Por mais se sofisme, uma chispa na treva comprova a legitimidade da sua potência.

— Sou ministro de um império...

— Império sinistro — interceptou-lhe a frase — que se desdobra nos sítios sórdidos do planeta, onde o grotesco e o animalesco convivem em promiscuidade abjeta. O amigo referiu-se às glórias vividas na Terra. Como pode submeter-se a uma existência primária, asselvajada, na qual predomina o terror, e as sevícias incessantes são os estímulos à permanência no escuro paul? Já não se encontrará saturado da bajulação dos fracos e das ameaças de cima, dos equivocadamente fortes?

— Você está enganado. Eu sou a força e a ninguém temo.

— Não é verdade. Submetido pela violência, rasteja para agradar a Timur Lang, seu superior e *Soberano*.

— Não pronuncie esse venerando nome aqui. Ele faz tremer o solo que pisa, dobra o dorso de quem o defronta e fulmina com o olhar aquele que o desagrada. Aqui não há clima para ser proferido o seu nome santo.

— Que horror! Como você o teme... e o detesta! A humilhação que ele lhe impôs, na Terra, derrotando-o na guerra cruenta, não foi ainda superada no seu sentimento. Você a bloqueou na memória, apagou a lembrança para viver bem com ele, de quem tem pavor, receando novo enfrentamento, no qual novamente perderia. Não creia que ele o tenha ajudado, ao libertá-lo das vítimas que lhe zurziam o látego no dorso e às quais você hoje faz estorcegar. O seu limite ali se esgotara e ele o sabia. Retirou-o de um cárcere para aprisioná-lo em outro pior. Desperte! Ele anulou-lhe a faculdade de pensar, a fim de dominá-lo, o que vem conseguindo com facilidade.

— A mim ninguém domina. Eu sou o diabo. Veja!

Imprimindo a força do ódio a si mesmo, vimo-lo transformar-se; ideado, na personificação da figura satânica, conforme a conceberam no passado. A face da médium alterou-se, e ele, quase sobreposto à sensitiva, transfigurou-se, assumindo as características convencionais do ser infernal. A cauda, terminada em lança, agitava-se, enquanto os detalhes gerais produziam um aspecto aterrador. Pelas narinas eliminava vapores com forte odor a enxofre, e faíscas elétricas completavam o quadro formando uma figura horrenda.

Os Espíritos da sua hoste grosseira apavoraram-se e desencadearam uma gritaria infrene, tentando romper as redes protetoras em movimento desesperado de fuga.

Era com arremetidas de tal natureza que ele e os seus semelhantes se impunham aos Espíritos ignorantes, perturbados, vítimas da consciência culpada, os quais se lhes submetiam, para serem punidos pelos crimes praticados, tornando-se-lhes subalternos.

Enquanto Fernando e alguns magnetizadores acalmavam os aflitos e temerosos, o benfeitor, sem qualquer alteração na voz e na emoção, prosseguia:

— Você não me assusta! Conheço essa triste fantasia na qual você se oculta. Ela é inócua para mim e a ninguém aqui intimida. O diabo é uma figuração concebida pelas mentes passadas, ignorantes e temerárias. Surgida no período mágico do pensamento, está totalmente ultrapassada, permanecendo somente na imaginação que a agasalha e a incorpora.

Aproximando-se da médium em transe, o Dr. Carneiro começou a aplicar passes longitudinais, depois circulares, no sentido oposto ao movimento dos ponteiros do relógio, alcançando o *chacra* cerebral da Entidade, que teimava na fixação. Sem pressa e ritmadamente o benfeitor prosseguia com os movimentos corretos, enquanto dizia:

— Tuqtamich, você é gente... Tuqtamich, você é gente...

A voz tornou-se monocórdia, contínua, enquanto os movimentos prosseguiram. Suas mãos despediam anéis luminosos que passaram a envolver o Espírito. Pouco a pouco, romperam-se as construções que o ocultavam, caindo como destroços que se houvessem arrebentado de dentro para fora. O manto rubro pareceu incendiar-se e a cauda tombou inerme. Os demais adereços da composição, igualmente, despedaçaram-se e caíram no chão.

Para surpresa nossa, a forma e as condições em que surgiu o Espírito eram constrangedoras — coberto de feridas purulentas, nauseantes, alquebrado, seminu, trôpego, o rosto deformado como se houvesse sido carcomido pela hanseníase —, inspirava compaixão, embora o aspecto repelente.

Desejou falar, arquejante, e a voz desapareceu num sussurro nasalado:

— Eis o que você me fez. Eu não sou isso...

— Sim, meu irmão, você está assim por enquanto. Encontrava-se sob disfarces para esconder sua realidade. Agora Jesus irá medicá-lo, auxiliando-o a renovar-se.

— Eu não o conheço.

— Você o conhece sim. Basta recordá-lo. Iremos ajudá-lo no tentame. Desperte agora e mude de atitude mental. O restante será fácil e o tempo resolverá.

O comunicante, quase sem voz, e visivelmente agônico, tentou gritar, conseguindo somente emitir um som disforme:

— Jesus... — E tombou em pesado desfalecimento.

Fernando e o Dr. Carneiro desenfaixaram-no da médium e o colocaram em repouso na mesa onde estivera até o momento da comunicação.

Voltando-se para os membros da tropa perturbadora, o benfeitor completou:

— Vistes e ouvistes. Agora sois livres para escolher vosso caminho, vosso Chefe. Deus vos abençoe!

As redes foram recolhidas.

Atabalhoados, sem saber que fazer e sem fugir, deixaram-se ficar ali.

Os trabalhadores espirituais os convidaram a que seguissem à sala contígua onde teriam oportunidade de se recompor e optar pelo que melhor considerassem.

D. Augusta, que acompanhara as ocorrências, chorava assustada. O irmão Vicente acercou-se e disse-lhe benevolente:

— Eis nas mãos de quem você se encontrava sob domínio hipnótico para ser instrumento de escândalo e crime. Agora se sentirá liberada; todavia, a sua conduta mental e moral levá-la-á a outras sintonias, de acordo com o teor das aspirações que acalentar.

"Nosso Francisco jamais se atreveu a perturbar-lhe a emoção, procurando seduzi-la. Recomponha-se interiormente e aproveite-se do benefício que decorre desta noite para reaparelhar-se na conquista da felicidade possível.

"Não se esqueça de que o seu futuro começa neste momento."

Envolvendo-a em ondas de simpatia fraternal, manteve-a presente até o instante do encerramento, quando seria recambiada de volta ao corpo.

O Dr. Carneiro, sensibilizado, ergueu-se e orou agradecendo a Deus as concessões do dia, enquanto vibrações harmônicas dominaram o recinto e a todos nós.

Encerrada a reunião, os seus membros foram reconduzidos aos respectivos lares.

Havia ainda muito por fazer e para atender.

Reflexões e aprendizado

A azáfama socorrista prosseguiu em clima de harmonia, sem qualquer pressa ou atropelo perturbador. Embora fossem numerosos os necessitados, cada cooperador, cônscio da própria responsabilidade, movimentava-se em silêncio, auxiliando, sob o comando disciplinado do mentor da Instituição.

O grupo recolhido, que acabara de participar da psicoterapia iluminativa, apresentava diferentes quadros de reação. Alguns participantes, que não eram caracterizados pela perversidade e crueza, havendo sido arrebanhados entre ociosos e erráticos, despertaram, envergonhados, receptivos às novas diretrizes com que se lhes acenavam; outros, mais afeitos à maldade e assinalados por ações nefastas, arrependendo-se por medo ou discernimento, começaram a experimentar metamorfose na aparência, qual ocorrera com o siberiano, e, desnudando-se perispiritualmente, apresentavam-se ulcerados, com deformações constrangedoras, punitivas; diversos assumiam fácies lupina, aspectos horrendos, diferenciados. Aqueles que permaneceram impenetráveis pelo bem, insensíveis ao fenômeno que observaram, recuperando a lucidez própria ao nível no qual estagiavam, esgueiraram-se a blasfemar, revoltados...

Cuidadosamente foram separados uns dos outros para o conveniente encaminhamento terapêutico, assessorados por enfermeiros e especialistas dedicados, que deles cuidariam em nossa esfera de ação permanente.

Era a primeira vez que detectava o fenômeno da alteração do corpo perispiritual em grupo de seres infelizes. Olhando o irmão Tuqtamich em deplorável aparência, adormecido entre esgares e convulsões periódicas, não me pude furtar à compaixão, reflexionando a respeito do mal que nos fazemos a nós próprios, quando abandonamos o rumo e avançamos enlouquecidos.

O Dr. Carneiro, que o assistia, retirou-me da faixa de depressão, na qual eu poderia derrapar, explicando-me, oportuno:

— Nosso irmão está sonhando, se é que podemos chamar tal pesadelo como sonho... Os clichês infelizes, armazenados por vários séculos no inconsciente profundo, nos depósitos da memória, assomam e assaltam os centros das recordações, em providencial catarse liberativa. Os atos hediondos, arbitrários, fixaram-se indeléveis e agora retornam, abrindo espaço para as futuras realizações. É natural que ele sofra em virtude de o inconsciente recordar as atrocidades praticadas, assim iniciando o processo depurativo. Por muito tempo experimentará esse assédio, que lhe negará repouso mental e emocional, recebendo tratamento de nós outros, até o momento em que retorne aos experimentos expiatórios através de reencarnações penosas. São os frutos ácidos da árvore venenosa que plantou para servir-lhe de recurso protetor...

Porque era má, a sua é uma dádiva punitiva, e não salvadora.

— E ele terá períodos de lucidez, despertando? — indaguei interessado.

— É claro que sim — anuiu. — No entanto, o despertar será assinalado pelas dores comburentes do arrependimento, em razão das *vozes* que o estarão acusando sem cessar na consciência: os inumeráveis pedidos de clemência que negou; os apelos de misericórdia que desprezou; os soluços intérminos que lhe despertaram zombaria; as vozes asfixiadas no sangue aos borbotões... Simultaneamente voltarão as visões das cenas terríveis que se imprimiram na alma e ficaram encobertas pelas nuvens da indiferença, da insensibilidade... Todo esse suplício, porém, terá o seu término, que começa na disposição para reparar, para conquistar a vitória sobre si mesmo, sobrepondo o ser espiritual ao animal, ao selvagem interior.

— Chamou-me a atenção — aludi — a transformação perispiritual por ele sofrida. Já a houvera visto antes, entretanto repetiu-se em vários dos seus acompanhantes. Como entendê-la? Ele se apresentava com aparência antes normal, quando odiento. Depois como se deu esse processo?

Com expressão jovial e bondosa, o Amigo sábio esclareceu:

— A plasticidade do perispírito responde por essas ocorrências. Maleável quase ao infinito, ele se comporta sempre conforme a orientação da mente, portanto do Espírito, que nele plasma todas as manifestações. Descarregando ondas de energia específica nas tessituras delicadas da sua organização sutil, elas expressam esses conteúdos mediante contínuos fenômenos de representação.

"Durante o diálogo que mantivemos, ele assumiu a personificação demoníaca por ideoplastia, valendo-se de impressos modeladores conscientes. Da mesma forma, ao ser recolhido nas regiões inferiores, após conveniente adestramento mental, ele logrou recompor a aparência de quando se encontrava na Terra, qual se aplicasse uma máscara trabalhada de dentro para fora, que era mantida pela vontade consciente."

Fazendo uma reflexão, deu prosseguimento:

— Recorde-se de *O retrato de Dorian Gray*, da autoria de Oscar Wilde. Todas as ações de Dorian eram plasmadas no seu retrato até que, ao desencarnar, o infeliz retrato recompõe-se, e o corpo mostra as marcas degenerativas da conduta reprochável do seu autor. Trata-se de uma bela demonstração do perispírito e sua plasticidade que Wilde desconhecia, mas que tão bem apresentou.

"Tuqtamich é o que vemos. Aí estão impressos, os seus atos e comportamentos, no Espírito rebelde em processo de recomposição, qual ocorrera para dar-se a degeneração... A aparência siberiana como a diabólica eram *máscaras* trabalhadas pela mente agindo no perispírito, e imprimindo-as conforme a ideação. Para tal tentame é necessário grande controle mental, bem orientado, isto é, conduzir o pensamento com vigor.

"Depreendemos, portanto, com facilidade, o acerto do conceito *querer é poder*. Desde que se queira com firmeza, pode-se fazer o planejado...

"Disse Jesus: — *Se tiverdes fé...* A fé é o alinhamento da razão naquilo que se crê.

"Nessa tônica agem hoje, na Terra, todas as terapias da autoestima, ensinando os indivíduos a aprender a correta condução da mente, das aspirações. É claro que não se alterará a responsabilidade dos indivíduos, se eles não se recuperarem, reparando os males que antes praticaram. Na visão holística da futura Medicina, o conhecimento da mente (Espírito) e do perispírito, será fundamental para a compreensão do ser humano, dos fenômenos das enfermidades e dos processos da saúde."

Silenciando, por breves instantes, prosseguiu:

— O mesmo aconteceu aos demais irmãos, vítimas dos mecanismos equivocados de fixação mental. Alguns deles, que se tornaram usurpadores das energias dos encarnados displicentes com os quais se afinam, mantêm o pensamento de que são *lobos humanos*. Tal ideia plasmou-lhes a forma degenerada, que ocultavam sob as *máscaras* de ideoplastias vivas, sustentadas no campo fluídico do perispírito maleável.

"O amor de Deus, no entanto, que luz para todos, sempre alcança os calcetas, os desertores, os ingratos, trazendo-os de volta, porém pelos mesmos caminhos percorridos que se fazem palmilhados mediante o recolhimento da urze e dos destroços das construções arrebentadas que ficaram ao abandono. É a *lei de justiça*, igual para todos, pois que se fora diferente, com regimes de privilégios e exceções, como pretendem algumas doutrinas religiosas, qual a vantagem da ação enobrecida, do caráter diamantino, do trabalho do bem? Desse modo, todos somos os autores do nosso destino, de acordo com os próprios níveis de evolução e de responsabilidade que nos facultam as correspondentes realizações."

Nesse momento, o irmão Ernesto veio solicitar auxílio para o desligamento pleno de Davi, cujo processo de decomposição cadavérica avançava, transmitindo-lhe compreensíveis sensações ao Espírito.

O Dr. Carneiro, o Dr. Hermann e nós acompanhamos o zeloso guia ao cemitério. Chegando à campa onde foram inumados os despojos carnais do médium, vimo-lo entorpecido sobre a sepultura, um pouco agitado, e observado, a regular distância, por terrível grupo de galhofeiros desencarnados e usurpadores de energias.

A área que lhe dizia respeito estava defendida por diversos Amigos espirituais, que se haviam prontificado a auxiliá-lo. Observei alguns desencarnados orando ao lado do túmulo, agradecidos ao amigo pelos favores que haviam recebido, o que produzia ondas luminosas cobrindo-lhe o pequeno espaço.

As cenas que têm lugar nas necrópoles sempre me são pungentes.

Espetáculos dolorosos de algozes e vítimas em pugnas intermináveis, ao lado de afetos dedicados labutando por auxiliar no desprendimento dos seres amados; vigilantes do amor, cuidadosos, socorrendo; mensageiros conduzindo *correspondências* dos que ficaram na Terra, que são depositadas nos mausoléus e tumbas quais se fossem postas-restantes, onde os destinatários vêm periodicamente para recolher notícias. Ao mesmo tempo, grupos de Entidades nobres revezam-se no labor iluminativo, orientando os que vagueiam errantes sem se poderem desprender do recinto.

Os doestos e crivos acusatórios contra o nosso paciente recém-desencarnado multiplicavam-se entre chacotas e ditos impiedosos.

Havia uma lua pálida a derramar débil claridade nos últimos vestígios da noite que o dia venceria dentro em breve.

O Dr. Carneiro solicitou ao amigo Hermann que *cirurgiasse* o *cordão de prata*, deslindando delicadamente os inúmeros fios de que se constitui, preso ao *chacra coronário*. Concomitantemente, desligou as fixações na área umbilical, e, quando Davi pôde ser retirado, foram aplicadas energias especiais para dispersar as emanações fluídicas que se exteriorizavam dos órgãos em processo degenerativo.

Carregado carinhosamente pelo renovado cirurgião, Davi foi conduzido ao nosso centro de atividades para posterior remoção à nossa Colônia, onde se hospedaria por largo período.

O sono reparador que o dominava era a providencial misericórdia do Amor, a fim de diminuir-lhe as fortes impressões deixadas pelo fenômeno biológico da morte.

Chamou-me a atenção uma cena confrangedora. Em uma sepultura coberta de vasos floridos, um Espírito profundamente triste, em pranto copioso, tocava violino, enquanto ao lado, amargurada, padecendo convulsões contínuas, jovem mulher gritava alanceada:

— Por que não vieste comigo? Deixaste-me morrer e fugiste? Para onde foste, desgraçado?! Ai de mim, nesta noite fria e solitária!

Parava um pouco e repetia as doridas interrogações, inspirando compaixão.

Por sua vez, o violinista interrompia a música e, desesperado, interrogava:

— Martina, responde. Onde te ocultas? Matei-me para estar contigo para sempre. Quem te arrebatou de mim? Ouve, é para ti que toco...

Porque me ocorresse o sentimento de solidariedade, indaguei ao mentor o que poderíamos fazer por eles.

Solícito, o benfeitor deteve-se a observá-los, após o que redarguiu:

— Nossos irmãos aqui chegaram por meio do suicídio. Pelo que consigo detectar, ele era professor de violino da jovem, mais velho do que ela 25 anos. A música uniu-os e fez-se-lhes veículo de uma paixão violenta. Os pais da moça, informados do desenvolvimento do drama, repreenderam-na, buscando dissuadi-la de uma união que, segundo eles, tinha tudo para ser um fracasso. Interromperam as aulas e mandaram-na em viagem, o que, conforme esperavam, lhe faria bem.

"O professor descobriu e resolveu acompanhá-la sem que os genitores da diva o soubessem. Descobertos, foram novamente separados sob ameaças.

"Depois de demorada conversação marcada pela paixão compulsiva, em desespero, optaram pelo suicídio duplo por meio de soníferos, simultaneamente...

"Aqui chegaram em lamentável estado. A família sepultou-os em tumbas separadas, distantes. Após sofrerem o torpor e a alucinação a que se vêm arrastando há mais de dez anos, imantados pelo duplo crime, encontram-se próximos e não se veem, não se ouvem, não se descobrem. É-lhes negado aquilo que desejaram pela violência do suicídio. De quando em quando o desespero os alucina e partem para a blasfêmia, as acusações recíprocas. O arrependimento, porém, é insuficiente para mudarem a faixa psíquica, a sintonia em que se demoram e receberem conveniente auxílio."

Depois de breve reflexão, concluiu:

— Não se encontram, porém, abandonados, à mercê da própria sorte. Estão amparados, e os *vampiros* não conseguiram arrancá-los daqui, onde acompanharam e sofreram a transformação celular. Queriam matar-se para estarem juntos, e se separaram porque se mataram. O suicídio é crime covarde, portador de consequências duras, imprevisíveis. Cada um que nele tomba, sofre de acordo com a lucidez e os fatores a que se apegou para a fuga impossível...

"Retornemos ao Núcleo. Nada mais temos a fazer aqui, por enquanto."

As primeiras tintas da manhã diluíam as sombras teimosas da noite.

Colocado em padiola especial, Davi foi conduzido à nossa Colônia, assim como os demais Espíritos atendidos na atividade socorrista.

O irmão Vicente e seus auxiliares exultavam com os resultados providenciais dos labores desenvolvidos. As salas onde foram acolhidos Tuqtamich e seus companheiros receberam conveniente assepsia, a fim de serem retirados os resíduos psíquicos densos que eles deixaram, portadores de baixo teor vibratório, de modo que o programa normal da Casa tivesse curso tranquilo.

O novo dia seria preenchido com os serviços normais, como atendimento fraterno aos encarnados, fluidoterapia — passes e água fluidificada — trabalhos de apoio aos necessitados economicamente: costuras para crianças e idosos, enxovais para gestantes pobres, alfabetização e sopa para os pobres.

Ali a Caridade era mais do que um lema. Tornara-se realidade cotidiana dirigida aos *filhos do Calvário*, conforme nos denominara Jesus.

Dinamismo e trabalho sem alarde caracterizavam o seu programa espírita. Adicione-se a esse ministério o compromisso com a infância e juventude aos domingos, na evangelização espírita, preparando as gerações novas para o porvir.

Ao lado das palestras públicas, duas vezes por semana, não era descuidada a parte que diz respeito ao estudo da Doutrina, por meio de cursos bem organizados, iluminando as consciências.

A parte experimental — sessões de educação mediúnica e de desobsessão — constituía o ponto alto da experiência doutrinária.

Foi em razão da estrutura bem firmada da Instituição que os famanazes do *Soberano das Trevas* lá se concentraram, objetivando abalar-lhe os alicerces, gerando perturbações. Pelo mesmo motivo o Dr. Carneiro elegera-a para base de operações, tornando-a modelo para outras ainda não consolidadas.

O carro do progresso não para, nem o amor jamais será vencido.

Providências finais

Durante a semana prosseguiram os labores, carinhosamente atendidos.

O Dr. Carneiro desincumbia-se dos compromissos de forma impecável. Sua sabedoria espelhava-se na bondade dos seus elevados sentimentos e nos encontrávamos felizes, Fernando e nós, pela oportunidade de privarmos da sua constante influência.

Nesse ínterim, Raulinda manteve o encontro estabelecido com o Presidente da Sociedade Espírita, quando expôs o drama que a estressava, antes quase a levando ao suicído. Igualmente se referiu à suspeita de gestação em começo, que seria confirmada posteriormente. Sem autocompaixão, revelou força moral para enfrentar as consequências do relacionamento infeliz de que amargamente se arrependia.

O bom amigo aconselhou-a paternalmente, convidando-a a reflexões que a fortalecessem para o enfrentamento das dificuldades porvindouras, inevitáveis, conclamando-a à vivência espírita, único recurso disponível para a preservação do equilíbrio em tal circunstância.

Ninguém do Grupo demonstrou qualquer sentimento negativo para com ela, após a comunicação anunciadora da sua gravidez, qual se nada houvesse acontecido.

Assim procedem os verdadeiros espíritas, jamais se transformando em vigilantes das defecções do seu próximo, antes mantendo fraternidade em qualquer situação e amparando-o quando se faça necessário.

Francisco, robustecido na fé, após haver superado o constrangimento que lhe fora imposto por D. Augusta, que não mais retornara às reuniões, apresentava-se sereno, procurando dirigir as forças genésicas para o equilíbrio, continuando a expor a Doutrina sob evidente inspiração superior. Candidatava-se ao ministério da Palavra, consciente das responsabilidades e riscos inerentes a compromisso de tal envergadura. Desenhava-se-lhe, desse modo, um futuro espiritual rico de ação, de renúncia, de sacrifício, mas também de paz interior, de plenitude.

O Sr. Frederico melhorava a olhos vistos. Passando fins de semana em casa, com o objetivo de reajustar-se ao convívio da família, buscou demonstrar ao filho Alberto, sem palavras, o arrependimento e a disposição de que se encontrava investido para recomeçar. A esposa exultava e lia para ele páginas consoladoras do Evangelho na interpretação espírita, o que lhe dava sustentação para manter os propósitos novos, inabituais, definidores de rumo.

O Dr. Hermann, que agora se comunicava sob o pseudônimo de Dr. Hans, conforme vimos, mantinha constante intercâmbio fluídico com Leonardo, preparando-o e preparando-se para as próximas atividades caridosas e socorristas. Aguardava o retorno da nossa Caravana à Colônia espiritual, a fim de conosco, incorporado ao Grupo, adentrar-se no estudo do perispírito e suas propriedades, bem como adquirir nova técnica de ação cirúrgica em padrões saudáveis, compatíveis com a ética espírita.

Adelaide, porém, a jovem viúva, não se refizera. O conflito de consciência aturdia-a. A falta do marido, inesperadamente desencarnado, afetou-a profundamente. É certo que não se encontrava preparada para o doloroso golpe, e, sem resistências morais-espirituais, deixou-se invadir pela depressão. As crises epilépticas voltaram-lhe, abatendo-a mais. Embora o neurologista não lhe detectasse causa física, prescreveu anticonvulsivos e recomendou-lhe repouso.

Providências finais

O nobre irmão Ernesto, mais vinculado a Davi e sua família, solicitou ao Dr. Carneiro competente auxílio para a desolada senhora.

Dessa forma, em reunião íntima na nossa Sede, foram tomadas as providências correspondentes.

À hora aprazada, estávamos, os Espíritos, reunidos com alguns dos companheiros reencarnados, para as atividades finais da nossa excursão terrestre.

Antes, fomos ao Culto Evangélico no lar de Ernestina, agradecendo a D. Apolônia a hospitalidade, assim como à filha, que durante a reunião manteve contato psíquico com nosso instrutor, colaborador nas realizações da noite.

Irmão Vicente proferiu comovida oração de abertura da sessão, explicou a sua finalidade, e, nesse comenos, enfermeiros diligentes trouxeram Davi, convenientemente amparado, para o completo despertar.

Acompanhava-o, cuidadoso e feliz, o genitor desencarnado, que nos saudou com efusão de alegria.

Adelaide também veio, conduzida pelo Dr. Hermann e auxiliares, logo sendo despertada. Circunvagou o olhar pelo recinto, a princípio atordoada e depois consciente. Ao ver o marido adormecido foi tomada de emoção, sendo atendida pelo Dr. Hermann que a ajudou a controlar-se.

O paciente já tivera momentos breves de lucidez, retornando ao sono reparador. Agora, no entanto, deveria voltar à consciência para o recomeço... Tratamento cuidadoso e específico lhe estava sendo ministrado. Ele encontrava-se algo inquieto. A uma sugestão mental do benfeitor, Fernando aplicou-lhe passes dispersivos no *chacra* cerebral, logo depois noutros núcleos e, quando ele se encontrava deslindado dos vestígios corporais, o Dr. Carneiro convidou-o persuasivo:

— Davi, já é hora de despertar. Davi, acorde para a realidade. Volte à consciência. Acorde... Acorde...

Qual ocorre no sono cirúrgico provocado, ele descerrou as pálpebras, tentou identificar o recinto, quando o genitor lhe disse:

— Davi, meu filho, recorda-se de mim?

— Papai! — exclamou com emoção na voz. — Você aqui me visitando? Que aconteceu?

— Estamos juntos, novamente, meu filho. A desencarnação trouxe-o para *cá*...

— Eu me recordo da sua morte, papai...

— Sim, mas eu me refiro à sua, ocorrida há poucos dias no clube. Recorde-se, Davi. O importante é que você está vivo; nós prosseguimos vivos, como você acreditava...

O espanto desenhou-se no rosto do médium e ele agitou-se respondendo:

— Não posso morrer ainda. A minha tarefa...

— Ninguém morre. Você voltou para casa, filho, e, quanto à tarefa, o assunto será examinado depois.

— Como ficarão Adelaide e meus filhos?

— Sempre se fica bem, quando se está entregue a Deus. Os filhos que lhe foram confiados, pois que são de Deus, e não seus, prosseguem em paz e continuarão os compromissos deles... Adelaide está aqui. Trouxemo-la para visitá-lo.

O Dr. Hermann acercou-se da senhora, que abraçou o marido, chorando de dor, de saudade, de arrependimento.

O dedicado médico separou-os com ternura e disse ao paciente:

— Vamos recomeçar outra vez. Também eu irei dar novo rumo aos nossos trabalhos.

— Serei suicida?! — interrogou, pungitivamente. — A minha sandice levou-me à morte prematura?

Foi o Dr. Carneiro quem respondeu:

— Meu irmão, este é um momento de respostas, e não de interrogações. Asserene a mente. Haverá muito tempo para os detalhes. O importante é tomar consciência do retorno. Agora, o passado não tem muito sentido, mas o futuro é a nossa grande oportunidade.

"Refaça o ânimo, a fim de tranquilizar Adelaide que deve retornar mais confortada."

Aguçando a observação em Davi, que estava com os olhos muito abertos, percebi que ele refazia o caminho pela tela da memória, recordando-se da existência encerrada, a iniciar-se do ataque cardíaco no clube e retrospectivamente...

Abundante pranto lhe escorria dos olhos pela face pálida como cera, sacudido, de quando em quando, por verdadeiras convulsões em face das recordações mais graves.

Deixamo-lo asserenar-se, recobrar consciência até o momento em que lamentou:

— Meu Deus! Perdi a existência. E agora?

— Tudo se transforma — afirmou-lhe o Dr. Carneiro — para recomeçar. Não existem o ponto final, o repouso, o vazio. Surge dia novo acenando com realizações, reparação.

— Mas eu sabia!

— Não se adentre pela província das lamentações injustificáveis. Começa a colheita e você não pode recuar no tempo, impedindo-lhe os sucessos. Vamos orar.

Tocando-lhe a testa, o mentor exorou a proteção de Deus, enquanto irradiou energia, que o *enfermo* debilitado absorveu, acalmando-se pouco a pouco. O pranto prosseguiu volumoso, porém sem agitação.

No ar pairavam as suaves vibrações da harmonia.

Todos nos encontrávamos em prece, quando, trazido pelo abnegado Ernesto, Guillaume foi conduzido até Adelaide, agora lúcida e pacificada.

Ele trajava-se com as características da época em que desencarnou. A viúva olhou-o, a princípio com indiferença, para logo após identificá-lo com surpresa expressiva.

— Gui... llau... me — balbuciou.

— Guillaume sim; o esposo traído e assassinado...

A informação era natural, sem ressentimento nem acusação.

— Você já me perdoou? — inquiriu assustada.

— No começo foi muito difícil... — respondeu com tristeza. — Depois dei-me conta, orientado pelos guias, que o melhor para todos nós era o esquecimento do mal... Isto ocorreu há poucos dias, quando os acontecimentos perturbadores recrudesceram em torno de você e de Gérard.

— Gérard? — perguntou confusa.

— Sim, Davi. Ele é Gérard.

— Ó, meu Deus! Não é possível.

— A vida restitui-nos o que semeamos, a fim de aprendermos a selecionar o que vamos ensementar.

— Você o perdoou?

— Deus é quem perdoa, proporcionando-nos oportunidades de reparação. Não lhe guardo mais ressentimentos. Pelo contrário, sinto hoje compaixão por ele e buscarei, na minha indigência, auxiliá-lo, assim como a você. Só o bem que fizermos a quem nos haja feito o mal nos liberta da inferioridade. É o que estou aprendendo e será minha forma nova de comportamento.

Dando ênfase à voz, conclui:

— Procure manter-se em paz e trabalhe pela reabilitação. Há tempo para recomeçar e ser feliz.

Quando o Dr. Carneiro se aproximou, Adelaide, com ansiedade, interrogou:

— Perdoando-me o mal que lhe fiz, estarei exonerada de débitos para com ele?

— Para com ele sim — ripostou o guia generoso. — Para com a própria e a Consciência divina, no entanto, os gravames continuam. Você teve excelentes oportunidades de servir e recuperar-se, eliminando do espírito as calamitosas dívidas contraídas. Todavia, o desalinho espiritual decorrente da cobiça levou-a a estimular o companheiro a vários desconcertos morais, na área mediúnica, abrindo espaço para interferências espirituais infelizes que culminaram na sua desencarnação precipitada.

"Não a culpamos, pois que tal não é a nossa incumbência. Apenas aclaramos o seu entendimento, de forma a ajudá-la a alterar a conduta a partir de agora."

— E a epilepsia que se instalou em mim? — volveu à interrogação.

— Por um efeito natural — prosseguiu o Dr. Carneiro — ela estava com suas matrizes instaladas no seu perispírito, aguardando diluição por meio dos seus atos de abnegação, amor e caridade para com os enfermos que, afinal, não ocorreram.

"Com o choque sofrido, aceleraram-se os fatores epileptogênicos e adveio a primeira crise."

— Ficarei boa ou purgarei pelo resto da vida essa expiação?

— Depende exclusivamente da irmãzinha interromper o sofrimento, prolongá-lo ou complicá-lo. A sementeira sempre aguarda... O que for plantado, sem dúvida será segado. A qualidade da semeadura sempre responderá pelo tipo da ceifa.

"Ame, portanto, e sirva quanto possível."

— Como será o futuro de Davi? — perguntou, ainda, olhando, comovida, o marido em sono terapêutico. — Ele sofrerá muito?

— Deus é Amor — concluiu o Médico espiritual. — O amor tem soluções de misericórdia para todas as ocorrências. É prematuro o momento para prognósticos de questões que fogem à nossa alçada.

"Quando o amor cessa, ainda aí surge a misericórdia auxiliando. Assim posto, a alternativa é confiar, prosseguindo a jornada com elevação, sem compromissos com o erro. Agora volte ao lar e que Deus a abençoe!"

O dedicado Ernesto aplicou-lhe recursos anestesiantes, enquanto a induziu:

— Amanhã você recordará este saudável encontro que lhe voltará à mente com suavidade. Neste momento repouse em paz. Durma!

A senhora relaxou e entrou em sono tranquilo, sendo recambiada ao corpo físico pelos abnegados trabalhadores espirituais da Casa.

Com precisão e equilíbrio, as últimas providências pertinentes à excursão conduzida pelo Dr. Carneiro de Campos chegavam ao término.

Todos aqueles que haviam participado dos compromissos espirituais encontravam-se conscientes das suas responsabilidades futuras, cumprindo-lhes a desincumbência feliz, clareados pelas luzes do Evangelho e do Espiritismo.

Nesse momento começaram a chegar novos amigos do além-túmulo, quando o irmão Vicente nos convidou para que passássemos ao salão das reuniões doutrinárias.

Considerações últimas

O salão, adornado com guirlandas de mirto e rosas, que caíam em festões bem elaborados, estava repleto de trabalhadores da Casa e seus amigos, assim como alguns amigos reencarnados em desdobramento parcial pelo sono. Sobre o estrado, na parte posterior à entrada, uma mesa e três cadeiras compunham o cenário do lugar reservado aos comentários, palestras e conferências espíritas.

Respirava-se simplicidade no ambiente arejado e agradável no qual a harmonia se exteriorizava benfazeja.

O irmão Vicente convidou o Dr. Carneiro de Campos e Ernesto a assomarem à mesa. Após breves considerações acerca do evento, passou a palavra ao benfeitor baiano que se levantou fazendo a saudação cristã, tomou de *O evangelho segundo o espiritismo,* de Allan Kardec, e com voz pausada leu:

> A mediunidade é coisa santa, que deve ser praticada santamente, religiosamente. Se há um gênero de mediunidade que requeira essa condição de modo ainda mais absoluto é a mediunidade curadora. O médico dá o fruto de seus estudos, feitos muita vez à custa de sacrifícios penosos. O magnetizador dá o seu próprio fluido, por vezes, até a sua saúde. Podem pôr-lhes preço. O médium curador transmite o fluido salutar dos bons Espíritos; não tem o direito

de vendê-lo. Jesus e os apóstolos, ainda que pobres, nada cobravam pelas curas que operavam.

Procure, pois, aquele que carece do que viver, recursos em qualquer parte, menos na mediunidade; não lhe consagre, se assim for preciso, senão o tempo de que materialmente possa dispor. Os Espíritos lhe levarão em conta o devotamento e os sacrifícios, ao passo que se afastam dos que esperam fazer deles uma escada por onde subam.[8]

Fez uma pausa, enquanto espraiou os olhos pela sala iluminada, e ante os semblantes joviais, interessados, prosseguiu:

— A Medicina holística, perseguindo a saúde integral, não poderá dissociar do ser humano a importante realidade espiritual. Os binômios mente-cérebro, espírito-matéria, que alguns estudiosos examinaram individualmente e que outros transformaram em uma unidade organicista, devem receber novo enfoque, no qual o espírito, perispírito e matéria estejam reunidos num trinômio, a fim de facultarem o perfeito entendimento do complexo humano.

— Como o Espírito foi criado por Deus essencialmente *simples e ignorante*, a sua fatalidade é a perfeição relativa que lhe cumpre alcançar etapa a etapa. À medida que se conscientiza, estabelecendo os paradigmas de comportamento saudável, desenvolve os valores adormecidos no imo e avança com equilíbrio no rumo do alvo que o aguarda.

"Identificando o indivíduo atual como remanescente do seu próprio passado, todos os atos pretéritos encontram-se-lhe insculpidos no perispírito, de onde procedem as emanações geradoras de harmonia ou desequilíbrio catalogado como tragédia,

---

[8] *O evangelho segundo o espiritismo*, de Allan Kardec. Cap. XXVI. Item 10. FEB. (**Nota do Autor espiritual**.)

insucesso ou enfermidade. A ação desenvolvida no soma, mesmo quando lhe proporciona refazimento, este é de breve duração, porque a causa geradora prossegue emitindo ondas desorganizadas que afetam o conjunto celular, produzindo recidiva ou desarticulando outros implementos em áreas diferentes, porém, vinculadas entre si.

"O conhecimento do perispírito e a terapia de profundidade — a mudança mental e comportamental do Espírito reencarnado — tornam-se o ponto-chave do quesito binominal doença-saúde."

Silenciou por breve momento, a fim de facultar ao auditório correta assimilação do seu pensamento, prosseguindo:

— Em boa hora os terapeutas da autoestima encaminham os seus pacientes para um trabalho de interiorização psíquica, na tentativa do autodescobrimento, onde se localizam os fatores básicos da sua existência. Após esse autoencontro, torna-se possível a identificação das causas reais dos distúrbios que os afetam. Conhecidas as geratrizes do fenômeno perturbador, mais factíveis se tornam as providências para a sua erradicação e por via de consequência os seus efeitos danosos.

"Adicione-se ao perispírito a problemática das alienações mentais e patologias orgânicas que decorrem da influência dos Espíritos enfermos, dos obsessores, gerando distúrbios no campo da energia com as lamentáveis decorrências em forma de doenças. Impossível dissociarmos, dos problemas que afetam a saúde, a presença da obsessão. O intercâmbio mental entre os desencarnados e as criaturas humanas é belo capítulo da Ciência Espírita, graças ao qual se demonstram a imortalidade da alma, a reencarnação, a Justiça divina e a gênese de muitas ocorrências terrestres.

"O Espírito é o ser preexistente ao corpo e a ele sobrevivente. O perispírito é o seu *envoltório plástico* maleável, constituído de energia específica. E o corpo físico é a condensação da energia primitiva elaborada pelo Espírito.

"Aprofundando-se a sonda no âmago da *energia pensante*, encontra-se a vida inteligente, estuante, causadora do ser físico."

Novamente fez uma pausa oportuna, facultando-nos a compreensão do assunto lógico. Ali estávamos, Espíritos de vária procedência, e de níveis diferentes de compreensão, como é óbvio.

Logo deu curso à bela análise:

— O reducionismo, que pretende tornar o ser humano um grupamento de células que o acaso reuniu, vai cedendo lugar à visão espiritualista, e esta à compreensão espiritista.

"Assim sendo, quanto mais avança a Física Quântica no campo das partículas e subpartículas, mais detém os campos de energia, detectando-a na sua *forma* primordial. O conhecimento, portanto, do corpo, das suas necessidades e exigências, leva à identificação do ser profundo que o aciona e o comanda. Inevitavelmente esse holismo conduzirá à aceitação do ser complexo e à solução dos seus múltiplos desafios na sua viagem.

"Nestes dias de convivência espiritual estudamos juntos, alguns dos presentes, várias patologias físicas e psíquicas holisticamente, tendo dado preferência ao fator imortalista, mergulhados como nos encontramos no sublime oceano da sobrevivência. Com essa compreensão, recorrendo à Psicanálise reencarnacionista, encontramos as matrizes determinantes das afecções, aflições e comportamentos dos nossos assistidos, trabalhando nas suas respectivas áreas, e os resultados foram plenamente satisfatórios.

"Antevemos com júbilo o momento em que o homem e a mulher holísticos serão considerados plenamente, quando a paranormalidade se lhes torne um natural *sexto sentido*, como o Prof. Richet ao seu tempo definiu a mediunidade. Quando as faculdades PSI se tornarem normais e o desdobramento dessas potencialidades parapsíquicas e mediúnicas alargarem os horizontes terrenos, as enfermidades experimentarão terapias menos violentas, menos amputadoras, todas trabalhadas no campo da energia. Nesse sentido, a constatação da *psiconeuroimunologia* já enseja a confirmação antecipada dessa perspectiva abençoada."

Outra vez permaneceu em rápida reflexão silenciosa, continuando:

"Nesses próximos dias, a mediunidade exercida com consciência de responsabilidade oferecerá valioso contributo para a compreensão do ser holístico. Esse exercício mediúnico, porém, será com Jesus, não remunerado, não exaltado, destituído de estrelismo, de exibicionismo. Tomando cuidado com o *dar de graça o que de graça se recebe*, o ínclito codificador do Espiritismo advertiu, elucidando que a mediunidade nobre *jamais subirá aos palcos* e a sua gratuidade, conforme lemos, é sempre condição *sine qua non* para merecer respeito, confiança e apoio espiritual relevante.

"Trabalhemos todos por esses programados dias do amanhã, oferecendo a nossa cota, na certeza de que logo chegarão, felicitando-nos, bem como ao planeta que nos tem sido formoso lar-escola de evolução."

Calando-se e concentrando-se fortemente, orou:

> *"Jesus, mestre incomparável:*
>
> *Aqui estamos, os teus discípulos imperfeitos, pois que fazemos apenas e desordenadamente o que nos foi recomendado.*
>
> *Permanece em nós a aspiração de amar e servir mais e melhor. Ajuda-nos a consegui-lo, não obstante os nossos teimosos limites.*
>
> *Muitas vezes temos prometido renovar-nos para ascender, mas apesar disso não nos dispusemos a romper as algemas que nos retêm nos charcos das paixões. Hoje, no entanto, brilha em nosso íntimo diferente chama de entusiasmo e fé, apontando-nos o rumo libertador.*
>
> *Desejamos agradecer-te, Senhor, a incessante ajuda com que nos honraste durante estes dias de atividade grave. Jamais nos faltaram inspiração, apoio e discernimento para agir com equilíbrio. Se houve dificuldades para os que as geraram, rogamos misericórdia.*

> *Abençoa, Jesus, todos aqueles que partilharam das nossas preocupações e tarefas, infundindo-lhes ânimo superior e disposição para o bem, especialmente naqueles que saíram da treva e se dispõem à renovação. Tem piedade deles, os irmãos recém-chegados da ignorância. Compadece-te, também, daqueles outros que se demoram na demência do egoísmo e da presunção, esquecidos de ti.*
>
> *Roga a nosso Pai por eles e por nós,* os filhos do Calvário, *que nos consideramos ainda.*
>
> *Despede-nos em tua paz e prossegue conosco, pois que, sem ti, é-nos impossível seguir com segurança na direção do porto da paz."*

Ao terminar, tinha os olhos úmidos, tal como todo o auditório, enquanto ele, nimbado de claridades siderais, parecia um ser angélico momentaneamente materializado diante de nós.

Ondas perfumadas em brisas contínuas varriam o recinto, ao tempo que, do teto, caíam flutuantes flocos de substância luminosa como pétalas de rosas, que ao nos alcançar se diluíam, penetrando-nos, balsâmicos.

Ninguém se atreveu a quebrar o silêncio respeitoso que pairava no ambiente.

Foi ele quem se acercou mais do irmão Vicente e o abraçou, comovidamente, agradecendo-lhe a estada no seu Núcleo-Escola de bênçãos.

Chegara o momento das despedidas. Passaram-se dois meses, nos quais excursionamos na busca do amor, tentando diminuir a perseguição do *soberano gênio das trevas* que nos despertava real comiseração.

Quando concluímos, a caravana estava acrescida com a participação do Dr. Hermann Grass que iria estagiar em nosso Plano...

Amanhecia. O astro rei inundava a Terra com os primeiros fulgurantes raios de ouro anunciando a aurora.

A distância, voltei-me e contemplei o *planeta azul* no seu giro gigantesco, conduzindo bilhões de criaturas humanas sob a proteção do divino Governador que o construíra e o sustentava.

O EVANGELHO NO LAR

Quando o ensinamento do Mestre vibra entre quatro paredes de um templo doméstico, os pequeninos sacrifícios tecem a felicidade comum.*

Quando entendemos a importância do estudo do Evangelho de Jesus, como diretriz ao aprimoramento moral, compreendemos que o primeiro local para esse estudo e vivência de seus ensinos é o próprio lar.

É no reduto doméstico, assim como fazia Jesus, no lar que o acolhia, a casa de Pedro, que as primeiras lições do Evangelho devem ser lidas, sentidas e vivenciadas.

O espírita compreende que sua missão no mundo principia no reduto doméstico, em sua casa, por meio do estudo do Evangelho de Jesus no Lar.

Então, como fazer?

Converse com todos que residem com você sobre a importância desse estudo, para que, em família, possam compreender melhor os ensinamentos cristãos, a partir de um momento de união fraterna, que se desenvolverá de maneira harmônica e respeitosa. Explique que as reflexões conjuntas acerca do Evangelho permitirão manter o ambiente da casa espiritualmente saneado, por meio de sentimentos e pensamentos elevados, favorecendo a presença e a influência de Mensageiros do Bem; explique, também, que esse momento facilitará, em sua residência, a recepção do amparo espiritual, já que auxilia na manutenção de elevado padrão vibratório no ambiente e em cada um que ali vive.

Convide sua família, quem mora com você, para participar. Se mora sozinho, defina para você esse momento precioso de estudo e reflexões. Lembre-se de que, espiritualmente, sempre estamos acompanhados.

Escolha, na semana, um dia e horário em que todos possam estar presentes.

O tempo médio para a realização do Evangelho no Lar costuma ser de trinta minutos.

As crianças são bem-vindas e, se houver visitantes em casa, eles também podem ser convidados a participar. Se não forem espíritas, apenas explique a eles a finalidade e importância daquele momento.

O seguinte roteiro pode ser utilizado como sugestão:

Preparação: leitura de mensagem breve, sem comentários;

Início: prece simples e espontânea;

Leitura: *O evangelho segundo o espiritismo* (um ou dois itens, por estudo, desde o prefácio);

Comentários: breves, com a participação dos presentes, evidenciando o ensino moral aplicado às situações do dia a dia;

Vibrações: pela fraternidade, paz e pelo equilíbrio entre os povos; pelos governantes; pela vivência do Evangelho de Jesus em todos os lares; pelo próprio lar...

Pedidos: por amigos, parentes, pessoas que estão necessitando de ajuda...

Encerramento: prece simples, sincera, agradecendo a Deus, a Jesus, aos amigos espirituais.

As seguintes obras podem ser utilizadas nesse momento tão especial:

O evangelho segundo o espiritismo, como obra básica;

Caminho, verdade e vida; Pão nosso; Vinha de luz; Fonte viva; Agenda cristã.

Esse momento no lar não se trata de reunião mediúnica e, portanto, qualquer ideia advinda pela via da intuição deve permanecer como comentário geral, a ser dito de maneira simples, no momento oportuno.

No estudo do Evangelho de Jesus no Lar, a fé e a perseverança são diretrizes ao aprimoramento moral de todos os envolvidos.

www.febeditora.com.br
@febeditoraoficial
@febeditora

Conselho Editorial:
Carlos Roberto Campetti
Cirne Ferreira de Araújo
Evandro Noleto Bezerra
Geraldo Campetti Sobrinho – Coord. Editorial
Jorge Godinho Barreto Nery – Presidente
Maria de Lourdes Pereira de Oliveira
Miriam Lúcia Herrera Masotti Dusi

Produção Editorial:
Elizabete de Jesus Moreira

Capa, Projeto Gráfico e Diagramação:
Paulo Márcio Moreira

Normalização Técnica:
Biblioteca de Obras Raras e Documentos Patrimoniais do Livro

Esta edição foi impressa no sistema de Impressão pequenas tiragens, em formato fechado de 140x210 mm e com mancha de 100x170 mm. Os papéis utilizados foram o Off white 80 g/m² para o miolo e o Cartão 250 g/m² para a capa. O texto principal foi composto em fonte Minion Pro 11/14,3 e os títulos em ZapfHumnst BT 26/31,2. Impresso no Brasil. *Presita en Brazilo.*